HEINZ HORRMANN

DIE 99 ULTIMATIV BESTEN HOTELS DER WELT

... und 200 Empfehlungen mit kleinen Schwächen

ULLSTEIN

Ullstein Verlag

Ullstein ist ein Verlag des Verlagshauses
Ullstein Heyne List GmbH & Co. KG

ISBN 3-550-07561-8

Printed in Germany

Test & Bewertung:
Regine Horrmann (Sport & Wellness)
Beratung: Horst Schulze

Lektorat und Gesamtredaktion:
Harro Schweizer
Mitarbeit:
Freia Beisser

Redaktionelle Assistenz:
Michaela Herden
Redaktionsschluss: August 2002

Layout, Gestaltung und Realisation:
Dorén + Köster, Berlin

Lithos:
LVD GmbH, Berlin

Druck und Bindung:
Westermann Druck Zwickau, GmbH

INHALT

INHALT

Inhalt

Vorwort

Es gibt sie zum Glück, die Hotels, die allein schon eine Reise wert sind oder die zumindest jede Reise angenehmer machen. Ich habe aus dieser kleinen Schar gleichermaßen Stadthotels mit besonderem Ambiente und Ferienresorts der feinen Art aus fünf Kontinenten zusammengestellt.

Mehr als eine Million Hotels operieren weltweit, zirka 4000 Hotel-Gruppen, Zusammenschlüsse, Marketing-Vereinigungen werben um Gäste.

In diesem Band lesen Sie nur von den Besten der Besten, nicht von der gehobenen Mittelklasse und nicht von den günstigen, die sich über den Preis definieren, was auch ein interessanter Ansatz wäre. Hier steht die Spitzengruppe mit den subjektiv ausgewählten Top 99 und weiteren 200 guten, die zum Teil aber ärgerliche Schwachstellen und Fehler haben. Etliche sind gewiss ebenso erstklassig wie die Top 99, so einige deutsche Hotels aus der Selection Deutscher Luxushotels. Sie stehen nur darum in der zweiten Kategorie, weil die Internationalität der Übersicht gewahrt werden soll. Neun deutsche Empfehlungen sind das Limit.

Auch bei absoluten Spitzenhotels gibt es manchmal kritische Punkte, und die spreche ich unverblümt an. Was nützt das luxuriöseste Haus, wenn der Service nicht stimmt, und was der schönste Badestrand, wenn Produktionslärm die Nerven strapaziert.

Was macht eigentlich den Unterschied aus zwischen einem ordentlichen Hotel und dem genussvollen Spitzendomizil, in dem man mit allen Sinnen genießen kann? Vielreisende diskutieren die Frage mit Leidenschaft, was denn nun die wichtigsten Kriterien sind, nach denen die

Klasse eines Hotels bewertet werden kann. Konrad Hilton hat immer wieder behauptet: Location, Location, nur der Standort macht's. Cäsar Ritz betonte das Ambiente, das die exklusive Grandhotel-Atmosphäre schafft. Alfred Walterspiel, lange Jahre Vier-Jahreszeiten-Chef in München, hob die Küche hervor. »Auch die Hotel-Liebe geht erst einmal durch den Magen.«

Was den Service, die intensive Pflege des Gastes betrifft, ist der deutsche Ritz-Carlton-Gründer und Hotel-Visionär Horst Schulze der einzige, der dieses Element als das alles Entscheidende in der Hotellerie sieht. In seiner Philosophie ist jede Regel, jeder Arbeitsablauf aufzuheben, wenn damit der Gast gestört wird. Er allein soll im Mittelpunkt stehen und nicht im Weg.

Früher nervten die lästigen Bügel, die auf Schienen rollten und dem Gast das Gefühl vermittelten, ein potenzieller Bügelklauer zu sein. Auch das Summen der Minibar, das Schnarren und Vibrieren der Klimaanlage ärgerten mich ebenso häufig im Zuhause fernab von daheim wie quälende Schiebefenster, die man nur mit einem Kraftakt in die Höhe bekam, Fernseher mit Flackerbildern oder Matratzen wie Fallgruben. Heute ist die Hardware in allen Sterne-Kategorien der internationalen Hotellerie perfekter, die Ausstattung oft grandios, doch nun sind es verstärkt die Service-Schwächen, die immer wieder für Verstimmung sorgen, wenn man viel unterwegs ist.

Typisch, was ich in Fort Lauderdale erlebt habe: Jeder Mitarbeiter im Fünf-Sterne-Domizil *Marriott* erfüllte seine Aufgabe preußisch genau. Der Sand am Strand war wie ein gespanntes Laken platt gewalzt, der Name der Firma, die mit fünfhundert Mitarbeitern gerade im Hotel tagte, in blauen Kieseln auf den Strand gemalt. Die Katamarane, die Liegestühle, die Strandkörbe standen zentimetergenau in Reih und Glied. Rote und weiße Blumenrabatte umschlangen wie ein wehendes Band das Parkgrün hinter dem Saum des Meeres.

Das Einzige, was in dieser perfekten heilen Hotelwelt zu stören schien, waren für die dienstbaren Geister die Gäste, als Sand im Getriebe der gut geschmierten Business-Maschine. Ob die zahlende Kundschaft in ihrer Ruhe gestört wurde, kümmerte hier keinen, weder der Lärm der Aufbauarbeiten für die Tagung unter blauem Himmel zur nachtschlafenen Zeit noch am nächsten Tag der Abbau der Zelte mit Gepolter und Geschrei.

Um sechs Uhr morgens wurde im Hotel mobil gemacht, kam jeder Mitarbeiter seinen Pflichten und Vorgaben nach. Die in Plastik gepackte Morgenzeitung klatschte vor die Zimmertür, wurde mit einem Fußtritt unter der Tür hindurch ins Zimmer befördert. Ein unerbittlicher Weckruf. Wenig später erneut Alarm. Die Staubsauger-Brigade nahm mit lautem Geschnatter den Flur in Besitz. Es schallte und hallte und jeder erfüllte wieder einmal streng seine Aufgaben. Übrigens sind der Name des Hotels und der Ort des Geschehens heutzutage austauschbar.

Es sind allerdings nicht nur die Fehler des oft schlecht geschulten Personals, die ein Hotel abwerten. Unzählige, auch renommierte Häuser verärgern den Gast mit grob unterschiedlichen Zimmern, mit wechselnder Qualität.

Zeigen Sie mir ein einziges Hotel, sagen wir vor der oberen Mittelklasse aufwärts, das nicht wenigstens eine Parade-Suite eingerichtet hat, die zum Vorzeigen, Fotografieren, Repräsentieren genutzt wird, die aber häufig keinen Aufschluss über die übrigen Zimmer und die Qualität des Hauses gibt. Die besonderen Räumlichkeiten, ausgestattet für Genuss und Wohlbefinden, belegen deutlich, dass der Inhaber natürlich weiß, was von einem perfekten »home away from home« erwartet wird. Logisch, dass die Vorzeigesuite in der obersten Etage liegt, mit dem schönsten Blick aus dem Fenster auf Wasser und Wald.

Oben hui, unten pfui! Die Kämmerlein zu ebener Erde, neben der Küche, den oft nervenden Fahrstühlen oder der lauten Hotelbar, werden bei offiziellen Anfragen wie uneheliche Landkinder versteckt. Ich beispielsweise schaute auf eine verwitterte Wand.

Frühmorgens, wenn die Brigade der Zimmermädchen ausrückt schlägt die Stunde der Wahrheit. Da eröffnet sich die Möglichkeit, auch diese »Chauffeurs-Zimmer«, wie sie im Branchenjargon genannt werden, anzusehen, diese Kemenaten, die kaum mehr bieten als ein Bett für die Nacht.

Gewiss, nichts altert schneller als ein Hotel, und um bautechnisch und von der Einrichtung her ständig auf der Höhe der Zeit zu sein, sind gewaltige Investitionen nötig. Doch meistens reichen die Mittel nur für die teuren Etagen ...

Häufigste Schwachstelle ist das Bad, oft ein vernachlässigter, unschicker Ort. In modernen Spitzenhäusern entstanden dagegen elegante, marmorgetäfelte Wohlfühl-Bereiche mit Sprudelwanne, großzügigen Ablagen, begehbarer Dusche und separatem WC. Im Idealfall gibt es ein kleines zweites Gäste-Bad. Die Gestaltung der Bäder ist eines der wichtigsten Kriterien für die Klasse eines Hotels aber ebenso die Lobby, die Restaurants oder das Wellness-Center. Der gesamte »Hardware-Bereich« schafft freilich nur den Rahmen für den Service als die Seele, die aus einem Hotelaufenthalt ein Erlebnis macht.

Ein Wort zu Gruppen- und Individualhotels: Der Geschäftsreisende unterwegs wohnte im Hilton, wenn er etwas auf sich hielt. Die Hotels von Conrad Hilton waren ein halbes Jahrhundert lang der Inbegriff für gepflegtes Wohnen fernab von daheim, und die Domizile mit dem »H« im Wappen avancierten ebenso zu Bühnen, auf denen die großen Stücke ihrer Zeit spielten. Die Geschichte der Hotels lieferte dazu oft genug den Stoff. Gleiches gilt für die Fairmont Gruppe (hundert Folgen der TV-Serie »Hotel«) und für viele andere Hotels der gehobenen Kategorie.

Die großen Unternehmen im Lande arbeiten fast ausschließlich mit ausgewählten Hotelketten und Reservierungssystemen, um günstige

Raten bei den Dienstreisen der Mitarbeiter zu bekommen. Was man über die Hotellerie auch liest, zumeist stehen Übernahmen, Zusammenschlüsse und Kooperationen eben dieser großen Ketten im Mittelpunkt. Das führt zwangsläufig zu dem Eindruck, dass alles nur noch über die großen Mega-Konzerne läuft. Schlechte Zeiten also für Privathotels, für die feinen Häuser der individuellen Art. Dennoch gibt es sie unverändert, zum Glück, und in allen Preiskategorien.

Spontan fallen mir dazu *La Posta Vecchia* und die *Villa Feltrinelli* ein, die am wertvollsten ausgestatteten Boutiquehotels der Welt, beide in Italien. Oder nehmen Sie die beiden Hotels der Unternehmerfamilie Kracht in Zürich, die mit den feinen *Baur au Lac* und *Excelsior Hotel Ernst* in Köln dem ständigen Werben der finanzstarken Ketten eisern standhält und eigenständig bleibt.

Der *Nassauer Hof* in Wiesbaden, in dem der Direktor Karl Nüser jetzt Chef der Betreibergesellschaft ist, das *Park Hotel Bremen* oder *Louis C. Jacob* in Hamburg, der Augapfel von Unternehmer Horst Rahe, zählen zu dieser Kategorie und natürlich das Familienhotel *Bayerischer Hof* in München, wo Innegrit Volkhardt in der vierten Generation (!) resolut, aber einfühlsam zugleich Regie führt und ebenso Kopf und Seele des Schwesterhotels *Zur Tenne* ist.

Sollten Sie den *Wachtelhof* in Rotenburg an der Wümme nicht kennen, das kleine feine Landhotel der Familie Höns ist in jedem Fall einen Umweg wert. Es ist geradezu ein Musterbeispiel des individuellen Privathotels wie das Relais & Chateaux *Kur- und Sporthotel Dollenberg* in Griesbach von Meinrad Schmiederer.

Wenn es um die deutsche Ferienhotellerie geht, sind in allen Ranglisten die beiden privaten Resorts in Baiersbronn Spitze. Heiner Finkbeiner mit seiner *Traube Tonbach* und Hermann Bareiss mit dem Kurhotel, das seinen Namen trägt, sind die erfolgreichsten privaten Wettbewerber. Auch weil sie den entscheidenden Kernsatz beherzigen: Sie sind Gastgeber aus Überzeugung und pflegen jeden, der kommt, als ihren persönlichen Gast mit großer Herzlichkeit.

Großzügig oder eng, hell oder muffig? Welches Hotelzimmer Sie bekommen, hängt oft davon ab, wie Sie es buchen. Wer sich nur nach Sternen richtet, landet leicht im falschen Bett. Nach dreißig Jahren Ehe mit der Hotellerie möchte ich Ihnen zeigen, wie Sie König im Hotel werden. Erfahrungen, die man weitergibt, sind für Reisende oft wertvoller als die großen Hotelführer.

London war wieder einmal in der Kategorie Genussklasse ausgebucht. Ich probierte es dennoch im *Claridge's*, suchte das Gespräch mit dem Sales Manager. (Der Mitarbeiter an der Rezeption kann Ihnen in schwierigen Fällen nicht weiterhelfen.) Eines der beiden teuren Penthäuser war allerdings ungebucht. Big Ben schlug sechs, und Gäste, die für dieses Quartier zu so spätem Zeitpunkt den offiziellen Preis (rund 3500 Euro) hinzulegen bereit sind, waren kaum noch zu erwarten. So wurden wir uns zum Preis eines besseren Doppelzimmers schnell einig: ein Up-greating in die sonst unerschwingliche Luxuswelt mit Butler und Dom Perignon am offenen Kamin.

Wer die legitimen Tricks kennt, kann oft Geld sparen und Top-Hotels zum Economy-Tarif ordern. Der unerfahrene Privatgast hingegen zahlt häufig die Zeche der routinierten Vielreisenden. Der erste Fehler, der gemacht wird, ist »nach dem Preis« zu fragen. Erkundigen Sie sich nach der Minimum-Rate, fragen Sie nach einer Company Rate, die in allen bedeutenden Hotels üblich ist (zumeist dreißig Prozent günstiger als der offizielle Preis). Es ist ratsam, den Verkaufsleiter persönlich anzusprechen. Er verfügt über die Vollmachten, die die Reservierungsabteilung nicht hat. Erkundigen Sie sich in Fernost und den USA nach VIF-Arrangements. Blumen, Champagner, ein Korb mit frischen Früchten machen den Aufenthalt angenehmer. Die großen Business-Hotels, die am Wochenende leer bleiben, offerieren sehr günstige Angebote. Besser Geschäfte mit halbem Preis als gar keines.

Und wenn Sie sich nach einer anstrengenden Reise auf ein gemütliches Zimmer und ein kuscheliges Bett freuen, die Realität aber ein so genanntes Chauffeurszimmer ist, ein düsterer Schlauch mit schmalem Bett ohne Aussicht und dann noch direkt am Fahrstuhl oder neben der Küche, dann verlangen Sie ohne Scheu, das Zimmer wechseln zu dürfen (das steht Ihnen nach Verfügbarkeit auch während der Hochsaison zu).

Waren Sie mit einem Zimmer in einem Hotel, das Sie häufiger privat oder dienstlich genutzt haben, besonders zufrieden, fragen Sie bei jeder Reservierung nach derselben Zimmernummer. Viele gute Häuser machen das übrigens automatisch anhand der Gästekartei. Ist das Schlafgemach bereits vergeben, versuchen Sie es mit der entsprechenden Zahl auf einer anderen Etage. Die 340 ist von Einrichtung und Lage zumeist das gleiche Eckstudio wie 440 und 540, gleiches gilt für die übrigen Stockwerke.

Einen genussvollen Aufenthalt wünscht Ihnen

Heinz Horrmann

Die ultimativ besten Hotels in Europa

Im Glanz der Geschichte erstrahlt das *Hotel Adlon* unmittelbar am Pariser Platz. Und die Legende lebt

HOTEL ADLON
Berlin

enschen im Hotel: Ein Page eilt herbei, trägt das Gepäck zur Rezeption. »Willkommen im Adlon«, eine herzliche Begrüßung, heute wie vor mehr als neunzig Jahren, als das damalige *Adlon* (zusammen mit dem Pariser Haus von Cäsar Ritz) als eines der zwei Besten der Welt galt.

In der Lobby ist Betrieb, und an der Bar drängen sich die Gäste in Dreierreihen. Mitten in der Eleganz der Sitzgruppen unter der bunten Glaskuppel, durch die die Sonne blinzelt, betört der Duft einer täglich frischen Blumenkomposition. Ein schönes gepflegtes Hotel der Spitzenklasse mit nostalgischen Elementen: der Brunnen mit Elefanten, Fröschen und asiatischem Pagodendach. Wer dieses Motiv als Stilbruch empfindet, wird sich durch die Geschichte versöhnen lassen. Der plätschernde Blickfang ist das letzte Überbleibsel aus dem al-

Salon der
Präsidentensuite

ten *Adlon*. Die Treppe, die zur Empore, die
einst der Kaiser so liebte, führt, der prächtige
Wintergarten mit Palmen, Farnen und Blüten,
die *Adlon-Bar*. Und Karlheinz Hausers Küche
im Restaurant *Lorenz Adlon* gehört zu den besten Berlins.

  Mit der Fortsetzung von Erfolgsgeschich-
ten ist das so eine Sache. Häufig hält die vor-
handene Realität der aus Erinnerungen oder
Phantasie geborenen Wunschvorstellungen

Gourmet-Restaurant
Lorenz Adlon

Vom Kaiser ward
es einst eröffnet und
zu »seinem« Hotel
erklärt – heute wird
das *Adlon* als Ausdruck
der neuen Lebenskultur
der Hauptstadt
gepriesen

Der Kaiser selbst eröffnete das repräsentativste Domizil Europas und sprach stets von »seinem« Hotel. Insgesamt hatte man für 305 Zimmer zwanzig Millionen Goldmark ausgegeben. Damals war das eine ähnlich spektakuläre Summe wie die 420 Millionen Mark, die ins neue *Adlon* investiert wurden.

Große Namen als Gäste im Hotel sind natürlich die besten Werbeträger, davon profitiert besonders das *Adlon*. Die engagierte Rede des damaligen Bundespräsidenten wurde als »Herzogs Adlon-Rede« zitiert. Ex-Präsident George Bush machte nach seinem Aufenthalt im Hotel am Pariser Platz das größte Kompliment als er feststellte, dass das Brandenburger Tor stets das politische Symbol Berlins gewesen sei und das *Adlon* heute Ausdruck der neuen Lebenskultur der Hauptstadt.

Großzügig ist der Wellness-Bereich im Untergeschoss. Das lichte, mediterran gestaltete Schwimmbad wird mehr frequentiert als normalerweise Pools in Stadthotels.

Wie die Erinnerung eines beschwingten Tages am Mittelmeer ist auch das Tages-Restaurant gestaltet und davor die Terrasse mit dem unschlagbaren Blick auf das Brandenburger Tor. Jean K. van Daalen, der Hausherr, ist als Gastgeber die Idealbesetzung dieses bedeutenden deutschen Grandhotels.

nicht stand. Im *Adlon* ist alles gut gegangen. Die Legende lebt.

Gewiss hilft der Glanz der Geschichte. Als Wandschmuck in den Zimmern erinnern Collagen mit Prominenten, die einst im alten *Adlon* residierten, an die Vergangenheit: 1907 schraubte Lorenz Adlon voller Besitzerstolz ein kupfernes Adressenschildchen mit feiner Kursivschrift neben das Portal seines gerade eingeweihten Hotelpalastes: Unter den Linden 1. Verwehte Zeiten. Lorenz Adlon hatte bei Kaiser Wilhelm II. von jeher »einen Stein im Brett«. Das führte dazu, dass Seine Majestät höchstpersönlich seine allergnädigste Erlaubnis gab, das ursprünglich auf dem Hotel-Bauplatz stehende, von Schinkel erbaute und Denkmalschutz genießende Palais Redern abzureißen.

HOTEL ADLON

Unter den Linden 77
D-10117 Berlin
Tel.: 0049-30-226 10
Fax: 0049-30-2261 2222
www.hotel-adlon.de
256 Zimmer, 81 Suiten
Zimmer von 310 bis 415 Euro,
Suiten von 575 bis 3700 Euro,
Präsidentensuite 7500 Euro

FOUR SEASONS
Berlin

Die Berliner Edel-Hotellerie ist auf gutem Weg, die Branchenmetropole Europas zu werden. Zu den erstklassigen Domizilen, die sich ganz oben etabliert haben, gehört das *Four Seasons* der kanadischen Fünf-Sterne-Kette.

In der Rangliste 2001 von *Condé Nast Traveler* wird das Haus mit 204 Zimmern und Suiten als zweitbestes europäisches Hotel eingestuft (nach dem *Four Seasons Istanbul*). Wesentlich aussagekräftiger als die oft merkwürdigen Ergebnisse dieser Leserwahl ist das Resultat des anonymen Tests, den das Branchenmagazin *Top hotel* regelmäßig durchführt. Danach wurde dem *Four Seasons* nicht nur »sehr gute Qualität« attestiert, in der Gesamtpunktzahl er-

Schon bei der Rezeption beginnen die Bestnoten für das *Four Seasons* in Berlin. Der Traumblick auf den Französischen Dom gehört zur unverwechselbaren Zimmer- »Dekoration«

20

reichte das Hotel auch den zweithöchsten Wert, der je für ein Stadthotel errechnet wurde (das *Hotel Adlon*, ebenfalls in Berlin, erreichte den Bestwert).

Die Türme des Französischen und des Deutschen Doms stehen im Fensterrahmen, so nah sind sie. Der Blick auf den Gendarmenmarkt, den viele als den schönsten Platz Europas bezeichnen, gehört zur unverwechselbaren »Dekoration« der *Four-Seasons*-Zimmer. Mit dieser Lage ist das Haus ein idealer Ausgangspunkt zum Shopping auf den Boulevards Unter den Linden und Friedrichstraße.

In der Summe aller Dinge erkennt der Tester im *Four Seasons* ein echtes Urlaubshotel. »In einer Großstadt und Businesswelt wie Berlin erscheint dies sicher ungewöhnlich. Doch das Haus hat viele Qualitäten, mit denen auch vorbildliche Feriendomizile glänzen«, heißt es im Protokoll.

Bei der Aufzählung der Vorzüge steht der geschliffene angenehme Service an erster Stelle. Er ergänzt vorzüglich das überall wertvoll wirkende Ambiente mit prächtigen Blumenarrangements. Allein in den öffentlichen Bereichen des sehr persönlichen Domizils wurden 800 Quadratmeter Marmor verarbeitet.

Das Mobiliar in den Zimmern, der Lobby und dem Restaurant gibt sich vornehm; edles Dekor, feinste Stoffe, warme Pfirsichtöne und sanftes Beige bringen etwas Leichtigkeit in das getragene Interieur-Design. Übertriebene, Klasse erzwingende Gimmicks fehlen in der stilvoll-eleganten Welt. Mit edler Eiche getäfelt sind die Wände im Restaurant *Seasons*. Prächtige Leuchter funkeln in der Lobby Lounge, und überall knistert Feuer in den offenen Kaminen.

Viele Kleinigkeiten sagen mehr über das Haus aus als alle Auszeichnungen. Dafür ist der General Manager verantwortlich. Es ist höchst gefährlich, weil rasend schnell überholt, bei einer Buchproduktion einen Geschäftsführenden Direktor namentlich aufzuführen. Kurt Wachtveitl im *Oriental* ist eine Ausnahme, und auch Stefan Simkovics, der sich blendend etab-

Im *Seasons*-Restaurant
(oben) wird das Dinner
zum Festival für alle
Sinne. Die stilvoll
elegante Welt reicht
bis in die Zimmer und
spiegelt sich in der
Einrichtung
der Suiten

liert hat. An heißen Sommertagen beispielsweise sorgt er dafür, dass an der Rezeption
Eistee und Eiswasser bereitstehen. Das Früh-
stücksprogramm bekommt durch hausgemach-
te Marmelade, getrocknete Biofrüchte, reine
Eiweißomeletts oder zuckerfreie Müsli eine
eigene Note.

Rezeption, Message-Transfer, auch die
Aufnahme von Reklamationen, der Roomservice und das Housekeeping, das für die tadellose
Sauberkeit in den Zimmern verantwortlich ist,
bekamen von *Top hotel* Bestnoten.

Dennoch gibt es auch noch Chancen, das
Produkt zu perfektionieren. Nach anfänglichen
Schwächen ist Simkovics auf einem guten
Weg, die Küchenqualität im Restaurant zu ver-
bessern.

Nach der Verpflichtung des Sternekochs
Nils Kramer wird die internationale Hotellan-
geweile ausgesperrt. So wird das Dinner im
Restaurant zum Festival für alle Sinne, zu den
Gaumenfreuden gehört der liebevoll gedeckte
Tisch, der das Auge verwöhnt, der Duft der Blumenpracht für die Nase, die Qualität der Tischwäsche für den Tastsinn. Für mich eines der
besten Häuser der kanadischen Kette.

FOUR SEASONS BERLIN

Charlottenstraße 49
D-10117 Berlin
Tel.: 0049-30-20338
Fax: 0049-30-2033 6119
www.fourseason.com
204 Zimmer und Suiten
Zimmer ab 245 Euro,
Superior ab 265 Euro,
Deluxe ab 286 Euro

Der *Langhans*-
Veranstaltungsraum
empfängt die größeren
Gesellschaften

RAFFLES VIER JAHRESZEITEN

Hamburg

Luxus wird im *Vier Jahreszeiten* nicht mittels Protz und Prunk präsentiert, sondern durch eine Vielzahl von edlen Details, die sich zu einem Mosaik zusammenfügen. Besonders wertvolle Wäsche, Blumenschmuck, feinstes Geschirr, kostbare Kunstwerke in den Zimmern und Fluren. Kernpunkte der Marketing-Philosophie: Es sei nun einmal undenkbar, den Anspruch eines First-Class-Hotels zu erheben und dann in den Waschräumen Papierhandtücher anzubieten. Das passe nicht zusammen, glaubt Ingo Peters, der Raffles-Top-Manager in Europa. Der Begriff »Luxus-Service« schließe auch aus, dem Gast zuzumuten, sich sein Eis auf der Etage selbst zu holen und mit einem streng riechenden Schwämmchen die Schuhe selber zu putzen. Saloppe Hemdsärmeligkeit des Personals, die bei anderen Konzepten nicht einmal störend sein muss, wäre im *Vier Jahreszeiten* ein Stilbruch.

Dementsprechend hat sich die Kundschaft formiert. Die Gäste, die einen Ort für Modedefilées und Schickimicki-Shows suchten, zogen um. Private Sachlichkeit prägt. Die Lobby ist ruhig und ohne hektische Betriebsamkeit. Vom Einchecken an wird der Ankömmling höflich mit dem Namen angesprochen. An der Rezeption und an der Kasse gibt es keinen Computer mit Terminal. Natürlich arbeitet das *Vier Jahreszeiten* längst damit, aber weit hinter der Ebene, auf der sich der Gast bewegt. Computer sind nicht zu sehen. Der Gast soll nicht zum technischen »Übernachtungsfall« degradiert werden.

Im Gegensatz zu den meisten alten Hotels wurde das *Vier Jahreszeiten* im Laufe der Zeit zahlenmäßig nicht größer, sondern kleiner: Die Einzelzimmer unter dem Dach für Diener und Chauffeure verschwanden, daraus entstand ein bestechend schönes Luxus-Spa. »Amrita Spa« ist die feinste Entspannungsoase in der Hansestadt mit Fitnessprogramm und Pflege von Ayurveda bis Moorschlammwickel.

Seine Königliche Hoheit Prinz Andrew ist alles andere als ein Wortjongleur, im Gegenteil,

Hanseatischer Tradition verpflichtet präsentiert das Hamburger *Vier Jahreszeiten* Luxus vor allem durch edle Details

er zählt zu den Schweigern unserer Zeit. Auch wenn er durch die Halle des *Vier Jahreszeiten* in Hamburg spaziert, möchte er am liebsten nicht angesprochen werden. Als es ein Lokalreporter dann doch einmal wagte und ihn fragte, warum er immer in diesem Hotel wohne, wimmelte er den Fragenden mit ganzen zwei Worten ab: »Well«, näselte der blaublütige Engländer, »Tradition.«

Ob Tradition aber für den Gast fühlbar werden kann? Probieren Sie's, setzen Sie sich in die Wohnhalle mit Kamin und erleben Sie die Bühne der Persönlichkeiten, oder relaxen Sie unter den strengen, ölgemalten Blicken der Gründerfamilie. Der Mittelpunkt des Hotels stammt noch heute ziemlich original von 1912: ein einzigartiger holzgetäfelter Raum mit Kamin und dezenten Stuckaturen, mit Gobelins und wertvollen Teppichen, mit gemütlichen Sitzecken und geblümten Clubsesseln — das alles atmet Grandhotel-Pathos.

Ingo Peters schuf dazu eine appetitliche »Restaurant-Landschaft«. Das *Haerlin* mit Gourmet-Küche, der edel rustikale *Grill* und das asiatische *Doc Cheng's*, in dem sich der Gast wie im Ur-Raffles fühlt, sind die Offerten. Die Zimmer und Suiten, teilweise mit herrlichem Blick auf die Binnenalster, wurden im gediegenen Hanseaten-Stil eingerichtet, jede Wohneinheit individuell.

RAFFLES HOTEL VIER JAHRESZEITEN

Neuer Jungfernstieg 9-14
D-20354 Hamburg
Tel.: 0049-40-34940
Fax: 0049-40-3494 2600
www.hvj.de
132 Zimmer, 24 Suiten
Zimmer von 205 bis 325 Euro,
Suiten von 385 bis 1700 Euro

THE RITZ-CARLTON
Wolfsburg

N atürlich hat da die neue Generation aktuell fertiggestellter Hotelbauten Vorteile dem alten Grandhotel gegenüber, das auch bei kostspieliger Modernisierung nicht seine Grundmauern verändern kann. Das allerbeste Beispiel für ein perfektes Business-Hotel unserer Tage ist das *Ritz-Carlton* in Wolfsburg, eine Attraktion der Autostadt, mit der Volkswagens langjähriger Konzernchef Ferdinand Piëch sich ein Denkmal setzte.

Ich wählte die 142, dritter Stock, ruhiger Flur. Als Superior-Zimmer, Minimalstandard. Erster Eindruck: freundlich, licht und durch helles kanadisches Bergahorn-Holz exakt das Gegenteil von englischer Clubatmosphäre an-

Das Dienstleistungskonzept des Direktors des Hauses, Walter Junger, bezieht die neuen Medien voll mit ein. Ein Technologie-Butler hilft bei Problemen mit dem mobilen Büro. Er ist zugleich Internet- und Software-Spezialist sowie versierter Techniker.

Das F&B-Konzept (Speisen und Getränke) entspricht höchster internationaler Klasse. Beim Frühstücksbüfett können die Gäste unter vierzig verschiedenen Teesorten wählen. Für Asien-Begeisterte wie zum Beispiel Ferdinand Piëch wurde ein konsequent asiatisches Restaurant eingerichtet und zur Pflege europäischer Gourmandise das *Aqua* (Auszug aus dem Tagesmenü: »Kotelett und Serviettenknödel von der Taube mit Schwarzwurzeln und Spitzmorcheln«) konzipiert.

Damit die Gäste nach besonderen Menüs die Fitness pflegen können, schufen die Bauherren einen Wellness-Club, der den Namen »Kraftwerk« erhielt. Nahe liegend, der Blick geht auf das benachbarte VW-Kraftwerk.

Die Hotelwelt spielte verrückt, als 1998 bekannt wurde, dass das erste neu gebaute *Ritz-Carlton* in Deutschland in Wolfsburg eröffnet werden sollte. Inzwischen empfindet das jeder Hotelfreund als völlig normal.

derer Ritz-Carlton-Häuser. Die Glasfront bietet einen herrlichen Blick auf den Kanal und die Stadt. Großzügige Arbeitsecke mit halbkreisförmig geschwungenem Schreibtisch. Zwei Einzelbetten (von der Größe normaler Doppelbetten), Marmorbad mit Dusche, die Toilette außerhalb der Nasszelle. Einfach perfekt.

Was das Hotel aber zu einem der Besten des Kontinents macht, ist der vorzügliche Service nach den Ritz-Carlton-Systemen und nach einer bisher weltweit einmaligen Schulung des Service-Personals (270 Mitarbeiter wurden aus 4000 Bewerbern ausgewählt). Sechzig Manager aus allen Ritz-Carlton-Hotels der Welt, daneben sieben Sterne-Köche, beschäftigten sich vier Wochen intensiv, um die Ritz-Carlton-Philosophie zur Eröffnung zu vermitteln. Dabei geht es nicht so sehr um technisch-handwerkliche Abläufe, sondern darum, den Gast mit einem herzlichen Service zu verwöhnen: »We are Ladies and Gentlemen Serving Ladies and Gentlemen«, das Credo des RC-Gründers und -Philosophen Horst Schulze, in Winningen an der Mosel geboren, wird hier fühlbar. Und das scheint auch in Zukunft nach dem spektakulären Ausscheiden Schulzes garantiert, weil das Management und VW als Besitzer sich mächtig gegen den Spartrend des Ritz-Carlton-Aufkäufers Marriott wenden.

THE RITZ-CARLTON WOLFSBURG

Stadtbrücke
D-38440 Wolfsburg
Tel.: 0049-5361-60 70 00
Fax: 0049-5361-60 80 00
www.ritzcarlton.com
174 Zimmer, 21 Suiten
Zimmer von 248 bis 259 Euro,
Suiten von 435 bis 1279 Euro

Prächtige Randerscheinungen im perfekten Business-Hotel in der Autostadt: *Newman's Bar* (oben links), das Restaurant *Aqua* (oben) und der Wohnzimmer-Bereich einer RC-Suite

SCHLOSS BENSBERG

Bergisch-Gladbach

Der rheinische Kurfürst Jan Wellem (1658-1716), der als Connaisseur seiner Zeit galt, hatte das prächtige Schloss Bensberg einst mit geliehenen Geldern am Rande der Kölner Bucht gebaut. Bei der Grand-Opening-Party 2000 für das Schloss, inzwischen von der Optik her das schönste Grandhotel Deutschlands, wurde der Vorstandsvorsitzende der Aachener und Münchener Lebensversicherung, Michael Kalka, als legitimer Nachfolger bezeichnet. Die Gesellschaft hatte mit geschätztem Aufwand von 150 Millionen Mark das 130 Zimmer- und Suiten-Domizil eingerichtet, das von der Thomas-Althoff-Hotelgruppe betrieben wird.

Es wurde vom Jungstar unter den besten europäischen Interieur-Designern, Peter Silling, ausgestattet und entspricht einer Sammlung von Superlativen. Aufwändige Dekorationen, teuerster Marmor, Antiquitäten, großzügig gestellt, Sterne-Küchen, optimaler Wellness-Bereich. Aus vielen Fenstern ist der freie Blick bis zum Kölner Dom möglich. Bei den Bebauungsprogrammen zwischen der Dom-Stadt und Bensberg war in der galanten Zeit, als der Wunsch des Adels noch Befehl war, die Sichtachse vom Schloss zur gotischen Kathedrale am Rhein immer frei gehalten worden.

Die Genussmenschen trachten nach etwas Leichtem und Bekömmlichem, sie müssen zur Arbeit statt zum Ausritt, wie zu Auguste Escoffiers Zeiten. Das ist der Grund, warum die große Küche immer leichter, naturreiner, klarer und raffinierter wurde. Joachim Wissler, der als Zwei-Sterne-Koch aus dem Rhein-Schloss Reinhartshausen nach Bensberg wechselte, setzt diesen Trend in Vollendung um. Seine Kochkunst erreicht ungeahnte Höhen.

Geradezu ideal eignet sich das *Schlosshotel Bensberg* für Unternehmenstagungen, für Kongresse und Vorstandssitzungen.

Der Erfolg von Firmenveranstaltungen ist nicht zuletzt von der Atmosphäre abhängig, in der sie stattfinden. Voraussetzungen, die *Schloss Bensberg* garantiert: klassisches Ambiente, perfekte technische Ausstattung und ein höchst motivierendes Umfeld für den Genussaufenthalt mit angegliedertem Wellness-Bereich.

Für die Interessenten sind die historischen Elemente, die im Hausmuseum gesammelt werden, eine reizvolle Ergänzung. Wer nur lange genug sucht, findet zu nahezu jedem Objekt die passende Aussage eines Dichters und Denkers. Hier ist es das niedergeschriebene Lob des jungen Goethe, das sich zur Werbung verwenden lässt. Er sei »über die Maßen

Vom Kurfürsten erbaut, von Goethe gelobt – *Schloss Bensberg* kann sich großer historischer Empfehlungen rühmen

Wer sich der
Literatur hingezogen
fühlt, der findet eine
Bibliothek von ganz
besonderer Schönheit
und Ausstrahlung

GRANDHOTEL SCHLOSS BENSBERG

Kadettenstraße
D-51429 Bergisch-Gladbach
Tel.: 0049-2204-420
Fax: 0049-2204-42888
www.schlossbensberg.com
84 Zimmer, 36 Suiten
Zimmer ab 200 bis 307 Euro,
Suiten von 404 bis 1550 Euro

So werden »neue Lebenselemente vorzüglich zusammen-gefügt« (Goethe über Bensberg): zwischen Beauty & Spa sowie Abendbar (rechts) ist der Genussaufenthalt garantiert, realisiert von der Aachener und Münchener Lebensver-sicherung

entzückt, wie im Schloss neue Lebenselemente vorzüglich zusammengefügt sind und das mit der wunderbaren Aussicht in die Ferne«.

Ganze fünf Autominuten entfernt liegt das kleine *Schloss Lerbach*, das ebenfalls zur privaten Gruppe der Althoff Hotels gehört. Hier kocht mit Dieter Müller (drei Sterne) einer der besten Küchenkünstler Europas. Beide Genussdomizile zusammen machen für Feinschmecker eine Reise nach Bergisch-Gladbach reizvoll, auch wenn sie nur kulinarische Höhepunkte erleben wollen. Hinzu kommt, dass im *Schloss Bensberg* Walter Leufen Küchenchef im edel-rustikalen *Jan Wellem* die Palette noch bereichert.

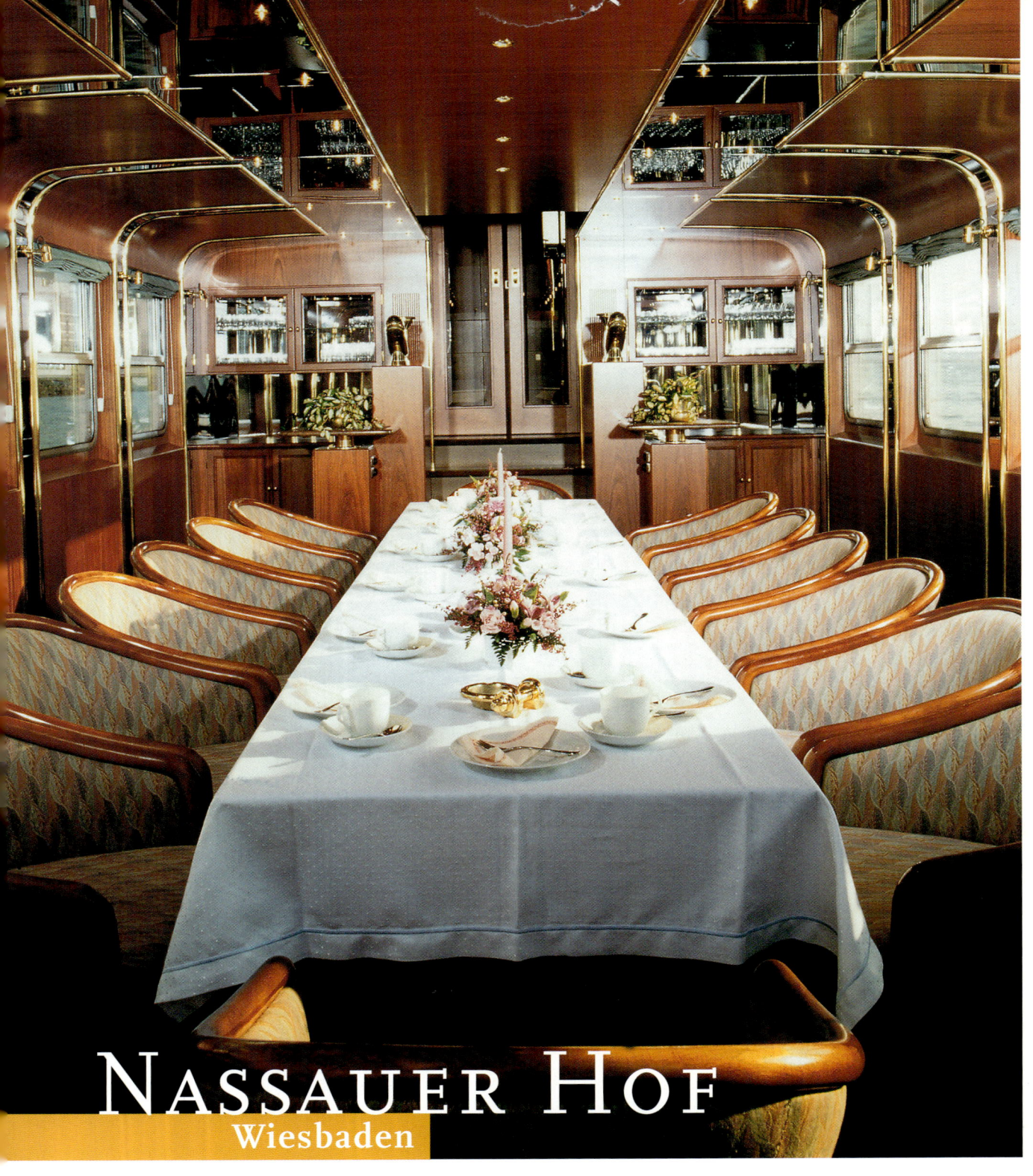

NASSAUER HOF
Wiesbaden

J oseph Cinque, Präsident der American Academy of Hospitality Sciences, zeigte sich begeistert und nannte den *Nassauer Hof* eines der absolut besten europäischen Hotels. Ein Haus mit großer Historie und moderner Wohlfühlatmosphäre.

Tradition ist ein beliebtes Instrument der Hotelwerbung. Die besten Grandhotels bedienen sich dazu, wo immer die Möglichkeit besteht, zweifellos ehrwürdiger Aufzeichnungen. Der *Nassauer Hof* in Wiesbaden, zum Leidwesen der größeren Nachbarstadt oft und gerne als »bestes Hotel« der Metropole Frankfurt bezeichnet, existiert historisch belegt seit mehr als 175 Jahren, ein unregistriertes Jubiläum.

Doch wie das so ist, für griffige Superlative bemühten die Historiker noch viel ältere Zeiten, übersprangen den Dreißigjährigen Krieg und die Wirren einiger Jahrhunderte. Und siehe da, sie fanden auf dem Platz des heutigen Leading Hotel (das ebenfalls zur Gruppe der Preferred Hotels gehört) eine »Heriberga«, die bereits im 11. Jahrhundert Erwähnung fand.

Kein anderes Hotel verfügt über solch einen »Stammbaum«. Der Bogen über die Jahrzehnte spannt sich bis hin zum heutigen Prachtbau mit Säulen, Marmor, Balkonen und

einem insgesamt imponierenden Gesamteindruck, die angebaute Orangerie eingeschlossen.

Um bautechnisch und von der Einrichtung her ständig auf der Höhe der Zeit zu sein, sind gewaltige Investitionen notwendig. In jüngster Zeit wurden für eine aktuelle Politur über zehn Millionen Euro bereitgestellt. Dafür gab es nicht nur Einrichtungen für Suiten und

Zimmer, das gesamte Hotel wirkt durch helle Farben und freundliche Ausstattung großzügig und frisch, der Eindruck von lichter Weite dominiert. Licht durchflutet die Halle, Gänge und selbst die Bar, von der aus der Blick in einen bepflanzten Innenhof fällt.

Die 178 Zimmer und 20 Suiten sind dem Anspruch an ein Luxushotel gemäß repräsentativ (mit Stil-Schreibtisch und Salonecke), vor allem aber gemütlich ausgestattet. Besonders empfehlenswert sind die Junior-Suiten, sie liegen in den Ecken des verwinkelten Hauses. Sie haben genügend Platz, ohne gleich »Ballsäle« zu sein, einen kleinen (Geräusche schluckenden) Flur und großzügige Marmorbäder.

Für Aufmerksamkeit in der Öffentlichkeit sorgen neben der angesprochenen Tradition die außergewöhnlichen Restaurants, die das Grandhotel zum Gourmet-Mekka werden ließen.

Selbst in den Zeiten, als Hotelgäste den Portier fragen mussten, wo man denn in der Stadt gut essen könne, weil im Hotel bei aller Liebe doch nur internationale Langeweile nach austauschbaren Einheitsrezepten serviert wurde, gab es schon ein paar Ausnahmen mit

Das Grandhotel gegenüber dem Kurhaus mit Thermalquelle – ein Ort großer Historie und moderner Wohlfühlatmosphäre

NASSAUER HOF

Kaiser-Friedrich-Platz 3-4
65183 Wiesbaden
Tel.: 0049-611-1330
Fax: 0049-611-133 632
www.nassauer-hof.de
178 Zimmer und 20 Suiten
Zimmer von 145 bis 305 Euro
Suiten von 370 bis 1800 Euro

hochklassigen Hotelrestaurants. Zugegeben, sie waren damals so selten wie Wasserlöcher in der Sahara.

Aus einer dieser wenigen Oasen von einst schöpfen Genießer heute noch kulinarische Freuden. Die Rede ist von der *Ente* im *Nassauer Hof* in Wiesbaden. Zum 22. Mal in ununterbrochener Folge wurde diese Gourmet-Adresse mit dem Michelin-Stern ausgezeichnet. Ein einmaliger Erfolg.

Karl Nüser, der clevere Manager, der den *Nassauer Hof* zur Legende machte und heute auch Chef der Betreibergesellschaft ist, wechselte das Konzept, als das Erfolgsrestaurant in die Jahre gekommen war und förmlich nach Neuerungen verlangte. Seine Gestaltung in beschwingter kalifornischer Optik, Farbgebung und entsprechendem Küchenstil schlug Wellen im Ententeich, der Übergang vom Gourmettempel zum Wohlfühl-Lokal vollzog sich aber reibungslos.

Bei einem Hotel, das gegenüber dem Kurhaus liegt, ist es nicht weiter verwunderlich, daß es Anschluss an die Thermalquellen hat. Der *Nassauer Hof* nutzt die Quellrechte seit 1744. Ganz oben auf dem Haus ist ein Thermalschwimmbad mit Sonnenterrasse eingerichtet. Der Blick streift über das schöne Bild der Kurstadt. Zwei finnische Saunen, Massage- und Fitnesszentrum sowie für die weiblichen Gäste eine Beauty-Farm (Lancaster) runden die angebotenen Möglichkeiten ab.

Die persönliche Betreuung ist ein ganz wichtiger Punkt in der Philosophie bedeutender Grandhotels. So werden im *Nassauer Hof* besondere Wünsche der Stammgäste immer registriert wie etwa bevorzugte Zimmernummern.

Traditionshotel mit »Stammbaum« und beste Gourmet-Adresse zugleich – der *Nassauer Hof* ist zur Legende geworden

TRAUBE TONBACH

Baiersbronn

Die Schwarzwald-Landschaft um Baiersbronn hat für den Städter etwas Unwirkliches. Auf der frühsommerlichen Terrasse des höchstbewerteten deutschen Ferienhotels *Traube* im Ortsteil Tonbach vibriert ein Seifenblasenzauber. In der Ruhe der Oase lehnt sich der Gast zurück, lässt sich verwöhnen und folgt seinen eigenen gedanklichen Wegen.

Für Connaisseure schrumpft das schöne Bild der Natur zum anspruchsvollen Rahmen, in dem sich die Gourmandise zum eigentlichen Blickfang entfaltet. Wer der Straße durch den Ort Richtung Tonbach folgt, kommt automa-

tisch zum 175-Betten-Hotel *Traube* (die schönsten Wohneinheiten mit Rundbalkon), das sich oberhalb des Dorfes an den Hang schmiegt. Das Restaurant *Schwarzwaldstube* liegt gleich an der Straße, die keine Durchfahrtstrecke ist, sondern ein wenig oberhalb endet. Das garantiert absolute Ruhe.

Im rastlosen An- und Ausbau des Hotels ließ der Besitzer Heiner Finkbeiner bei unserem Besuch gerade einen Tunnel unter der Straße fertigen, der es den Gästen ermöglicht, auch an Regentagen trockenen Fußes in das Himmelreich der Gourmandise zu gelangen.

Harald Wohlfahrt, der Drei-Sterne-Zauberer in der *Schwarzwaldstube*, setzt längst nicht mehr ausschließlich auf die unerschwingliche Dreierbande Kaviar, Trüffel und Stopfgansleber, sondern sorgt in seinem kleinen Restaurant mit Steinpilzen, duftenden Morcheln, Froschschenkeln mit Blattpetersilie, Jacobsmuscheln oder gebratener Schnepfe mit gemahlenem Wacholder und Maronenpüree für Verzückung.

Nie sind die eigentlichen Aromen überlagert, parfümiert, verfremdet. Die Heiterkeit des Seins, die seine Gerichte ausdrücken, ist dem ernsten Perfektionisten, der pünktlich um neun Uhr in der Küche steht und bis tief in die Nacht hinein im Einsatz ist, vollkommen wesensfremd. Diese sakrale Strenge verhilft zu der Höchstleistung, die er schon über Jahre bringt. Nun hat Wohlfahrt natürlich auch das Glück, in Finkbeiner einen ebenso positiv »Verrückten« gefunden zu haben, der bei der Qualität ebenfalls keine Kompromisse kennt.

Der Hotelchef, ein smarter, sportlicher Gentleman, der sein Geschäft von der Pike auf gelernt hat (Kochlehre, Hotelfachschule Heidelberg), führt das Haus, das seit 1789 im Familienbesitz ist, auf höchstem Niveau.

Die früher eher zu rustikale Note wurde in ein helles, fein nuanciertes Gesamtbild verändert. Freundliche Farben, geschwungene Formen und edles Material verbinden sich zur stilvollen Gemütlichkeit. Überall, in der Halle

Die Philosophie in Tonbach: mehr Sein als Schein, und dies trotz luxuriöser Eleganz und überragendem Wellness- und Sport-Bereich

wie im Restaurant oder in der Badelandschaft, ist durch die Panoramafenster die sattgrüne Natur mit einbezogen.

Obwohl die luxuriöse Eleganz und die weitläufige Raumaufteilung besticht, ist die *Traube* dennoch ein typisches Understatement-Hotel: mehr Sein als Schein.

Aufgehoben wird diese Philosophie allerdings im riesigen, ja überragenden Wellness- und Sport-Bereich, in den die erwähnte Badelandschaft integriert ist. Da mutiert die *Traube* zum Sporthotel (Fitness-Studio, Tennisplätze und Halle, Reiten und Golf über den Concierge buchbar). Wer es braucht, bekommt ebenfalls seine medizinischen Reha-Programme mit allen Anwendungsformen. Ein Multi-Spitzenhotel.

HOTEL TRAUBE TONBACH

Tonbachstraße 237
D-72270 Baiersbronn-Tonbach
Tel.: 0049-7442-4920
Fax: 0049-7442-492 692
www.traube-tonbach.de
108 Zimmer, 12 Suiten, 55 Appartements
Zimmer von 100 bis 140 Euro,
Appartements von 125 bis 207 Euro,
Suiten von 204 bis 265 Euro

HOTEL BAREISS
Baiersbronn

In der Zehntausend-Seelen-Gemeinde, von der die meisten im Norden Deutschlands nicht einmal wissen, wo sie liegt, haben sich zwei der fünf besten deutschen Küchen etabliert. In der Michelin-Wertung gibt es dafür einmal drei, einmal zwei Sterne.

Legt man den Notenschnitt aller nationalen Hotelwertungen zugrunde, wird die Positionierung in der Sechs-Sterne-Gemeinde noch spektakulärer. Laut Hornstein-Liste (Quersumme aller Ranglisten) sind die *Traube Tonbach* und das *Kurhotel Bareiss* im nahen Ortsteil Mitteltal die beiden höchst bewerteten deutschen Urlaubshotels. Vergleichbares findet man in einem solchen Örtchen auf der ganzen Welt nicht mehr. Eine kurze Autofahrt durch das Schwarzwaldtal bringt den Gast zu Her-

mann Bareiss, der 2001 mit seinem Familienbetrieb das fünfzigjährige Jubiläum feierte. Das Ferienhotel mit über hundert Wohneinheiten (dezent-elegant), davon die Hälfte Suiten, Appartements und Penthouse-Etage, wirkt auf den Anreisenden wie eine gepflegte, großzügig gestaltete Privatvilla. Dieser erste Eindruck der privaten Atmosphäre wird zielsicher gepflegt und setzt sich in allen Bereichen fort. Alles in diesem Prachthaus ist wertvoll, fein und mit Liebe gemacht. Treffsicher in der Kombination von Holz, Farbe, Stoff und Design wurden die Zimmer ausstaffiert, sind die Restaurants, Bade- und Schönheitsbereiche gestaltet.

Wenn es stimmt, dass die Gastronomie ein Spiegelbild der Gesellschaft ist, dann trifft ausgerechnet einer, der selten im Vordergrund

Mitten in der Schwarzwald-Idylle – ein Prachthaus mit eleganter, vornehmer und Drei-Sterne-Gastronomie

steht, den aktuellen Trend optimal: Claus Peter Lumpp. Ohne überhaupt das gängige Stichwort zur allgegenwärtigen Konsumgewohnheit zu kennen, das »Light Culture« heißt, setzt der Küchenchef in seinem Restaurant exakt um, was damit gemeint ist: maßvoller, wenn möglich gesunder Genuss statt entsagungsvoller Verzicht, köstliche, aber kalorienarme Zubereitung, gekonnter Umgang auch mit einfachen Zutaten, aber immer wieder mit Kräutern und Gewürzen. Leicht und genial, ohne modische Verrenkungen, kreiert Claus Peter Lumpp seine Gerichte.

Alles, was er auf das erlesene Porzellan der Königlichen Porzellan-Manufaktur aus Berlin zaubert, ist mindestens zwei Sterne oder vier Gault-Millau-Hauben wert. Hermann Bareiss hat ihn nach der Verpflichtung die Top-Restaurants Frankreichs studieren lassen, was ihm den Feinschliff gab.

Wie die Küchen haben die beiden Hotels, die stets im freundlichen Wettbewerb stehen, eigene Wege gefunden.

Bareiss ist ohne Zweifel eleganter, vornehmer, elitärer. Dafür sorgt der Hausherr, der das einst als Pension eröffnete Hotel von der Mutter übernommen hat (damals hieß es noch *Kurhotel Mitteltal*) und hochklassig ausbaute.

Im Badebereich mit vier Pools und Massageströmungskanal, in der Gestaltung der Halle und der individuellen Zimmer, ebenso im Bereich Schönheit und Fitness wird die Liebe zum Detail deutlich. Die Kaminstube mit der weiß gemauerten Feuerstätte passt zur unverfälschten badischen Küche in gemütlicher Umgebung. Die liebevoll eingebauten Dorfstuben sind keine Nachbildungen, *Uhrenstüble*, *Förster-Jakob-Stüble*, echte Bauernstuben aus dem 18. Jahrhundert, wurden hier wieder aufgebaut.

HOTEL BAREISS IM SCHWARZWALD

Gärtenbühlweg 14
D-72270 Baiersbronn-Mitteltal
Tel.: 0049-7442-470
Fax: 0049-7442-47 320
www.bareiss.com
96 Zimmer, 12 Suiten
Zimmer vor 135 bis 244 Euro,
Suiten ab 222 Euro

MANDARIN ORIENTAL

München

Das feinste Münchener Hotel (auch mit den höchsten Zimmerpreisen) liegt im Herzen von Deutschlands beliebtester Stadt, eingerichtet in einem stilvollen weißen Palais. Schon 1880 gehörte es zu den ersten Adressen der Stadt – als Ballhaus für große gesellschaftliche Ereignisse. Seine historische Architektur wurde wiedergeboren. 73 Zimmer und Suiten mit dem schönen Blick und komfortabler Ausstattung sind darin eingerichtet. Die Lage des Hotels ist vorzüglich. Gleich um die Ecke trifft sich Münchens Schickeria in der Boutique von Modemacher Mooshammer, reihen sich die Geschäfte der edlen Schmuck- und Modehäuser aneinander. Die Maximilianstraße zum Shopping, die immer aufgeregten Finanz- und Business-Zentren gerade mal ein kurzer Fußweg entfernt, aber auf dem Sims der Fenster gurren Tauben, und über allem spannt sich ein bayerisch weiß-

blauer Himmel, wie man ihn von alten, hand-kolorierten Postkarten kennt. Das *Mandarin Oriental* und die reizvollen Kontraste.

Die besondere Liebe des Gründers Georg Rafaels gehörte bei aller Internationalität seinem Münchener Haus, das am Anfang so aufwändig geführt war, dass es nur schwerlich Profit erwirtschaften konnte. Das hat sich geändert, seitdem Susanne Hatje mit unglaublichem Elan die Atmosphäre des Hauses bestimmt, mit Schwung sorgte sie für Motivation der Mitarbeiter, hat zufriedene Gäste und erreicht auch noch die besten Ergebnisse seit Bestehen des Hotels. Die neue Gruppe Mandarin Oriental zeigte sich begeistert.

Perfektes Zuhause, fernab von daheim – das *Mandarin Oriental* München schafft, worum viele Hotels sich nur bemühen

Ein Beispiel für Detailarbeit ist der Gourmet-Treffpunkt im Hause, *Marks Restaurant*, wo der Grundstein für eine Verbesserung gelegt und der Service verfeinert wurde.

Die Klasse des Hotels und die Zielsetzung, dass sich die Gäste tatsächlich zu Hause fühlen (was ja viele Betriebe behaupten, aber nicht schaffen), ist inzwischen international bekannt. Als Prinz Charles beispielsweise nach München kam, wohnte er nicht, wie es zur Tradition des Adels gehörte, im *Vier Jahreszeiten*, das einst von König Maximilian II. als königliche Residenz gebaut worden war, sondern auf Anraten deutscher Freunde im *Rafael*. Hollywood-Dauerbrenner Robert Wagner lebte drei Monaten lang in dem Hotel und reiste von hier zu europäischen Dreharbeiten für Filme und Fernsehserien.

Sich zu Hause fühlen, das liegt natürlich an Service und Atmosphäre, aber auch an den vielen Ausstattungsdetails, die sich zum außergewöhnlichen Gesamteindruck summieren. Anstelle der Standardmöblierung treten Antiquitäten, Kunst, Blumen, unendlich viele Blumen überall. Die Marmorbäder haben Fußbo-

denheizung, separate Toiletten und begehbare Duschen. Weil Business nicht ausgesperrt bleibt, wurden drei Telefone, Telefax und Computeranschluss in jedem Zimmer installiert.

Zum Besonderen zählt auch die Bettwäsche aus Satin, die Kosmetik-Serien aus Naturprodukten und die Videothek. Angenehm, dass die lästige Abrechnung der Minibar entfällt. Getränke sind wie die Früchte (nicht nur für VIPs) im Preis inbegriffen. Vielreisende, die die Nase von Hotels eigentlich voll haben, sollten sich hier einmal einen Aufenthalt gönnen.

MANDARIN ORIENTAL MÜNCHEN

Neuturmstraße 1
D-80331 München
Tel.: 0049-89-29 09 80
Fax: 0049-39-22 25 39
www.mandarnoriental.com
73 Zimmer und Suiten
Zimmer- und Suiten
ab 230 bis 1320 Euro

Weitere Empfehlungen mit kleinen Schwächen

Palace Hotel, Berlin
Budapester Straße 45, 10789 Berlin
Tel.: 0049-30-25020,
Fax: 0049-30-2502 1161
www.palace.de
250 Zimmer und 32 Suiten
Zimmer von 200 bis 300 Euro,
Suiten von 325 bis 1800 Euro
Bestes Restaurant Berlins, Top-Service,
aber bescheidene Lobby, soll geändert
werden; Wellness-Bereich fehlt zurzeit,
ist im Bau

Schlosshotel Regent Berlin
Brahmsstraße 10, 14193 Berlin
Tel.: 0049-30-8958 40,
Fax: 0049-30-8958 4800
www.regenthotels.com
42 Zimmer und 12 Suiten
Zimmer von 253 bis 406 Euro,
Suiten von 508 bis 2812 Euro
Erstklassige Gästepflege, prächtiges
Ambiente, ungewisse Zukunft, ob Service-
Qualität gehalten werden kann; keine
Vergleichsmöglichkeit

Grand Hyatt Berlin
Marlene-Dietrich-Platz 2, 10785 Berlin
Tel.: 0049-30-2553 1234,
Fax: 0049-30-2553 1235
www.berlin-hyatt.com
325 Zimmer, 15 Suiten
Zimmer von 184 bis 255 Euro,
Suiten von 311 bis 3323 Euro
Berlins Design-Hotel, kühl, aber konse-
quent eingerichtet. Beliebtes Asien-
Restaurant; erstklassiges Management

Louis C. Jacob, Hamburg
Elbchaussee 401–403, 22609 Hamburg
Tel.: 0049-40-8225 50,
Fax: 0049-40-8225 5444
www.hotel-jacob.de
75 Zimmer und 11 Suiten
Zimmer von 171 bis 299 Euro,
Suiten von 332 bis 766 Euro
Herrlicher Elbblick, aber Zwei-Klassen-
Gesellschaft rechts und links der Chaussee

Park Hotel Bremen
Im Bürgerpark, 28209 Bremen
Tel.: 0049-421-34080,
Fax: 0049-421-3408 602
www.parkhotel-bremen.de
137 Zimmer, 12 Suiten
Zimmer ab 155 Euro,
Suiten ab 310 Euro
Herrschaftliches Hotel, gut geführt,
aber Investitionsstau; Top Spa-Bereich;
Hoffnung auf Renovierung nach Verkauf

Dorint Söl'ring Hof, Sylt
Am Sandwall 1, 25980 Rantum
Tel.: 0049-4651-836200,
Fax: 0049-4651-8362 020
www.dorint.de/sylt-rantum
15 Zimmer und 8 Suiten
Zimmer von 219 bis 347 Euro,
Suiten von 347 bis 715 Euro
Liebhaberhotel, höchste Preisklasse, Top-
Service. Bestes Frühstück im Lande; mehr
privates Gästehaus als Hotel

Stadt Hamburg, Sylt
Strandstraße 2,
25980 Sylt/Insel (Westerland)
Tel.: 0049-4651-8580,
Fax: 0049-4651-858 220
www.hotelstadthamburg.com
48 Zimmer und 24 Suiten
Zimmer von 105 bis 265 Euro,
Suiten von 285 bis 330 Euro
Ein typisches Relais & Chateaux-Hotel,
liebevoll geführt, aber ohne Meerblick

Excelsior Hotel Ernst, Köln
Domplatz, 50667 Köln,
Tel.: 0049-221-2701,
Fax: 0049-221-13 51 50
www.excelsiorhotelernst.de
130 Zimmer und 30 Suiten
Zimmer von 186 bis 365 Euro,
Suiten von 434 bis 1022 Euro
Aus dem Dornröschenschlaf aufgeweckt,
prächtig renoviert. Sehr gute Restaurants.
Kölns beste Adresse; auf dem Weg in die
absolute Spitze

Hyatt Regency Köln
Kennedy Ufer 2a, 50679 Köln
Tel.: 0049-221-828 1234,
Fax: 0049-221-828 1370
www.cologne.hyatt.com
288 Zimmer und 17 Suiten
Zimmer von 158 bis 350 Euro,
Suiten von 255 bis 1585 Euro
Erstes Hyatt in Deutschland mit dem
schönsten Blick auf Dom, Rhein, Altstadt.
Wechselhafte Service-Qualität

Schloss Lerbach, Bergisch-Gladbach
Lerbacher Weg, 51465 Bergisch Gladbach
Tel.: 0049-2202-20 40,
Fax: 0049-2202-20 4 940
www.schlosshotel-lerbach.com
44 Zimmer und 10 Suiten
Zimmer von 178 bis 357 Euro,
Suiten von 403 bis 1278 Euro
Eines der drei besten Restaurants im
Lande, liebevoller Hotel-Service. Einrich-
tung sehr konservativ

Frankfurter Hof, Steigenberger, Frankfurt
Am Kaiserplatz, 60311 Frankfurt am Main
Tel.: 0049-69-215 02,
Fax: 0049-69-215 900
www.steigenberger.com
332 Zimmer, davon 33 Suiten
Zimmer und Suiten von 212 bis 843 Euro
Flaggschiff der Gruppe, große, herrschaft-
liche Räume, Probleme im F&B-Bereich,
Service-Qualität wechselhaft

HOTEL AM SCHLOSSGARTEN, STUTTGART

Schillerstraße 23, 70173 Stuttgart
Tel.: 0049-711-2026 0,
Fax: 0049-711-2026 888
www.lhw.com/schlossgar
106 Zimmer, 10 Suiten
Zimmer und Suiten ab 155 Euro
Durch die Althoff-Hotelgruppe wurde alter Glanz aufpoliert, sehr gutes Restaurant und gute Weinpflege; Lobby nüchtern und ohne Seele; weitere Renovierungsarbeiten nötig

BRENNER'S PARK-HOTEL & SPA, BADEN-BADEN

Schillerstraße 4-6, 76530 Baden-Baden
Tel.: 0049-7221-9000,
Fax: 0049-7221-38772
www.brenners.com
68 Zimmer und 32 Suiten
Zimmer von 168 bis 501 Euro,
Suiten von 562 bis 2607 Euro
Der Klassiker mit Spa und Wellness. Renovierungsstau wird abgebaut, Küchenqualität verbessert; neuer Generaldirektor mit viel Elan

SCHLOSSHOTEL BÜHLERHÖHE

Schwarzwaldhochstraße 1,
77815 Bühl/Baden-Baden
Tel.: 0049-7226-550,
Fax: 0049-7226-55 777
www.buehlerhoehe.de
74 Zimmer, 16 Suiten
Zimmer von 153 bis 352 Euro,
Suiten von 434 bis 639 Euro
Zurück zu altem Glanz. Restaurant mit Stern, aber Service wechselhaft

SPORT- UND KURHOTEL SONNENALP, SONTHOFEN

Schweineberg 10, 87527 Ofterschwang
Tel.: 0049-8321-2720,
Fax: 0049-8321-272 242
www.sonnenalp.de
203 Zimmer und 20 Suiten
Zimmer von 112 bis 260 Euro,
Suiten von 270 bis 375 Euro
Erholungswert hoch, Küche internationaler Durchschnitt; Kritik wird häufiger

ARABELLASHERATON GRAND HOTEL, MÜNCHEN

Arabellastraße 6, 81925 München
Tel.: 0049-89-92640,
Fax: 0049-89-9264 8699
www.arabellasheraton.com
627 Zimmer und 17 Suiten
Zimmer von 205 bis 305 Euro,
Suiten ab 770 Euro
Nach Deutschlands teuerster Hotel-Renovierung eine Klasse für sich; hochklassige Einrichtung, Restaurant »Ente« noch in der Experimentierphase; bei dieser Größe sind oft laute Gruppen unausweichlich

BAYERISCHER HOF, MÜNCHEN

Promenadeplatz 2-6, 80333 München
Tel.: 0049-89-21200,
Fax: 0049-89-2120906
www.bayerischerhof.de
348 Zimmer, 47 Suiten
Zimmer von 196 bis 342 Euro,
Suiten von 414 bis 1201 Euro
Kompliment für das Engagement der Besitzerfamilie. Guter Name, aber Reklamationen wegen Service und Küche

DORINT SEEHOTEL ÜBERFAHRT

Überfahrtstraße 10, 83700 Rottach-Egern
Tel.: 0049-8022-6690,
Fax: 0049-8022-669 10 00
www.dorint.de/tegernsee
166 Zimmer, 22 Suiten
Zimmer von 180 bis 340 Euro,
Suiten von 390 bis 2290 Euro
Eines der aufwändig ausgestatteten Hotels, manchmal überladen, herrlicher Seeblick

RESIDENZ HEINZ WINKLER

Kirchplatz 1, 83229 Aschau
Tel.: 0049-8052-1799 0,
Fax: 0049-8052-1799 66
www.residenz-heinz-winkler.de
16 Zimmer, 16 Suiten
Zimmer von 127 bis 209 Euro,
Suiten von 214 bis 317 Euro
Essen bei Winkler ist ein Erlebnis, durch Schulung verbesserte Hotelqualität, aber noch nicht ganz die Klasse der Küche

KEMPINSKI HOTEL TASCHENBERGPALAIS DRESDEN

Taschenberg 3, 01067 Dresden
Tel.: 0049-351-491 20,
Fax: 0049-351-491 28 12
www.kempinski-dresden.de
188 Zimmer und 25 Suiten
Zimmer von 199 bis 291 Euro,
Suiten von 322 bis 2638 Euro
Bestes Hotel in den neuen Bundesländern. Aufwändig ausgestattet, schöner Pool-Bereich. Küche leider durchschnittlich. Der Gast spürt, dass Kempinski spart

HOTEL FÜRSTENHOF LEIPZIG

Tröndlinring 8, 04105 Leipzig
Tel.: 0049-341-1400,
Fax: 0049-341-140 37 00
www.arabellasheraton.com
80 Zimmer, 12 Suiten
Zimmer von 112 bis 296 Euro,
Suiten von 388 bis 306 Euro
Nach Wechsel zu ArabellaSheraton verbessert, aber immer noch nicht optimal

HOTEL ELEPHANT WEIMAR

Markt 19, 99423 Weimar
Tel.: 0049-3643-8020,
Fax: 0049-3643-802 614
www.arabellasheraton.com
85 Zimmer und 17 Suiten
Zimmer von 179 bis 245 Euro,
Suiten von 286 bis 450 Euro
Beim anonymen Test grob unterschiedliche Einzelbewertungen. Gut: der F&B-Bereich (Essen und Trinken); Renovierungsstau, der von Arabella abgebaut wird

HOTEL IMPERIAL
Wien

Die Queen vertraute
es dem Gästebuch an –
es sei »das weitaus
schönste Hotel, in dem
ich je gewohnt habe«

D a sind die Wiener konsequent.
Wenn ihr Lieblingshotel, das auch
noch Residenz für Staatsbesuche
ist, 125. Jubiläum feiert, wird der
Kärntner Ring gesperrt, auch wenn das die
Hauptverkehrsader der Metropole ist. Bei der
Jubelveranstaltung mit Feuerwerk, Festreden
und Sängerknaben ließen 600 Gäste das Traditionshaus hochleben.

Nein, dieses Hotel ist kein Quartier für Eilige, vielmehr eine Residenz für Reisende, die
einerseits den Augenblick in kultivierter Umgebung genießen, andererseits gerne auf die
Suche nach glorreicher Vergangenheit gehen.

Um die Tradition bedingungslos zu pflegen, wurden in den letzten Jahren die architektonischen Verrenkungen zurückliegender Jahrzehnte in den ursprünglichen Stand zurückversetzt. Der Gobelinsaal oberhalb der Rezeption
machte Platz für den neu gestalteten Eingangsbereich. Es entstand ein großer, eleganter Empfangsraum mit einer Galerie an der Stirnseite.
1990 war die Zimmerzahl zugunsten größerer
Raumflächen von 158 auf 145 reduziert worden.

Die schweren Lüster, die auch am Tage
leuchten, zaubern das warme Farbenspiel von
Ocker, Rot und Gold, die polierten Säulen spiegeln die Ornamente der Marmorsockel und die

Deckenfresken. Über dem schlossähnlichen Eingang prangt das kaiserliche Konterfei. Wie Franz Josef in die Halle schaut, sieht es aus, als wolle er die Pagen mit den Imperial-Mützen kontrollieren und den Gästen sein huldvolles »Grüß Gott« und »Servus« entbieten. Das auf geschliffene Höflichkeit gedrillte Personal wechselt, aber die alte k.u.k. Herrlichkeit blieb im vorgegebenen Rahmen, daran änderte bisher (zum Glück) auch die Zugehörigkeit zu Sheraton (The Luxury Collection) nichts. Die Sheraton/Westin-Einerlei-Konzepte, um die Kosten zu reduzieren, sind im *Imperial* noch nicht zu erkennen.

Ohne zu fackeln nennt sich das *Imperial* »das erste Haus der Republik« und fragt erst gar nicht nach dem Auf und Ab in Bestenlisten und Bewertungen. Es reicht, als offizielles k.u.k Hofhotel von der englischen Queen bestätigt bekommen zu haben: »Dieses Hotel ist das weitaus schönste, in dem ich je gewohnt habe.« Damit hat man's im Imperial schriftlich. Königin Elizabeth notierte ihr Wohlbefinden ins Gästebuch.

Dass die Künstler von Richard Wagner bis Thomas Mann hier residierten, versteht sich, aber leider auch, dass dem Gästebuch ein dunkles Kapitel Geschichte mit den Namen der selbsternannten Ehrengäste Hitler und Mussolini eingeschrieben wurde, auf die am Kriegsende die sowjetischen Besatzer folgten.

Die Periode der »Gäste mit mangelndem Savoir-Vivre« ist abgeschlossen; streng genommen. Doch über den Buttersternchen auf Eis zum Frühstück lächelt aus vergoldetem Bilderrahmen Franz Josef jetzt den pauschalreisenden Damen und Herren aus Übersee zu, die unter Lack und Lüstern den Glanz des alten Österreich genießen wollen.

Das Speisen ist im *Imperial* wieder ein Vergnügen. Nach schwachen Jahren (Gault Millau spricht von einem »orientierungslosen Durchhängen«) ist eine klare Linie im feinen Stadtpalais erkennbar. Adel verpflichtet, das Restaurant heißt *Zur Majestät*. Selten bekam ich ein so köst-

Der Glanz des alten Österreich wird bewahrt – nicht nur unter den schweren Lüstern der *Imperial Suite*

Wo sich der Gast
als »Exzellenz« fühlen
darf und auch so
angesprochen wird

liches Kalbsbeuschel als amuse gueule serviert, dafür sorgt der Küchenchef Stefan Hierzer.

Aus der Londoner Top-Hotellerie übernahm das *Imperial* den Butlerservice. Der treue Diener besorgt die Lieblingsblumen, bügelt die Reisekleidung auf und überreicht zur Begrüßung die persönlichen Visitenkarten seiner Gäste mit dem *Hotel Imperial* als vorübergehende Adresse.

Gäste werden nicht nur gerne mit »Exzellenz« angesprochen, in diesem Hotel dürfen sie sich auch so fühlen.

HOTEL IMPERIAL

Kärntner Ring 16
A-1015 Wien
Tel.: 0043-1-5012 30
Fax: 0043-1-5012 3410
www.sheraton.com
138 Zimmer, 62 Suiten
Zimmer von 425 bis 720 Euro,
Suiten von 880 bis 4365 Euro

HOTEL BRISTOL
Wien

Vis à vis des Opernhauses erhebt sich mit dem *Bristol* einer der letzten Monumentalbauten Österreichs vor dem Ersten Weltkrieg. Das *Café Sirk* (links) eröffnet einen traditionssicheren Ausblick

D ie adligen Herren trafen sich unter dem goldgerahmten Maria-Theresia-Porträt in Öl am Marmorkamin der Lobby. Graf Poldy brach eine Blüte aus der hübsch gesteckten Blumenkomposition auf dem alten handgeschnitzten Tisch mit schwerer Platte aus Edelstein. Genüsslich lehnte er sich im Ohrensessel zurück. »Hier«, nuschelte er, »saßen schon unsere Großväter beim Braunen. Da fühlst Du noch die Tradition.« – »Eben ein echtes Grandhotel, wie es eigentlich nur in Wien stehen kann, und nicht eines dieser Plastiksilos aus der Retorte«, antwortete vollmundig sein Gegenüber.

Das *Hotel Bristol*, noch im vorigen Jahrhundert eröffnet, exakt 1892, ist in Wien das einzige Fin-de-Siècle-Hotel mit erhaltener Original-Ausstattung und blickt auf eine mehr als hundertjährige Geschichte zurück.

Oftmals als »Fenster in die Vergangenheit« bezeichnet und als einer der letzten Monumentalbauten in Österreich vor dem Ers-

ten Weltkrieg, überlebte das Grandhotel die Wirren der Zeit und ist heute noch das »erste Haus bei der Oper«, wie es im Werbetext heißt.

Seit der Eröffnung gilt das *Bristol* als Treffpunkt der internationalen Hocharistokratie. Den Namen und das Wappen erhielt das Haus vom fünften Earl of Bristol. Das war eine Auszeichnung ganz besonderer Art, in deren Genuss in der ganzen Welt nur eine Handvoll Hotels gekommen sind.

Glanz und Prunk der Epoche spiegeln sich in den Möbeln, den Gemälden alter Meister, wertvollen Antiquitäten, antiken Uhren, Kristalllüstern sowie in der üppigen Verwendung von erlesenem Marmor, Blattgold und kostbarer Seide im ganzen Haus.

Über die mit original erhaltenen, kunstvollen Fin-de-Siècle-Wandspiegeln verzierte Prachttreppe führt der Flur zu den einst als Gipfel des Luxus bezeichneten 116 Gästezimmern und 24 Suiten des Hotels. Heute trifft das vor allem sicherlich noch für die Gästeräume

im »Penthouse Floor«, dem sechsten Stock des Hotels, zu. Diese Wohnungen haben eine eigene Terrasse mit beeindruckendem Blick über die Wiener Dachlandschaft. Die fünfte Etage, der so genannte Executive Floor, ist speziell für den Geschäftsreisenden konzipiert: Antiquitäten und Dekorationen auch hier, aber kombiniert mit modernster Technik und Arbeitsmöglichkeiten.

Insgesamt blieb die Zahl der Räume des *Bristol* angesichts des wuchtigen Prachtbaus bescheiden: Ganze 140 Wohneinheiten verlieren sich darin. Viel Raum wird in den breiten Fluren und Salonecken »verschenkt«.

Zu der bei allem Ringstraßenprunk beseelten, aber gemütlichen Atmosphäre tragen vor allem die exquisiten Restaurants und das *Café Sirk* bei. Im Korso bei der Oper kultiviert

Prunk und Luxus der Fin-de-Siècle-Epoche erhalten sich in der *Prince-of-Wales-Suite* (oben), in exklusiven Zimmern und selbst in der Lobby (unten rechts)

der eigenwillige Maître einen Kochstil, der ohne intellektuelle Kühle schlicht und einfach pure Lust am Essen vermittelt.

Mag sein, dass sich an der persönlichen »Handschrift« des Meisters Reinhard Gerer lange Zeit die Geister schieden. Auch heute noch gibt es jene, die Reinhard Gerer für eines der begnadetsten europäischen Küchen-Genies halten und von ihm niemals enttäuscht werden. Vor allem dann nicht, wenn sie sich rechtzeitig anmelden, zumal Gerer ein Chef ist, der noch besser wird, wenn er weiß, für wen er gerade kocht. Und dann gibt es auch Gäste, die anlässlich eines Geschäftsessens oder einer privaten Verabredung durchaus auf beachtlichem Niveau, aber keineswegs so gegessen haben, wie man es nach der Rechnung erwarten könnte. Ich gehöre zu den Zufriedenen.

Den Digestif nahm ich in der Bar. Die Geschichte der *American Bar* muss man nicht erzählen, sie erzählt sich selbst: An den holzgetäfelten Wänden der Bar hängen unzählige Fotografien von den Großen dieser Welt, die im vergangenen Dreivierteljahrhundert hier an ihren Drinks genippt haben.

HOTEL BRISTOL

Kärntner Ring 1
A-1015 Wien
Tel.: 0043-1-51 51 60
Fax: 0043-1-515 6550
www.sheraton.com
116 Zimmer, 24 Suiten
Zimmer von 345 bis 560 Euro,
Suiten von 495 bis 3670 Euro

BAUR AU LAC

Angenehme
Bescheidenheit und
liebevolle Detailpflege
machen die Philosophie
des ehrwürdigen
Zürcher Traditions-
hotels aus

Palastbauten, Wasser speiende Gold-schwäne und steife Türsteher sind in der Hotellerie leider oft wichtiger als geschultes Service-Personal und liebe-volle Detailpflege. Das Zürcher Traditionshotel *Baur au Lac* aber könnte sich Service-Bereit-schaft und augenscheinliche Bescheidenheit in den bisher noch nicht genutzten Freiraum des Wappenschildes setzen, das der *Baur-au-Lac*-Löwe in der Pranke hält: mehr Sein als Schein.

Der Trend bleibt auch nach der aufwändi-gen Totalrenovierung erhalten. Alles ist schlicht, sauber und ordentlich. Vom Vorraum in die Lobby bringen wenige Schritte den Gast in die edle Halle eines vornehmen Patrizierhauses. Nach der Überarbeitung und Entrümpelung des Hotels wirkt der Bereich repräsentativ und vornehm, so wie das französische Restaurant mit Kristalllüstern, Marmorsäulen und golde-nen Vorhängen gleich daneben.

Der *Grill* schließt sich an. Der Restaurant-direktor empfängt mich, empfiehlt einen ange-nehmen Tisch, präsentiert die Karte. Die Lektüre wird mit einem Glas Champagner verschönt (am Tisch aus der eiskalten Flasche einge-schenkt). Der Service bleibt stets so aufmerk-sam.

Die Küche ist ordentlich, in den Kreationen aber nicht überraschend. Erstklassig die Produkte wie der Lachs vom Wagen, sehr saftig und aromatisch.

An diesem, ich möchte fast sagen, ehrwürdigen Haus wird eigentlich ständig renoviert. Die Wohnkultur ist nach Detailpflege äußerst liebevoll herausgearbeitet. Die schönste Suite im Haus ist die 221/222. Hier fand einst das Treffen zwischen Franz Liszt und Richard Wagner statt. Morgens, wenn die Sonnenstrahlen auf den See treffen, ist der Blick vom Balkon unübertrefflich. Auch die 118/119 mit kleinem Balkon bietet einen großartigen Ausblick.

Alle Zimmer und Suiten sind individuell eingerichtet. Es gibt nirgendwo extra gefertigte Hotelmöbel. Der alte Trakt ist allerdings weit weniger attraktiv und wird von Stammgästen höchstens noch aus nostalgischen Gründen geordert. Der Personalbestand in dem Schweizer Privathotel wuchs auf dreihundert, für das kleine Haus asiatisch hoch.

Wenn Hotelleute erzählen, gibt es genügend Anekdoten, um ein ganzes Buch zu füllen. Ich habe mit Michel Rey, Spross einer alten Hoteliers-Familie bei einem 75er Haut Brion, einem der besten Rotweine der Welt, ein Stündchen verplaudert. Mit der Geschichte der Dame beispielsweise, die Rolls Royce heißt, ge-

nau wie die Automobillegende. Gewiß ein schöner Name, aber sie wollte nicht bezahlen. Weil die Rechnung beachtlich war, verfolgte sie Rey zum Flughafen, holte sie ein, brachte sie in eine Bank und wartete, bis die Finanztransaktion erfolgreich abgeschlossen war.

Bei einem Rubinstein-Konzert bemühte sich der Hausherr verzweifelt um Karten für eine alte Lady, die seit sechzig Jahren stets im Haus wohnte. Rubinstein aber fragte, da es wirklich keine Karten mehr gab: »Ist die Dame jung und hübsch? Dann darf sie während des Konzerts auf meinem Schoß sitzen.« Über Aga Khan, den göttlichen Manager, der die Costa Smeralda kultivierte und einst die Ciga-Hotelgruppe besaß, hat man sich im *Baur au Lac* sehr geärgert. Obwohl das Hotel perfekten Schuhservice anbietet – ich habe es ausprobiert –, hatte laut Rey der Ismaeliten-Gott die teuren Chintz-Vorhänge zum Schuhputzen benutzt. Pfui.

Das *Baur au Lac* gehört nach wie vor zur Hälfte der Hoteliers-Familie Kracht. In deren Besitz ist ebenfalls das Kölner Spitzenhaus *Excelsior Hotel Ernst*.

HOTEL BAUR AU LAC

Talstraße 1
CH-8001 Zürich
Tel.: 0041-1-2205 020
Fax: 0041-1-2205 044
www.bauraulac.ch
83 Zimmer, 18 Suiten, 24 Junior-Suiten
Zimmer ab 290 Euro,
Double von 418 bis 486 Euro,
Suiten von 843 bis 1734 Euro

BEAU-RIVAGE PALACE
Lausanne

Balsam für
stressgeplagte Seelen –
diesen Anspruch erfüllt
der Pracht- und
Palastbau am Genfer
See auf geradezu
perfekte Weise

Experten hatten es für kaum möglich gehalten, doch es gelang ausgezeichnet: Die unterschiedlichen baulichen Ausdrucksformen zweier Jahrhunderte wurden mit einem Verbindungspavillon zu einem harmonischen Hotelkomplex zusammengefügt. Das *Beau-Rivage Palace* in Lausanne führt seitdem die Namen der beiden ursprünglichen Hotels. Mitte des 19. Jahrhunderts wurde das *Beau-Rivage* im spätklassizistischen Stil errichtet, 1908 das optisch schönere *Palace*. Der zwei-

teilige Pracht- und Palastbau am Genfer See liegt abgeschirmt in einem 42000 Quadratmeter großen Park. Eine Anlage als Balsam für stressgeplagte Seelen.

Ganz fraglos ist es ein würdevolles Hotel, dem man immer noch den Glanz des Besuchs der Königin Victoria-Eugenie und des Herzogs von Windsor nachsagt. Ein nobles Haus, das in sich ruht, sich aber nicht auf alter Pracht ausruht, um Missverständnisse zu vermeiden. Die Tradition wird hier in Ouchy perfekt mit modernem Lebensstil verbunden. Gäste, die sich von der Hektik des Alltags erholen wollen, finden ebenso exzellente Bedingungen, wie alle notwendigen Voraussetzungen für's Business vorhanden sind.

Bleiben wir einen Augenblick in der Hotelanlage. Mitten im Park dominiert eine gewaltige Douglasfichte, die alljährlich in der Adventszeit ihre Rolle als einer der größten Weihnachtsbäume der Welt einnimmt. Feine, versteckte Sonnenplätze liegen vor dem großzügig verglasten Hallenbad. Zwei Tennis-Courts für Hausgäste garantieren die Ruhe. Schaukel und Rutschen demonstrieren, dass man in diesem großen klassischen Luxushotel nicht nur an die Reichen und die Schönen, sondern auch an die Kinder denkt. Kinderfreundlichkeit wird den 135 Mitarbeitern aus 25 Nationen ständig gepredigt.

Üppige Pracht
der Belle Epoque
und nur denkbarer
Luxus schließen im
Beau-Rivage Palace
selbst eine familiä-
re Atmosphäre
nicht aus

So sorgfältig man den zeitgemäßen Stil pflegt, Komfort und Luxus möglichst perfekt anbieten will, so großartig bleibt doch für alle Zeiten der Rahmen der Tradition. Am 24. März 1861, an einem strahlenden Ostersonntag, war das *Beau-Rivage* in Ouchy eröffnet worden. Die Geschäfte liefen so gut, dass 1908 nebenan das *Palace* errichtet werden konnte; beide Gebäude wurden unter nachempfundener Renaissance-Kuppel und mit einer durchgehenden Passage im Erdgeschoss zusammengefügt. Herrliche Stuckdecken und riesige Kronleuchter, üppiger Glanz der Belle Epoque prägt auch heute das *Beau-Rivage Palace*, in dem längst neuzeitlicher Hotelkomfort eine Selbstverständlichkeit ist.

Großzügige Räume, ein reizvoller Standort, perfekter Service und bei allem Luxus doch eine familiäre Atmosphäre wie in kleinen Pri-

vathotels — solche Annehmlichkeiten haben natürlich ihren Preis. Die Zimmerrate orientiert sich stets am aktuell höchsten Preisniveau und für Hund oder Katze wird die Übernachtung gleitend angeglichen.

Einzigartig in der Welt ist der Hundefriedhof des *Beau-Rivage* in einer stillen Parkecke. Ob Sie es glauben oder nicht, es gibt wertvolle Marmorgrabsteine mit hinreißenden Aufschriften.

Zurück zu den Lebenden: In der Beletage verfügen die Zimmer und Suiten über den üblichen Komfort hinaus über Jacuzzi-Bäder, Farbfernsehen im Badezimmer, Stereoanlage und Video. Da kann man sich bequem das Abendprogramm aufzeichnen und statt dessen live die animierende, von Pianoklängen untermalte Atmosphäre im *Café Beau-Rivage* genießen, einem Restaurant im Pariser Brasserie-Stil, in dem sich junge Leute aus Lausanne, internationales Publikum aus Genf und Hotelgäste drängen. An sonnigen Frühlings- und Herbsttagen sind die geschützten Tische draußen unter den Arkaden schon um zehn Uhr morgens belegt.

Eine Visitenkarte Schweizer Küchentradition stellt das *La Rotonde Beau-Rivage* mit Blick auf Park und See dar. Rechtzeitige Platzreservierung ist notwendig.

BEAU-RIVAGE PALACE

CH-1006 Lausanne
Tel.: 0041-21-613 33 33
Fax: 0041-21-613 33 34
www.lhw.com/beaurivage
145 Zimmer 24 Suiten
Zimmer von 262 bis 368 Euro,
Suiten von 425 bis 607 Euro

HOTEL DU RHÔNE

Genf

In Genf reihen sich die Fünf-Sterne-Häuser am rechten Ufer der Rhône wie auf einer Perlenkette. Die Liste der Erstklassigen beginnt am Quai Turretini mit dem *Hotel du Rhône*, das nach einem Zwischenspiel bei der kleinen Rafael-Edelgruppe jetzt zu Mandarin Oriental gehört. Der wuchtige, blütenweiße Block, unmittelbar am rasch fließenden Fluss erbaut, nimmt in der Geschichte der schweizerischen Hotellerie eine besondere Stellung ein: Als nach dem Zweiten Weltkrieg Genf zum Sitz der Vereinten Nationen erkoren wurde, veranlasste der Staatsrat von Républi-

que et Canton die Genfer Handelskammer, private Finanzleute aufzutun, die Mittel zum Bau eines neuen Grandhotels bereitzustellen. Spiritus Rector war Richard Lendi, ein Hotelier von internationalem Ansehen.

1950 war das gewünschte Haus fertig, betont funktionell gestaltet. Erst im Laufe der Jahrzehnte nach vielen Umbauten war die abweisende Strenge durch eine hübschere Optik aufgeweicht. Die Zimmer blieben allerdings auch in jener Phase noch klein und die Einrichtung langweilig. Ich habe damals mehrfach dort gewohnt und war nie zufrieden. Hinzu kam noch

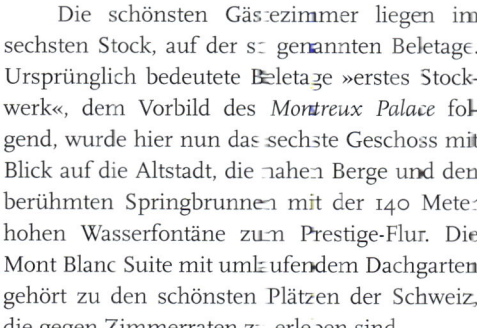

Das Wohlbefinden der Gäste durch Service von höchster Qualität steht ganz oben bei diesem Grandhotel mit internationaler Ausstrahlung

Die schönsten Gästezimmer liegen im sechsten Stock, auf der so genannten Beletage. Ursprünglich bedeutete Beletage »erstes Stockwerk«, dem Vorbild des *Montreux Palace* folgend, wurde hier nun das sechste Geschoss mit Blick auf die Altstadt, die nahen Berge und den berühmten Springbrunnen mit der 140 Meter hohen Wasserfontäne zum Prestige-Flur. Die Mont Blanc Suite mit umlaufendem Dachgarten gehört zu den schönsten Plätzen der Schweiz, die gegen Zimmerraten zu erleben sind.

Die Gestaltung vollzog der Innenarchitekt Don Siembieda im Stil des beginnenden Modernismus vor allem mit Marmor, Parkett, Leder, Seide und Mohair.

Mit der Neuorientierung wurde auch die Hotelküche erleichtert und das Restaurant gemütlich gemacht.

Das Restaurant *Le Neptune* (35 Plätze und 25 im Sommer auf der Terrasse) rückte in die Schweizer Gourmetspitze vor. Auf Anhieb gab es zwei Sterne, was im ersten Jahr einer Sensation gleichkommt. Das *Café Rafael* bietet Einfaches perfekt. Das Konzept beruht auf einer jungen Küche mit naturbelassenen Produkten Dem schlichten Dekor vermittelt das Schweizer Birnbaumholz eine warme Note. Hier wie überall wird deutlich: Das Hotel hat seinen Weg gefunden. Das Wohlbefinden der Gäste und die Service-Qualität stehen an der Spitze aller Konzepte und Überlegungen.

eines: Nichts altert schneller als ein Hotel, in das nicht ständig investiert wird. Das *Hotel du Rhône* war auch dafür ein gutes Beispiel. Der grelle Billigplastik-Look in Bar und Restaurant wirkte störend. Die Küche war nur sättigend.

Eine totale Verwandlung trat ein, als Rafael 1988 das Hotel übernahm und der sportliche Marco Torriani die Regie übernahm. Nichts, aber auch gar nichts blieb mehr stehen, außer den Grundmauern und der Fassade. Die Zimmer wurden vergrößert, die Bäder auf Rafael-Standard gebracht – Toilette und Dusche separat und die Einrichtung in modernen Elementen geschaffen, in die sich wertvolle Antiquitäten störungsfrei einfügen.

Aus den einst 280 Zimmern, einschließlich der 45 Suiten, wurden mit dem Umbau ganze 192 Räume und Suiten, natürlich alle erheblich großzügiger als zuvor. Diese Frischzellenkur kostete noch mal fünfzig Millionen Mark.

MANDARIN ORIENTAL DU RHÔNE

Quai Turrettini 1
CH-1201 Genf
Tel.: 0041-22-9090 000
Fax: 0041-22-9090 010
www.lhw.com_durhone
180 Zimmer, 12 Suiten
Zimmer von 357 bis 452 Euro,
Suiten von 486 bis 2565 Euro

VICTORIA-JUNGFRAU

Das Grandhotel im Berner Oberland – edel, gepflegt und aufgrund seiner Bergkulisse eine Faszination für die Gäste aus aller Welt

Die viel gerühmte Schweizer Hoteltradition verkörpert seit nahezu 140 Jahren das Grandhotel *Victoria-Jungfrau* in Interlaken. Um eine ausgewogene Kombination anbieten zu können, übernahm das Management das ebenfalls zu den Leadings Hotels zählende Fünf-Sterne-Haus *Palace Luzern*. Beide Häuser bleiben eigenständige Unternehmen, bieten den Gästen aber günstige Kombinationsbuchungen an.

Wenn Sie das *Victoria-Jungfrau* nicht kennen, möchte ich Ihnen das Hotel bei einem Besuch vorstellen: Der Blick vom Grandhotel im Berner Oberland auf die ewig weiße Bergkulisse von Jungfrau, Mönch und Eiger hat schon immer die Gäste aus aller Welt angezogen und fasziniert.

Das elegante Traditionshaus mit 216 Zimmern und Suiten erhielt sich bis heute seinen außergewöhnlichen Charakter. In einer Zeit, da sich kaum eine Hotelsparte solch großer Beliebtheit und Nachfrage erfreut wie jene mit guten Beauty- und Fitness-Angeboten, pflegte man in diesem Hotel-Resort nach einer Millionen-Investition für das Wellness-Center im Jahre 1992 bewusst das Motto »Schlank und schön, Erholung für Körper und Geist«.

Die Schwimmhalle erinnert an die Badekultur der Römer, eingegliedert liegen Whirlpools unterm Dach und im Freien, das Sole-

Sprudelbad, ein türkisches Dampfbad, verschiedene Saunen mit aktiver Lichttherapie, ein Center für den »Medical Check-up«, Räume für Gymnastik und Krafttraining.

Nach einem Spaziergang durch die Einrichtungen des Hauses und die faszinierende Halle, die einer Kathedrale gleich zur Andacht zwingt, war das Diner im Gourmet-Restaurant *La Terrasse* der Höhepunkt des ersten Tages. Pianoklänge perlten durch den Raum. Im *La Terrasse* wird die Cuisine Minceur serviert, eine kalorienreduzierte Erlebnisgastronomie (etwa 1500 Kalorien täglich). Ein Beispiel: Das Rinderfilet pochiert mit grüner Sauce schmeckt köstlich und hat nur 600 Kalorien gegenüber den 2000 des gebratenen »Mignon« mit Sahnesauce.

Werbetexter für Fitness- und Wellness-Programme hätten es nicht griffiger und plakativer formulieren können, als es Schopenhauer in den Aphorismen zur Lebensweisheit auf den Punkt gebracht hat: »Neun Zehntel unseres Glücks beruhen allein auf der Gesundheit. Mit ihr wird alles eine Quelle des Genusses.« Nehmen wir ruhig einmal an, dass Sport und Spaß

Gesundheit als Quelle des Genusses – die Schwimmhalle erinnert an die Badekultur der Römer

in diese Erkenntnis eingebunden sind, dann ist das Grandhotel *Victoria-Jungfrau* ein Domizil, das exakt diese Lebensqualität garantiert. »Denn Sport und körperliche Fitness«, so Sportmediziner, »machen mindestens ein Drittel des allgemeinen Glücksgefühls aus.« Womit das Geheimnis menschlichen Wohlbefindens gelüftet scheint.

Das Domizil, in dem Kaiser und Könige logierten, Schriftsteller wie Mark Twain sich inspirieren ließen, ist, auf einen Nenner gebracht, edel, gepflegt und teuer. Bei der Buchung sollten Sie darauf achten, renovierte Zimmer und Suiten auf der Südseite zu bekommen.

An der Seepromenade des Vierwaldstätter Sees, nur wenige Gehminuten von der malerischen Altstadt entfernt, protzt die prächtige Jugendstilfassade des *Palace Hotels Luzern* mit einer Optik, die sie zu einem beliebten Fotomotiv macht. Das Schwesterhotel des *Victoria-Jungfrau Grand Hotel* offeriert insgesamt 174 Zimmer und Suiten, daneben behagliche Salons und moderne Bankett- und Konferenzeinrichtung.

Bewahrung eines außergewöhnlichen Charakters – dem eleganten Traditionshaus ist dies ohne Zweifel mit großem Erfolg gelungen

VICTORIA-JUNGFRAU GRAND HOTEL & SPA

CH-3800 Interlaken
Tel.: 0041-33-828 28 28
Fax: 0041-33-828 28 80
www.lhw.com
116 Zimmer, 96 Suiten
Zimmer von 250 bis 369 Euro,
Suiten von 428 bis 2588 Euro

![Interior of Claridge's columned hall with staff in livery]

CLARIDGE'S
London

Novemberwetter in London, kalt, schwere Regentropfen, einfach widerlich. Der Portier des *Claridge's* eilt mit dem Schirm herbei: »Welcome home, Sir, isn't it a lovely day?« Dazu strahlt das ganze Gesicht über der schwarzen Fliege am Kragen. Im *Claridge's* hat eben auch ein Sauwetter ein Fünf-Sterne-Wetter zu sein. Alles andere würde das Haus beleidigen. Schließlich hat Königin Victoria hier – unter den Kristalllüstern der Säulenhalle – schon anno 1864 vor 138 Jahren hochwohlgeborene Monarchen und Diplomaten begrüßt.

Stilvoll wohnt
und lebt der Gast
im Londoner
Claridge's

Aber keine Angst, in Londons bestem Hotel ersticken Sie bestimmt nicht am Muff der Jahrzehnte. Das in der Brook Street (ein Katzensprung vom Buckingham Palace) ist gerade für umgerechnet rund sechzig Millionen Euro renoviert worden. Alle Zimmer haben jetzt Klimaanlagen und Faxgeräte, die geschickt im Schreibtisch versteckt sind. Die Bäder erhielten Duschen mit Brauseköpfen so groß wie Bratpfannen. Und natürlich, Sir, die Toiletten sind (meistens) abgetrennt.

Zu den 135 Zimmern und 62 Suiten kamen zwei neue Penthäuser, eines sogar mit Dachgarten und Blick über London. Selbstverständlich steht immer ein Butler bereit, der die geputzten Schuhe in Seidenpapier zurückbringt, die schönsten Früchteteller arrangiert und stets Tee und Kaffee anbietet.

Königlich untergebracht fühlt man sich auch in den Standard-Zimmern mit wohltuenden vierzig Quadratmetern, wohnlicher Sitzecke und viel Platz in den Wandschränken.

Jeden Monat verteilt man 12 000 Rosen in den Zimmern und Suiten, stets serviert weiterhin livriertes Personal, das einem schnell Pakete und Einkaufstüten abnimmt. Das ungarische Quartett, vor 180 Jahren erstmals unter

Vertrag genommen, spielt in derselben Ecke der Lobby Lounge. Die Livrée der Pagen im Foyer sind ganz offensichtlich denen der Diener im Königspalast nachgeschneidert, und Londons feinste Geschäfte liegen um die Ecke.

Isst der Gast auch königlich? Die *Causerie* bekannt für ordentliche Sandwichs und Salate vor und nach dem Theaterbesuch, dem Konzert oder eben dem Bummel in den Boutiquen-Straßen, ist swingender und lässiger geworden und jetzt einer der populärsten Treffpunkte Londons. Das Restaurant *Gordon Ramsay* serviert die klassische Küche Auguste Escoffiers, der als *Savoy*-Koch hier ein Gastspiel gab, und erlesene Weine. Die Blumen auf den Tischen sind so frisch und bunt zusammengestellt wie in einem Englischen Garten. Der Service ist perfekt, die Pracht des mit viel Silber und Kerzen gedeckten Raumes derart faszinierend, dass man die gut durchschnittliche Küche gar nicht so schmeckt.

Hier speist abends mit Barbara Cartland (96), Romanschriftstellerin und Großmutter von Lady Diana. Am ersten Tisch links; der ist seit fünfzig Jahren für sie reserviert.

Wer durch die breiten Gänge des *Claridge's* schlendert (in den Anfangsjahren mussten zwei Damen mit ausladenden Reifröcken bequem aneinander vorbeikommen),

erinnert sich gern an die wunderbaren Geschichten dieses Hotels.

Während des Zweiten Weltkriegs wohnten viele gekrönte Häupter in den Suiten (zum Beispiel die Könige von Norwegen, Griechenland, Holland). Ein ausländischer Diplomat rief an und wünschte den König zu sprechen. »Sehr gern, Sir«, antwortete die Telefonzentrale, »aber welchen König, bitte?«

Als 1945 der Thronfolger von Jugoslawien, Kronprinz Alexander, im *Claridge's* geboren wurde, ließ das jugoslawische Innenministerium Heimaterde unter das Bett der Königin streuen. Winston Churchill, Englands Kriegspremier, wohnte nach seinem Rücktritt im *Claridge's* (er hatte kein eigenes Haus), und der Schauspieler Spencer Tracy soll gesagt haben: »Wenn ich sterben muss, möchte ich nicht in den Himmel kommen, sondern ins *Claridge's*.«

Zurück in die Gegenwart. Manchmal gibt es ärgerlich lange Schlangen beim Bezahlen der Hotelrechnung (natürlich murrt hier keiner laut), aber die Abreise verwöhnt und versöhnt wieder. Man steigt in den dunkelgrünen Rolls Royce (etwa neunzig Euro pro Fahrt), in den der Fahrer mit Handschuhen und Mütze bereits das Gepäck verladen hat. Der Abschied vom *Claridge's* ist so stilvoll wie die Begrüßung. »Schade, dass Sie uns verlassen müssen«, bedauert der Portier. Und natürlich stellt er fest: »Isn't it a lovely day?« Tatsächlich scheint die Sonne über der Themse.

CLARIDGE'S

Brook Street, Mayfair
London, W1a 2JQ
Tel.: 0044-20-7629 8860
Fax: 0044-20-7499 2210
www.savoy-group.co.uk
135 Zimmer, 62 Suiten
Single von 475 bis 556 Euro,
Double von 580 bis 766 Euro,
Suiten von 822 bis 4678 Euro

CHEWTON GLEN
New Milton

Ein Käuzchen ruft. Morgennebel umwallen die knorrigen alten Eichen in der Grafschaft Hampshire. Ein typischer Novembertag an Englands Südküste. Noch ist es feucht, weil es gestern Cats and Dogs geschüttet hat, aber schon zehn Grad Celsius warm. Unter mir schmatzt und schnalzt bei jedem Schritt der durch den vielen Regen sumpfig gewordene Waldweg.

Ich bin zu Gast im *Chewton Glen*, diesem roten Backsteinbau hinter mir. Das satte Grün des Golfplatzes, die penibel gepflegten Beete

und Hecken des Parks betten das Landresort ein. Daran schließt sich der wildreiche New Forest an, in dem einst Wilhelm der Eroberer jagte. Gut fünfzehn Minuten Fußmarsch entfernt peitscht das Meer gegen die Klippen. Auf dem Rückweg zum Hotel hat inzwischen die Sonne die Schleier zerrissen, strahlt vom Himmel und lässt das Landhaus mit den schlanken, weißen Säulen, den hell lackierten Sprossenfenstern und grünen Holzläden noch knusperhäuschenhafter aussehen. Auch die Wände der Anbauten aus roten Ziegeln, efeuberankt, wirken alt, obwohl sie erst Anfang der neunziger Jahre gesetzt wurden. Das Haupthaus steht bereits seit mehr als vierhundert Jahren, als privater Landsitz. 1837 kaufte es ein Bruder von Captain Frederick Marryat und schenkte es dem alten Seebären, der dort seinen Abenteuerroman *Die Kinder des New Forest* recherchierte und schrieb.

1966 entdeckten Martin Skan und seine Schweizer Frau, die für das unverwechselbare Ambiente sorgt, die winzige Acht-Zimmer-Pension und bauten sie zu einem Resort der absoluten Spitzenklasse aus. Rastlos investierten und erweiterten sie. Immer nur das Beste im Blick (und das Teuerste).

Über Autotelefon dirigiert der Chauffeur, der uns vom Flughafen abgeholt hat, auf der letzten Meile das Empfangskomitee zur Begrüßung.

Britische Pracht empfängt den Gast. Wohnkomfort und Gemütlichkeit stimmen ein, in den Kaminen knistert den ganzen Tag über das Feuer, der halbe Regentag wird zur angenehmen Kulisse. Objektiv muss aber gesagt werden, dass das Wetter, vor allem hier an der Südküste, nicht so schlecht ist wie sein Ruf. Schwere Rosenvorhänge, mit Rüschen ausladende Sessel und Schreibtische stehen in den Salons. Zwei Wintergärten mit Glasdächern holen die Helligkeit herein.

Ich wohne im so genannten »Croquet-Lawn Room«, Nummer 71: kleiner Flur, großer Ankleideraum, perfekt gestaltetes Bad mit brei-

Chewton Glen – das bedeutet Landresort mit wundervollen Ausblicken auf eine gepflegte Parkanlage und zugleich Gourmettempel mit Zwei-Sterne-Küche

ter Wanne, separater Dusche, Toilette und Bidet in einem zusätzlichen Raum. Das Hauptzimmer, gut siebzig Quadratmeter groß, mit gemütlichem Wohnbereich vor der Glaswand zum Balkon, mit Blick auf den herrlichen Park.

Die anderen Zimmer und Suiten sind teilweise zweistöckig, aber kleiner. Die im Coach-House haben einen privaten Garten und ein nicht erkennbares Klappbett in der Wand, für den Fall, dass im Urlaub Überraschungsbesuch kommt.

Jede einzelne der 53 Wohneinheiten, teilweise auch mit Himmelbett und offenem Kamin, ist anders eingerichtet. Stoffverkleidungen, Vorhänge mit Rosen, Streifen, Ranken, in kräftigen freundlichen Farben dominieren, die Dekorstoffe sind stets unterschiedlich gezogen, gerüscht, gerafft. Es sind nicht einfach Blümchen als Muster, sondern Kompositionen, wie ein bunter Herbststrauß aufeinander abgestimmt.

Zum Frühstück gehe ich in den hellen, freundlichen Wintergarten, zum Genießen der Zwei-Sterne-Küche in den weitläufigen Gour-

mettempel mit den appetitmachend gedeckten Tischen.

Am Nachmittag wird im *Chewton Glen* natürlich »der« Tee serviert, ob's nun regnet oder nicht. Aber gerade wenn ein straffer Wind die Wolken jagt und die Tropfen peitscht, knistert das Kaminholz besonders gemütlich, duften der Tee und die hausgemachten weichen Butterkuchen geradezu göttlich.

CHEWTON GLEN

Christchurch Road
New Milton, Hampshire,
BH25 6QS England
Tel.: 0044-1425-27 53 41
Fax: 0044-1425-27 23 10
www.chewtonglen.com
35 Zimmer, 18 Suiten
Zimmer von 354 bis 411 Euro,
Suiten von 548 bis 806 Euro

GLENEAGLES

Ein Erlebnis ist bereits die Anreise nach *Gleneagles*. Grüne Hügel, weit geschwungene Felder, Möwenschwärme vom Meer und der stets aufgewühlte Himmel des schottischen Hochlandes bilden die Kulisse. Schließlich erreicht man in ländlicher Einsamkeit die Auffahrt zum Golf-Schloss. Hinter klassischen Bentleys quält sich ein alter Morris. Niemand braucht zu fürchten, dass er in dieser gewaltigen Anlage zur zahlenden Nummer herabsinkt. Selbst der Gast im Ur-alt-Morris bekommt den gleichen liebenswürdigen Empfang. Für die Zeit des Aufenthalts vergisst der Portier auch dessen Namen nicht.

Obwohl ständig irgendwo irgendetwas renoviert wird, gibt es immer noch alte Zimmer, die nicht gerade das sind, was man einen Hoteltraum nennen würde. Hier hält das Hotel sicherlich keinem Vergleich mit den besten englischen Landhotels stand, vom Komfort in US-

Das Golf-Schloss im schottischen Hochland verfügt über palastartige Ausmaße und lässt Golfer-Träume nicht nur angesichts der vier respektablen Plätze Wirklichkeit werden

Sporthotels einmal ganz abgesehen. In den letzten Jahren wurden zumindest die Bäder verbessert. Die neuen sind marmorgetäfelt, haben große Wannen, doch die Toiletten sind weiterhin in der Nasszelle. Aus dem alten Gemäuer kommt kein Architekt heraus. Hübscher eingerichtet wurden die Doppelzimmer und Suiten. Besonders prächtig ist beispielsweise die Nummer 220. Ein echter Herrensalon, stilvoll, wuchtig, maskulin.

Die gewaltigen Ausmaße des Gebäudes – wie der Buckingham Palast – machen weite Fußgänge notwendig. Für den Fall, dass Sie eine Zimmernummer am Ende eines langen Flügels erwischen, müssen Sie tatsächlich gut zu Fuß sein, um pünktlich zum Five o'clock tea im *Drawingroom* zu sein.

Von den vier Golfplätzen ist der King's-Platz der schwerste. Der 5936-Meter-Kurs (Par 70) verlangt besonders gerade Schläge, die Moorlandschaft »frisst« jeden abgerutschten Ball. Der böige Wind wechselt mehrfach und ist nur schwierig auszurechnen.

Wovon deutsche Golfspieler oft nur träumen können, gibt es hier im Überfluss: viel Platz und Freiheit im 350-Hektar-Park, ein Raum, auf dem sonst ganze Städte gebaut werden. Da brauchte der Practice Ground nicht, wie häufig, irgendwo an den Rand ausgelagert werden. Putting Greens und Pitch und Putt-Gelände sind voll einbezogen. Golf-Clubs kümmern sich intensiv um die Gäste, die hier in Schottland mit dem Sport beginnen. Hört sich gut an: »Ich habe in *Gleneagles* Golfspielen gelernt.« Für den Old Course von St. Andrews, ein »Muss« auf jeder Schottland-Golf-Reise, lohnt sich die Fünfzig-Minuten-Anreise von *Gleneagles* (Richtung Osten). Der Platz (Par 72) zieht sich direkt an der Küste entlang.

THE GLENEAGLES HOTEL

Auchterarder
Perthshire PH3 1NF, Schottland
Tel.: 0044-1764-65 22 31
Fax: 0044-1764-65 21 34
www.lhw.com/gleneagles
216 Zimmer, 13 Suiten
Zimmer von 321 bis 659 Euro,
Suiten von 1094 bis 2261 Euro

GEORGE V
Paris

Schmuckstücke des Prachtbaus nahe den Champs Élysées – das absolute Spitzen- restaurant *Le Cinq* (linke Seite), die *Tea Lounge* und das großzügige Spa im *Health Club*

Fest gefügt und unverrückbar wie eine Festung stand in letzter Zeit die Rangliste der Pariser Top-Hotellerie für Connaisseure: das *Crillon* vor dem *Plaza Athénée* und dem *Bristol*. Das vornehme *Ritz* gehörte ebenfalls zur Spitze, wäre der Service nicht so extrem bescheiden. Jetzt ist an der Seine eine neue Situation entstanden: *George V*, die Pariser Legende ist wieder geöffnet, als Four-Seasons-Flaggschiff.

Umgerechnet mehr als 125 Millionen Euro hat der saudische Prinz Al Walled n den Pracht- bau nahe den Champs Élysées investert. Vor- züglich ist die Ausstattung, aber nicht zu golden, glizzy und zu überladen wie beispielsweise im arabischen Luxushotel *Burj Al Arab* in Dubai.

77

Großzügige, frische Zimmer mit modernem Komfort, Terrassen, teilweise mit Sauna und Hamam. 245 Wohneinheiten (einschließlich 61 Suiten) werden von 500 Mitarbeitern betreut. Ein Höhepunkt im Hotel ist ein Dinner im *Le Cinq*, wo der ehemalige Chefkoch des *Taillevent* zaubert und der Sommelier zu den Besten Europas gehört. Der Menüpreis liegt mit 190 Euro auf dem üblichen Niveau der ersten Division französischer Gourmettempel. Dafür wird elegante Haute Cuisine ohne Schnörkel serviert.

Vom Hotel erreicht der Gast in fünf Minuten das Goldene (Kreditkarten-)Dreieck, mit den Top-Boutiquen von Givenchy bis Dior, Hermès und Guerlain.

Gab es nichts zu verbessern an diesem Prachthotel? Was die Ausstattung betrifft, nicht, am Service gab es hin und wieder Kritik. Wenn der Pförtner unfreundlich, der Frühstücksservice deutlich zu spät kam und das Gepäck mehrfach angemahnt werden musste, war die Schwachstelle des Hotels deutlich: fehlende Service-Systeme. Manager Didier Le Calvez hat das mit Engagement ausgebügelt. Beim zweiten Besuch war alles perfekt.

Perfekt auch der Business- und Conventions-Bereich. Prächtige Vorstandsräume und Salons sowie der Ballsaal Vendôme bieten alle Voraussetzungen für Tagungen im stilvollen Rahmen, das außergewöhnliche Fitness-Center offeriert Entspannung nach der Arbeit.

Für Alfred Walterspiel, den langjährigen Chef im Münchener *Vier Jahreszeiten*, war das entscheidende Kriterium, wie ein Hotel zu bewerten ist, die Qualität von Essen und Trinken (»Auch die Hotel-Liebe geht durch den Magen«).

Die Küchenqualität war im *George V*, das 1928 erstmals öffnete, lange Zeit nicht erwähnenswert. Erst jetzt unter Four-Seasons-Regie und mit dem vorzüglichen Executive Chef Philippe Legendre ist das Restaurant *Le Cinq* absolute Spitze. Außerdem verfügt das Haus über einen der besten Weinkeller in Paris. Die wei-

Ungewöhnlicher Luxus zeichnet das wieder eröffnete Haus aus. Wie Bilder einer Ausstellung zeigen sich Lobby (oben), *Salon Anglais* (unten) oder das Badezimmer mit freistehender Wanne

teren F&B-Möglichkeiten im Hotel: *La Galerie*, wo, fast schon britisch, täglich der Tee serviert wird, *Summer Terrace* oder *The Bar*.

Wer gerne und häufig genießt, muss etwas für die Fitness tun, unabhängig vom Flanieren über die Champs Élysées, die gleich um die Ecke beginnt. Der Health Club mit Spa und Beauty-Center sowie einem großen Pool sind der Ausstattungsqualität des Hauses angepasst und animieren. Jacuzzi und Hammam sind in den besseren Suiten eingebaut.

FOUR SEASONS HOTEL GEORGE V

31 Avenue George V
F-75008 Paris
Tel.: 0033-1-4952 7000
Fax: 0033-1-4952 7010
www.fourseasons.com
184 Zimmer, 61 Suiten
(davon 30 mit eigener Terrasse)
Zimmer ab 460 Euro, Deluxe ab 520 Euro,
Executive Suite ab 850 Euro

DE CRILLON
Paris

Im Marmorglanz und mit zwei Michelin-Sternen erstrahlt das Restaurant *Les Ambassadeurs.* Bick von der Terrasse der *Suite Leonard Bernstein* (rechts oben)

Paris, das ist der verrückteste Branchenwiderspruch in sich. In keinem der fünf Kontinente gibt es eine Stadt, die so viele großartige Hotelbauten besitzt, so überwältigende Optik, wie die Seine-Metropole. Historische Fassaden, beeindruckende Säulenhallen, feine Salons, Prunk und Pracht der Grand Nation. Ja, und dann Service und manchmal auch die Zimmerqualität auf so enttäuschendem Niveau. Insgesamt die wohl am schwierigsten einzuordnende Situation in der Nobelklasse.

Marmorglanz, in dem sich die große Vergangenheit spiegelt, und einzigartige Atmosphäre findet man in einer ganzen Reihe von Hotels.

Das schöne Nobeldomizil *De Crillon* hat die zahlreichen Zeitzeichen großer Geschichtsereignisse mit pulsierendem Leben kombiniert. Der Concierge regelt so ziemlich alles, was Sie wünschen. Die hoch elegante Halle mit strahlend festlicher Eleganz ist einer der feinsten Treffpunkte in Paris. Im diskreten Rahmen plaudern die Spitzen des Geldadels mit Mitgliedern der Königshäuser, Show-Stars mit regierenden Politikern. Bestechender Blumen-

schmuck in der Halle und ein stilvoll gedeckter Tisch mit Trüffeln, Steinpilzen, Schinken und Wein vor dem kleineren Restaurant *L'Obélisque* machen Appetit. Liebenswerter Service einer hilfsbereiten Crew sorgt für eine angenehme Stimmung.

Erfreuen Sie sich an dieser imposanten Halle mit erdbraunem und ockerfarbenem Marmor aus Siena und Portor, Kristalllüstern und Stilmöbeln aus dem 18. Jahrhundert mit einer Galerie aus goldschimmerndem Eichenholz. Das Hotel ist kein bewohntes Museum, sondern Ausdruck feinster französischer Lebensart. Es ist übrigens das einzige Spitzenhaus, das noch unter französischer Regie läuft, nämlich als Flaggschiff der Concorde-Gruppe, die dem Champagner-Fürsten Taittinger gehört. Die schöne Virginie kümmert sich selber um das Haus.

Das *Crillon* hat den spektakulärsten »Vorplatz« aller Hotels in Europa, den Place de la Concorde mit dem weltbekannten 33 Jahrhunderte alten und von Hieroglyphen bedeckten Obelisken. Die Fassade des Hotels zeugt wie nahezu jeder Stein in dieser Ecke von Paris von großer Geschichte. 1775 wurde das Gebäude

81

Nummer 10 vom Architekten Trourad gebaut. Ihm ist der vornehme Figurenschmuck, die fein geschnitzte Täfelung und die prächtige Decke im Adler-Salon zu verdanken. François-Félix-Dorothée Berton des Balbes, Graf von Crillon, erwarb dreizehn Jahre später das Privatpalais.

Aus dem Stadthaus wurde ein Hotel. Und nach der Kombination mit zwei angrenzenden Gebäuden in der Rue Boissy d'Anglas feierte man 1909 mit einem Gala-Dinner die Eröffnung der feinsten Pariser Herberge. Endlos ist die Liste der Könige, Fürsten, Staatsmänner und Show-Stars, die in den folgenden Jahrzehnten hier nächtigten. Erst kürzlich hob Boris Jelzin, der russische Präsident, das Hotel als sein Lieblingsdomizil heraus.

Die Salons in der ersten Etage sind Prunkgemächer und in monatelanger Arbeit historisch renoviert worden. »Adler-Salon« besitzt

Das Hotel am Place de la Concorde gehört zu den feinsten Treffpunkten in der Seine-Metropole

Junior-Suiten sowie die von der Innenarchitektin Sonia Rykiel gestalteten Zimmer zeigen in weichen Beige- und Altrosa-Tönen eine schöne Kombination aus Alt und Modern. Die modernisierten Bäder aus hellem Siena-Marmor haben große Spiegelpartien, das WC wurde abgetrennt.

Das besondere Prachtstück ist die »Privatkapelle« der Familie Crillon. Die herrliche Täfelung wurde komplett restauriert.

Im ebenfalls ganz in Marmor gehaltenen *Les Ambassadeurs* wird eine der besten Pariser Küchen geboten (zwei Michelin-Sterne, 18 Punkte bei Gault Millau)

ein wertvolles Parkett à la Française mit ungarischem Muster, Aubusson-Wandteppiche, böhmischem Kristall und Wedgewood-Porzellanvasen in beachtlicher Größe mit Goldauflage.

In den 147 Zimmern und Suiten gibt es keinen Einheitsstil, jeder Raum hat eine persönliche Note. Die Zimmer der großen Suiten, die auf den Place de la Concorde hinausgehen, sind mit Stilmöbeln, kostbaren Teppichen und offenen Kaminen ausgestattet. Die geräumigen

HOTEL DE CRILLON

10, Place de la Concorde
F-75008 Paris
Tel.: 0033-1-4471 1500
Fax: 0033-1-4471 1502
www.lhw.com/decrillon
90 Zimmer, 17 Suiten
Zimmer von 449 bis 533 Euro,
Suiten ab 754 Euro

Plaza Athénée

Auf dem Werbegeschenk des *Plaza Athénée*, einem Kartenspiel mit Dame, Ass und Joker sind alle verewigt, die das Hotel mit Leben erfüllen, so die Hausdame, der Veranstaltungsleiter, Silber-Steward ebenso wie Nachtmanager und Bügelfrau. Der Joker in diesem Kreis ist der Küchendirektor Alain Ducasse, der höchst dekorierte Koch aller Zeiten (zweimal drei Michelin-Sterne und fürs *Bistro* noch mal einen).

Nach den umfassenden Renovierungsarbeiten und der Neueröffnung des *Plaza Athénée* wurde der introvertierte Superstar am Herd verpflichtet und damit für eine besondere Attraktion gesorgt.

Wie oft der Küchenkünstler selber im *Plaza Athénée* ist? Eine berechtigte Frage bei derart vielen Restaurants, die er betreut. Ducasse, der sein Büro im Hotel eingerichtet hat, ist im Schnitt drei Tage in der Woche im Haus und kontrolliert neben dem Gourmet-Restaurant und Bistro auch Frühstück und Bankett-Qualität.

Wie wohltuend, dass es Häuser von der Klasse des *Plaza Athénée* gibt. Das Hotel, im Besitz des Sultans von Brunei, wurde mit höchster Eleganz aufgefrischt. Es kombiniert heute den Charme der Vergangenheit ohne Stilbruch und Durcheinander, mit zeitgemäßem Luxus und sinnvollen Einrichtungen für den Geschäftsreisenden — wenn er individuell unterwegs ist.

Das *Plaza* akzeptiert nach wie vor keine Gruppen und keine lauten Incentive-Teams. Obwohl damit Geschäft verloren geht, beherbergt das Haus nicht einmal die sonst so gierig erwarteten Staatsbesucher, weil durch die Sicherheitsvorkehrungen andere Gäste in ihrer Ruhe eingeschränkt würden.

Ganz früher bekamen nicht einmal Einzelreisende ein Zimmer, wenn sie an der Rezeption unbekannt waren. Lange hat man sich auch gesträubt, Kreditkarten zu akzeptieren. Schließlich musste man in diesem Punkt wohl oder übel mit der Zeit gehen.

Auf jeden Gast in den vergrößerten 188 Zimmern und Suiten (früher waren es 205) kommt ein Bediensteter, unter ihnen 69 Köche und 42 graduierte Chefs, drei Floristen kümmern sich ausschließlich um die frischen Bouquets in den Gemächern, der Chef-Concierge sowie seine acht Assistenten bemühen sich um Eintrittskarten, Clubmitgliedschaften und Unterhaltung für einsame Stunden.

Von einem Teil der Zimmer und Suiten blickt man auf eine der schönsten Straßen von Paris, die Avenue Montaigne, die Aorta der

So viel Luxus, so gute Bedienung und das nur wenige Schritte von den Champs Élysées entfernt – wer es sich leisten kann, stellt fest: Das *Plaza* gehört ohne Zweifel zu den besten Luxushotels der Welt

Haute Couture: Dior, Valentino Laroche, Ungaro sind nur einen Goldmünzenwurf entfernt.

Der Hinterhof bietet eine der meist fotografierten Hotelansichten in Paris überhaupt. Eine Kulisse wie das farbenprächtige Bühnenbild eines Hollywood-Märchens: Leuchtend grüne, mit Efeu und anderen Kletterpflanzen bewachsene Wände. Unterbrochen von roten Tupfen, die Markisen über den Balkonen und ab dem Frühjahr, wenn Paris sich besonders anmutig und romantisch präsentiert, wie lustige Fliegenpilze die runden Sonnenschirme im Innenhof.

Auf jeden Gast kommt ein Hotel-Bediensteter. Und die Ruhe wird jedem Gast garantiert, weshalb auf Gruppen oder Staatsbesucher gerne verzichtet wird

Sie müssen gar nicht das Hotel verlassen, um die Genüsse der hohen Kultur zu erleben. In der Halle spielt zum Tee ein erstklassiger Pianist dezent Chansons, ohne die Konversation zu stören, im Tiefparterre mixt Ihnen der Keeper von der *Bar Anglais* einen Champagner Framboisé, der jede Zunge löst.

Das *Plaza Athénée* nimmt im Service-Bereich auch unter den besten Europäern eine Sonderstellung ein. In welchem Hotel beispielsweise erlebt man schon, dass am späten Nachmittag auf das Klingeln des Gastes hin nach wenigen Minuten die Zimmerfrau tatsächlich erscheint? Im *Plaza* ist das die Regel. Nicht missmutig, sondern dienstbereit, lächelnd wie auf der Spielkarte »Herz Sieben«.

Wichtiger Hinweis: Die Zimmer zur Straßenfront, wo man allerdings trotz verstärkter Fenster ein wenig vom Pariser Verkehr mitbekommt, gehören zu den Favoriten, aber besonders empfehlenswert sind die ebenso prächtigen zum großen Innenhof. Keine zwei Zim-

mer haben die gleiche Form oder etwa die gleiche Einrichtung, wie selbst bei den Häusern der edelsten Hotelgruppen der Welt üblich.

So viel Luxus, so gute Bedienung und das nur wenige Schritte von den Champs Élysées entfernt, das hat seinen Preis. Die normalen Spesensätze dürften dafür kaum reichen. Wer sich das leisten kann und will, stellt fest: Den guten Ruf, eines der besten Luxushotels der Welt zu sein, hat das *Plaza Athénée* verdient.

HOTEL PLAZA ATHÉNÉE

25, Avenue Montaigne
F-75008 Paris
Tel.: 0033-1-5367 6665
Fax: 0033-1-5367 6666
www.lhw.com/atheneepar
144 Wohneinheiten, 44 Suiten
Zimmer von 460 bis 640 Euro,
Suiten von 730 bis 5335 Euro

LES CRAYÈRES
Paris

W o die Reben für eines der edelsten Getränke, die perlende Lebensfreude, reifen, erwartet
man geradezu zwingend ein
Schlaraffenland für Gourmets. Die Champagne ist allerdings an Landhotels mit erstklassiger Küche überraschend dünn besiedelt. Lange Zeit galt das Royal Champagne als seltene
Ausnahme mit kulinarischen Köstlichkeiten –
es ist im Besitz von Moët & Chandon. Dann
machte sich Gérard Boyer auf, die Spitze der
Region zu erkochen. Seit 1979 hält er die Drei-

Fürstlicher Rahmen
im relativ jungen
Schloss – Champagner-
Fürsten und Staats-
männer residierten
hier in den letzten
hundert Jahren

Sterne-Pracht im *Les Crayères*, obwohl es hin und wieder auch ein paar kritische Stimmen zu der Wertung gab.

Was Boyer absolut einmalig und jenseits aller Überlegungen macht, ist das luxuriöse Relais&Châteaux-Hotel mit fürstlichem Rahmen, das er führt.

Das Schlösschen im eigenen Park, völlig ruhig gelegen, wurde 1900 im Stil des 18. Jahrhunderts erbaut. Die Besitzer waren die Polignacs, die es später an Xavier Gardinier, einen Einheimischen, der sein Vermögen in Florida gemacht hatte, verkauften. Das Schloss wurde nicht nur schnell zum Hauptquartier der Champagner-Fürsten, sondern auch sehr vieler Staatsmänner. So residierte hier schon Dwight D. Eisenhower im Zweiten Weltkrieg als Oberbefehlshaber der Alliierten Streitkräfte.

Gardinier ließ das Schloss völlig renovieren und suchte einen berühmten Gastronomen als Pächter. So kam er auf den Drei-Sterne-Koch und dessen Ehefrau Elyane. Nach Um- und Ausbau zeichnete das Paar auch für ein großzügig angelegtes Hotel verantwortlich. Die Zimmer sind geräumig und eigentlich nach unseren Maßstäben Junior-Suiten mit großem Wohnteil. Beim Blick aus dem Fenster öffnet sich die kultivierte Pracht des Parks. Die Öffentlichkeit ist zugelassen, bleibt aber dennoch ausgesperrt. Für Hausgäste ist Ruhe angesagt und Romantik pur.

Ich erlebte das Haus zusammen mit dem Fotografen Bernd Kollmann in Gesellschaft von Rémy Krug aus der Dynastie des edelsten Champagner-Hauses. Nach einem Spaziergang durch die Parklandschaft mit alten Bäumen und Blumenbeeten sowie einem Aperitif mit Rosé Champagner nahmen wir in dem luxuriösen Restaurant, das exakt den Vorstellungen eines Gourmettempels entspricht, am schönen Ecktisch gleich an der Terrasse Platz. Edles Silber, Kristall, schöne Karaffen und kleine Kerzenlämpchen stimmen ein. Was Gérard Boyer auf den Tisch bringt, ist zu Recht ausgezeichnet – neben Michelin auch drei Mützen bei Gault Millau.

Tadellos die Zubereitung. Boyer kocht abwechslungsreich und hat stets neue Gerichte auf der Speisekarte mit dem schönen Gartenmotiv. Doch gewohnten Boden verlässt er nicht. Geflügel, Lamm und Kalb bei den Fleischgerichten, St. Petersfisch, Rouget, Turbot sowie Hummer bei den Meerestieren dominieren. Kleine mit Scampi gefüllte Kohlrouladen, Stopfgansleber und Waldpilze in Blätterteigtäschchen zubereitet, Seezungen in Sud mit Meerschnecken und Porree sowie Lammrücken in der Salzkruste sind einige seiner Spezialitäten.

Werner, der deutsch sprechende Saaldirektor, erwacht aus seiner scheinbaren meditativen Starre und entfesselt Begeisterung, wenn man sein Lieblingsthema, den Wein, anspricht. Auch er sorgt für eine angenehme Atmosphäre, die das ganze Haus auszeichnet.

Das kleine Château mit dem herrlichen Schlosspark und dem exquisiten Rahmen ist

BOYER LES CRAYÈRES

64, Boulevard Henry-Vasnier
F-51100 Reims
Tel.: 0033-3-2682 8080
Fax: 0033-3-2682 6552
www.relaischateaux.com/crayeres
16 Zimmer und 3 Suiten
Zimmer von 243 bis 343 Euro,
Suiten ab 410 Euro

Nicht nur als Gourmettempel, auch zum exquisiten Wohnen lädt das Schlösschen mit dem eigenen Park in die Champagne ein

ein echtes Wohnpalais. Die Höhe der Decken, die Ausmaße der Fenster, die schweren Seidenvorhänge, das feudale Treppenhaus, der Luxus der Appartements mit Holzschnitzereien und massiven Kerzenleuchtern beeindrucken, stören aber nicht die intime Stimmung. Der Höhepunkt des Tages ist, nach dem Dinner aus der großen Auswahl an Champagner sein Lieblingsfläschchen auszuwählen, auf der überdachten Terrasse zu sitzen und in den angestrahlten Schlosspark zu schauen. Das allein ist schon eine Pilgerfahrt in die Champagne wert.

LE CHÂTEAU DU
DOMAINE ST. MARTIN

Immer bergauf zieht sich das Band der Straße vom glitzernden Küstenstreifen zwischen dem Cap d'Antibes und Nizza. Vom Flughafen bis zum Schlosshotel *Le Château du Domaine St. Martin* sind es gerade mal zwölf Kilometer, und doch ist man in einer anderen Welt. Die Anfahrt ist begeisternd. In 500 Meter Höhe, am Hang eines Hügels und durch Felsnasen gegen den Mistral geschützt liegt die *Domaine St. Martin* mit Orangen-, Zitronen und Mimosenbäumen und duftenden Rosenfeldern.

Die Geschichte des Gourmet-Hotels ist zugleich ein historischer Abriss der Region, von der Römerzeit bis heute. 1994 hatte der Pa-

triarch Rudolf August Oetker, oft als »Puddingkönig Doktor Oetker« bezeichnet, das *Château* in seine kleine feine Hotelkette eingegliedert. Nun ist der kühle Rechner Oetker keiner, der in altes Gemäuer ungezielt einfach Millionen hineinpumpt. Renovierung und Ausbau wurden nach gut ausgetüfteltem Plan durchgeführt, im vierzehn Hektar großen Park, der das Gebäude einschließt, stehen mehr als dreihundert Olivenbäume. Die Gesamtanlage wurde vom Gartenarchitekten Jean Mus neu gestaltet.

Das *Château* besteht aus dem Hauptgebäude mit Turm und zwei Villen. Tritt man durch das Portal in die hohe Halle, verschlägt einem Ehrfurcht heischende Atmosphäre wie

Ein leichter Wind trägt den Blütenduft der Provence auf die Terrasse, und der Blick gleitet über die einmalig schöne Hügellandschaft mit ihren Zypressen, den Orangen- und Zitronenbäumen und duftenden Rosenfeldern

in einer Kathedrale die Sprache. Auf Steinfußböden liegen wertvolle Teppiche aus Persien, Gobelins aus Flandern zieren die Wände.

Während die manchmal aufgesetzte Glitzerwelt der Côte d'Azur nur eine halbe Autostunde entfernt ist, beherrscht hier zurückgenommene Eleganz und Harmonie die Szene. Der große Salon ist teils mit provenzalischen Möbeln, teils im Stil Ludwigs XV. eingerichtet, dahinter liegen die Bar mit tiefen Sesseln und das Restaurant, an drei Seiten von gewaltigen Fenstern eingerahmt, die einen Panoramablick über die einmalig schöne Landschaft gestatten.

In den Sommermonaten ist ein Dinner auf der Terrasse mit zierlichen weißen Stühlen, eingerahmt von Zypressen, von der Stimmung kaum zu überbieten. Der Wind trägt den Blütenduft der Provence: Lavendel, Oleander, Bougainvilleen und Orangen. Große Persönlichkeiten zitiert man gerne. Im *St. Martin* ist es Deutschlands erster Bundeskanzler nach dem Kriege; Konrad Adenauer verbrachte hier einige Urlaube und nannte *Château* und Garten »das irdische Vorzimmer zum Paradies«.

Für den kulinarischen Teil sorgt die Sterne-Küche, die einst Madame Andrée Brunet einläutete. Das Preis-Leistungs-Verhältnis ist exzellent. Bei meinem letzten Besuch probierte ich leichte Gerichte, die so ganz zum Land passen. Gefüllte Zucchiniblüten mit schwarzen Trüffeln, frische Salate und Kräuter mit Stopfgansleber auf Calvados-Apfelscheiben, Carrée vom Salzlamm mit gebackener Petersilie und gefüllte Rougets auf einer leichten Champagner-Sauce, eine wundervolle Käseauswahl sowie das Mocca-Eis-Soufflé mit Nüssen aus dem Schlossgarten.

Der stille Glanz, die von leiser Barockmusik untermalte Stimmung, wird in die 34 Junior-Suiten und sechs Bastides getragen. Besonders eigenwillig sind die Appartements im Turm. Auf schmalen Treppen geht es aufwärts, ein dickes Hanfseil dient als Geländer. Das Turmzimmer *Beatitude* (Nummern gibt es nicht) ist ein Schmuckkästchen.

Wer gerne abseits wohnt, sollte eine der Bastides (Bungalows) bestellen, die aus drei großen Räumen bestehen: Salon, geräumiges Schlafzimmer, Badezimmer in der Kombination mit Ankleideraum, davor eine Terrasse.

Natürlich, Sportmöglichkeiten gibt es auch, damit das gute Essen nicht ansetzt. Ein beheiztes Schwimmbad, Tennisplatz, Joggingpfade, endlose Wanderwege und Golf in der Nähe. Aber darüber denkt man schon nach kurzer Zeit nicht mehr nach.

LE CHÂTEAU DU DOMAINE ST. MARTIN

Avenue des Templiers
F-06140 Vence (Alpes Maritimes)
Tel.: 0033-4-9358 0202
Fax: 0033-4-9324 0891
www.chateau-st-martin.com
34 Junior-Suiten und 6 Bastides
Suiten ab 450 Euro

HÔTEL DE PARIS
Monte Carlo

Monte Carlo, *Hôtel de Paris*, Restaurant *Louis XV*, gleich gegenüber das Casino. Glanz und Gloria, Luxus, Adel des Geldes und viel Noblesse. Ein Hintergrund wie geschaffen für einen, der der eleganten, der verwöhnten Welt noch etwas zu bieten vermag. Wir besuchen Alain Ducasse, den Jahrhundert-Koch.

Um seine Küche zu erleben, wallfahren Jahr für Jahr zigtausend Feinschmecker nach Monte Carlo. Das Küchen-Genie jedoch bekommen sie selbst nie zu Gesicht. Wo Paul Bocuse huldvoll wie der Landesfürst seine Gäste begrüßt, wo sich Marc Haeberlin oder Dieter Müller spätestens nach dem Dessert den Beifall als Brot der Künstler abholen, verirrt sich Ducasse nie ins Restaurant, sondern schuftet ohne Unterlass sieben Tage die Woche jeweils dreizehn Stunden am Herd und am »Pass« (wo jedes fertige Gericht noch einmal kontrolliert wird). In der Weltgeschichte der Edel-üche ist Ducasse der erste und einzige, der gleichzeitig zwei Top-Restaurants der Weltspitze führt, die auch noch in verschiedenen Städten angesiedelt sind. Die Hälfte seiner Zeit verbringt der schweigsame Mann, der immer in Eile und Zeitnot ist, jeweils

in Monte Carlo und in seinem Pariser Drei-Sterne-Restaurant im *Plaza Athénée*.

Während Ducasse in Paris klassisch wie einst Escoffier kocht, pflegt er in Monte Carlo eine naturbelassene, mediterrane Küche. Wir haben die Meisterwerke genialer Schlichtheit genossen: Das Ragout von Muscheln und Krustentieren, die königliche Goldbrasse mit frittierten Kräutern, den Gemüseteller mit geradezu sinnlichem Olivenöl aus Ligurien, mit festen Steinpilzen, behutsam in Kastanienblättern gegart und einer duftenden Flut von hauchdünnen schwarzen Trüffel-Spänen. Mit etwa achtzig Euro steht die Vorspeise hinterher auf der Rechnung. Obwohl der erste Koch des Fürstentums nur fünfzig Gäste am Abend zulässt, könnte er mit den explosiven Rechnungen das Casino sprengen. Die Menüs beginnen bei über dreihundert Euro pro Person. Der Andrang ist dennoch gewaltig. Reservieren Sie darum rechtzeitig.

Das Ambiente wirkt auf den ersten Blick wie die goldschnörkel- und puderperückengeprägten Produktionen des alten Hollywood, einziger Unterschied: Im *Louis XV* ist alles echt. Mit Feingold, Massivsilber, broschierter Seide wurde die fürstliche Bühne ausstaffiert, der Teppich ist so hochflorig, dass sich ein Dackel darin verirren würde, wären Hunde zugelassen. Sind sie aber nicht.

Rechte Seite:
Alain Ducasse, der
Jahrhundert-Koch, vor
einem seiner
zwei Restaurants
der Weltspitze, dem
Louis XV im *Hôtel
de Paris* von
Monte Carlo

Das Grandhotel aus der Belle Epoque, 197 Zimmer und Suiten, die Hälfte mit Terrasse und Balkonen zum Hafen, ist ein leicht angestaubter, aber absolut stilechter Palast. Er wurde bereits 1864 als »bestes Hotel der Welt« (solche Superlative gab es damals schon) eröffnet und sollte vor allem den großen Spielern des schräg gegenüber liegenden weltberühmten Casinos komfortable Unterkunft bieten. François Blanc, der Casino-Direktor, hatte seinem französischen Architekten Dutrou keine Kostenauflagen gemacht. Der Mann konnte gut großzügig sein – schließlich gewann und gewinnt beim Roulette immer Monsieur »Weiß« (Blanc), ganz gleich, ob die Kugel auf Rot oder Schwarz fällt.

An jene Gründerzeit erinnern noch die in den Kleiderschränken der dreißig Suiten eingebauten bruchsicheren Geldschränke von respektablen Abmessungen. Auch lässt sich in der Hotelhalle ein Reiterstandbild Ludwig des Fünfzehnten aus Bronze bewundern, dessen Berührung dem Spieler auf seinem Weg zum Casino stets Glück bringen soll. Die Vorderhand des Pferdes wurde inzwischen blank gerieben. Versuchen Sie es selbst.

Ein zusätzliches Beschwörungsritual, so wurde mir klar gemacht, ist das Berühren der linken Schulter des Doormans. Der wechselte im Lauf der Jahrzehnte häufig, blieb aber stets der Trinkgeld-König.

HÔTEL DE PARIS

Place du Casino
MC-98000 Monte Carlo
Tel.: 00377-92-16 30 00
Fax: 00377-92-16 38 50
www.monte-carlo.mc/lodging-mcnaco
197 Zimmer und Suiten,
Zimmer von 352 Euro bis 595 Euro

HOTEL ARTS
Barcelona

Namen, die der Volksmund für Bauwerke und Konstruktionen findet, drücken Beifall aus, manchmal auch Kritik oder Unverständnis. Das *Hotel Arts* in Barcelona, das erste europäische Haus der Ritz-Carlton-Kette, hatte schon seinen Namen weg, bevor es überhaupt eröffnet war. »Museum California« wurde es genannt wegen seiner künstlerischen Gestaltung und weil die Management-Gesellschaft aus Amerika kommt. Dass Ritz-Carlton in Atlanta,

Georgia, zu Hause ist und nicht in Kalifornien, sollte man nicht so kleinlich sehen.

Der zweite Begriff, der schnell geprägt war, lautet »Tor zum Meer« und bezeichnet die Komposition aus den gleich wuchtigen, nebeneinander stehenden Türmen des *Arts* und eines Bürohochhauses, keine hundert Meter entfernt vom ehemaligen olympischen Hafen und vom Strand. Die Architektur der amerikanischen Wolkenkratzer-Spezialisten Skidmore, Owings und Merril ist bisher einzigartig in Spanien.

Wohnkultur ohne Ecken und Kanten – alles ist rund und fließend. Das *Arts* ist wahrlich ein beschwingtes Hotel, das ganz auf die Stadt am Mittelmeer einstimmt

Stahltraversen, verbunden mit kochtopfgroßen Schrauben, umgeben und prägen das 46-stöckige Haus wie ein Skelett. Vor der Außenterrasse mit Pool schwebt eine riesenhafte Skulptur des Architekten Frank O. Gehry. Der gewaltige Fisch, den die Einheimischen »Sardine« nennen, wurde zum Wahrzeichen des Hotels.

Das mediterrane Haus, das vom US-Fachmagazin *Hotel* zum »besten modernen Hotel Europas« gekürt wurde, bedeutet Wohnkultur ohne Ecken und Kanten. Alles ist rund und fließend. Das gilt für die großzügige Lobby, für die Konferenzräume, die sieben Restaurants, Bars und die Einrichtung der 482 Zimmer und Suiten, ebenso für Health Clubs und Shops. Die Möbel sind gerundet, hell und freundlich. Im Gegensatz zum allgemeinen Erscheinungsbild der Kette mit wuchtiger Club-Eleganz stimmt dieses beschwingte Hotel ganz auf Barcelona ein.

Weil das Projekt der Hovisa-Gesellschaft unmittelbar neben dem olympischen Dorf der Spiele von Barcelona 1992 steht, wurde in diesem Hotel besonders viel Wert auf Sport und Fitness gelegt – könnte man zumindest glauben. Schwimmbad, Jogging-Bahn am Ufer, ein gut ausgestattetes Fitness-Center mit Laufbändern, Fahrrädern und chromblitzenden Kraftmaschinen. Kombiniert ist das ganze Programm mit Whirlpool, Saunen, Massage-Einrichtungen sowie einer klinisch sauberen Schönheitsfarm. Der Gesamtbereich dehnt

HOTEL ARTS

Carrer de la Marina, 19-21
E-08005 Barcelona
Tel.: 0034-93-221 10 00
Fax: 0034-93-221 30 45
www.ritzcarlton.com/hotels/barcelona
438 Zimmer, 44 Suiten
Zimmer ab 300 Euro,
Suiten ab 500 Euro

Der gewaltige Fisch von Frank O. Gehry wurde zum Wahrzeichen dieses modernen, in seiner Architektur einzigartigen Hotels, eines der besten im Süden Europas

sich auf zwei Etagen aus und schließt eine Gartenterrasse mit ein.

Wer die Clubetage bucht, bekommt einen Service der Extra-Klasse. Die Präsentationen der delikaten Häppchen für den kleinen Hunger, den ganzen Tag über, ist ebenso wie das große Frühstücksbüfett mit dem überwältigenden Früchteangebot, Fisch- und Fleischköstlichkeiten (im Preis enthalten) absolute Weltspitze.

Warum das *Arts* nicht Ritz-Carlton heißt? Leicht erklärt. Als die feine Hotelkette die Namensrechte von der Ritz-Familie erwarb, musste die Ausnahme akzeptiert werden, dass in Städten, wo es noch ein altes *Hotel Ritz* gibt wie in Paris, Madrid, Barcelona und London ein anderer Name gefunden werden muss, kombiniert mit dem Zusatz »von Ritz-Carlton gemanagt«.

Der Service verwöhnt, atypisch für Spanien, nahezu geräuschlos und durch gute Schulung bedingt, geschmeidig und gästeorientiert.

VILA VITA PARC

Algarve

Seit Jahren ist Deutschlands einziger Weltklasse-Golfer Bernhard Langer im Sporthotel *Vila Vita Parc* an der Algarve engagiert. Er argumentiert glaubhaft, dass die rote Küste in Europa an Schönheit nicht zu überbieten sei. Links vom ersten Abschlag leuchten Felsen und Klippen in der Sonne rostrot, in schattigen Tiefen wechselt das Licht die Farbe, taucht die Steintürme und -nadeln in dunkles Violett. Ganz unten rollt das grünblaue Meer heran, reckt sich mit weißer Gischt über den ockerfarbenen Sand und wuchtet gegen die schroffe Begrenzung. Zur Landseite dominiert das satte Grün des Platzes, nur unterbrochen von blendend weißen Häuserwürfeln mit bizarr geformten Schornsteinen und den pilzköpfigen Pinien, Agaven und schlanken Palmen. Ein Bild wie eine Formel: Algarve gleich Meer, malerische

Küste plus Golf, oder einfacher: Golf in schönster Natur.

Das Hotel *Vila Vita Parc* ist eine große Ferienlandschaft und ein Resort, bei dem mit Sorgfalt alle Sünden der Umgebung vermieden wurden. Schmucke landestypische Häuser statt Betonblöcke, das Hauptgebäude nicht höher als die Federpalmen, davor Gärten mit Wasserfällen und schwingenden Hängebrücken. Hibiskus blüht in sieben Farben, und zwischen Wasserpflanzen brüten seltene Vögel.

Eine steile Treppe, mit Halteseilen entlang der roten Sandsteinwand, führt aus dem Park hinunter in die Sandbucht. Bei Ebbe kann man mühelos die vorgeschobene Felsnase umgehen. Dahinter endet die rote Wand und gibt den Weg frei für den mehrere Kilometer langen Strand. Aus den knapp zweihundert Wohneinheiten (Villen, Suiten, Appartements, Maiso-

Eine große Ferienlandschaft und ein Resort, in dem die Natur dominiert, weil sie erhalten und gepflegt wurde; dazu ein Wellness-Zentrum der luxuriösesten Art

nette- und Präsidentensuiten sowie großzügige Doppelzimmer mit abgetrennter Sitzecke) ist der freie, unverstellte Blick aufs Meer möglich. Ein rund gebautes Clubhaus, das neben drei Restaurants und zwei Bars auch einen von drei Pools hat, steht im Zentrum der Anlage. Die Piazetta mit Antiquitätengalerie, Boutique, Kiosk und Friseur vermittelt die Atmosphäre eines typisch portugiesischen Ortes. Selbst ein Dorfplatz mit Bänken und Freirestaurant wurde geschaffen.

Die für Portugal so charakteristischen blauweißen Dekorfliesen (Azulejos) und die durchbrochenen Schornsteine runden das Bild, auch die weiß gekachelten Mauern und erdfarbenen Ziegel. Bautechnisch stimmt hier alles.

Initiiert wurde das schöne Urlaubsdorf von Reinfried Pohl, dem Mehrheitseigner der Deutschen Vermögensberatung AG, die inzwischen eine kleine Hotelgruppe aufgebaut und das Algarve-Hotel als Flaggschiff ausstaffiert hat.

Weitere Ausbauten erfolgen von Jahr zu Jahr. In den Restaurants wurde die Qualität verbessert, und bei meinem letzten Besuch erlebte ich das Wellness-Zentrum der luxuriösesten

Art: das Rasulbad, Renaissance eines antiken Pflegezeremoniells. Es gleicht einer Reise in die märchenhafte Welt des Orients, in der man sich entspannt der Pflege von Körper und Seele hingibt. Alle vier Elemente – Wasser, Erde, Feuer und Luft – wirken beim Rasul zusammen. Sie ergänzen sich in ihrer Wirkung, sorgen für Entschlackung, einen angeregten Stoffwechsel und festigen die Haut.

Beim Eintritt in die orientalisch gestalteten Baderäume mit dem arabischen Kuppeldach und dem Brunnen verlässt man die moderne Zeit.

HOTEL VILA VITA PARC

Alporchinhos
P-8400-450 Porches Algarve
Tel.: 00351-282-31 01 00
Fax: 00351-282-31 53 33
www.vilavitaparc.com
103 Zimmer, 79 Suiten
Single von 117 bis 276 Euro,
Double von 146 bis 1035 Euro

REID'S PALACE HOTEL
Madeira

Das *Reid's* in Funchal, hoch über der
Blumeninsel Madeira, ist eine der
angenehmsten Fluchtburgen aus
dem Einerlei deutscher und internationaler Kettenhotel-Romantik mit Bett, Sessel und Großserien-Schreibtisch. Die englische
Besitzerfamilie Blandy, seit sechs Generationen

auf Madeira ansässig, stemmte sich resolut gegen wechselnde Zeiteinflüsse und hielt die Qualität in der Tradition von Luxus-Grand-Palace-Hotels. 1991 feierte das Haus sein hundertjähriges Bestehen. Es gilt als das »Ur-Hotel« der Leading Hotels of the World.

1996 übernahm die Londoner Gruppe Orient-Express Hotels den Palast, der auf einer bizarren Felsklippe thront. Seitdem ist die vorübergehende Schwächephase ausgestanden, geht es wieder kontinuierlich nach oben. Die 130 individuell eingerichteten Zimmer und 34 luxuriösen Suiten verbinden heute anmutige Eleganz mit Funktionalität und sind komplett entrümpelt.

Eine Losung, die von Generation zu Generation weitergegeben wurde, soll – so die Personalanweisung – konsequent beherzigt werden: Jeder Gast im Haus ist ein Lord. Bezeichnend für die feine britische Ausrichtung ist die Atmosphäre beim Five o'clock Tea. Nach guter englischer Sitte herrscht schon hier (nicht nur beim Dinner) Krawattenzwang. Steif geht es zu, Oxford-Englisch ist angesagt. Und exakt mit dem Glockenschlag 17 Uhr formiert sich die disziplinierte Schlange vor dem Büfett. Feinschmecker und Lebenskünstler, die sich oft auf den Britischen Inseln schwer tun, kommen mit großen Erwartungen ins *Reid's*. Sie erkennen: Tradition ist ein nicht kopierbarer Wert. Um die Jahrhundertwende war das vom Schotten William Reid errichtete Hotel für seine Zeit schon edel, aber noch ohne elektrisches Licht und einwandfreie Wasserversorgung. 1925 wurde das Hotel zum ersten Mal verkauft, und 1936 stieg die Firma Blandy Brothers ein. Der Ausbau zum heutigen Palast begann. Nach späteren Erweiterungen bekamen die Gästezimmer und Bäder die jetzigen Grundformen.

In den 40 000 Quadratmeter großen Gartenanlagen des Hotels befinden sich zwei Tennisplätze, und für Gäste, die einen geruhsameren Aufenthalt vorziehen, wurden an schattigen Stellen bequeme Stühle und Bänke aufgestellt. Zwei beheizte Meerwasserpools, ein gezeitenabhängiges Atlantik-Schwimmbecken, Fitness-Studio und Wasserski runden das Aktivprogramm ab.

Vier ausgezeichnete Restaurants mit klassischer französischer, mediterraner und italienischer Küche. Jedes Restaurant überzeugt mit einem ganz individuellen Stil.

Von der Terrasse geht der Blick auf das Meer und auf Funchal. Ein Lieblingsort nicht nur von Sir Winston Churchill

Tagsüber flaniert der Gast durch die immer blühende riesige Gartenanlage, abends trifft man sich beim Dinner – im traditionell gepflegten Outfit versteht sich

REID'S PALACE HOTEL

Estrada Monumental 139
P-9000-098 Funchal, Madeira
Tel.: 00351-291-71 71 71
Fax: 00351-291-71 71 77
www.reidspalace.orient-express.com
130 Zimmer und 34 Suiten,
Zimmer von 189 bis 488 Euro,
Suiten von 598 bis 2543 Euro

HOTEL CIPRIANI
Venedig

Manche Geschäftstermine im Großraum Venedig sollen nur geführt und gegenläufig zur üblichen Business-Hast in die Länge gezogen werden, damit die Teilnehmer die Chance haben, auf Firmenkosten im *Cipriani* wohnen zu dürfen, sagt man zumindest ... Der Reiz des Flaggschiffs der Londoner Top-Gruppe Orient-Express Hotels mit einer unnachahmlichen Mischung aus heiterer Gelassenheit und norditalienischem Charme ist in der Tat außergewöhnlich.

Allen Gästen vermittelt das *Cipriani* das Gefühl einer besonderen Lebensform durch das Flair von dezentem Luxus und den hervorragenden, individuellen Service. Erst mit den Jahren wuchs das Hotel zur heutigen Größe. Der *Palazzo Vendramin* (Palast aus dem 15. Jahrhundert) bietet zusätzlich zehn Luxus-

suiten mit Butler-Service und Blick auf den Markusplatz, den man vom Hotel aus per Motorboot innerhalb von vier Minuten erreicht.

Obwohl das Hauptgebäude mit seinen rosafarbenen Stuckwänden und dem mit roten Ziegeln gedeckten Dach eher wie ein privater Gutssitz aussieht, wird in dem alten Gemäuer der Hotelbetrieb ständig verbessert und erweitert. So ließ Dr. Natale Rusconi, zwanzig Jahren lang Direktor des Hauses, am Pool des Leading Hotel of the World die außergewöhnliche *Suite La Meridiana* anbauen und von den Star-Designern Gerard Gallet und Pierfranco Fabris ausstaffieren. Es ist die begehrteste Hochzeitssuite in der Spitzenhotellerie.

Von einem »Hort der Ruhe in duftenden Gärten und in der Weitläufigkeit sattgrüner Anlagen« sprach Königin Elizabeth bei ihrem ersten Besuch druckreif für die Hotelwerbung.

Duftende Gärten, das Flair von dezentem Luxus, der verschwenderische Aufwand und der traumhafte Blick hinüber auf die Lagune; eines der romantischsten Hotels der Welt

Eine seltene Ware sei das Hotel in dieser geschäftigen, mit Kunstschätzen überladenen Stadt. Das *Cipriani* könne man als das Nonplusultra verschwenderischen Aufwands bezeichnen, als das Beste, was man für Geld erwerben kann. Majestät, Sie meinen, »für sehr viel Geld«. Unter 500 Euro läuft da gar nichts.

Das Konzept hatten sich der verstorbene Lord Iveagh, Besitzer der Guinness-Brauereien, und Giuseppe Cipriani von *Harrys Bar* in den frühen fünfziger Jahren erdacht. Lord Iveagh war auf der Suche nach einem Refugium in der Nähe von Venedig, und Cipriani hatte auf der Insel Giudecca schon einen passenden Platz für ein Hotel gefunden, von dem er immer geträumt hatte. Es sollte nach seinen Vorstellungen das beste venezianische Essen und liebenswerte Gastlichkeit anbieten. 1958 wurde das Wunschbild eröffnet. Von den Zimmern bieten sich spektakuläre Ausblicke auf die herrliche Palladian-Kirche von San Giorgio Maggiore nach Osten und nach Norden, auf die Lagune nach Süden und auf die Weinberge im Westen.

Allein die Anfahrt ist schon ein besonderes Erlebnis. Das Hotel setzt ein eigenes Motorboot ein, das die Gäste in vier Minuten vom Markusplatz über die Lagune zum hoteleigenen Bootsanlegesteg des *Cipriani* befördert. Das Boot ist rund um die Uhr im Einsatz.

In den Restaurants wird die berühmte *Cipriani*-Cuisine serviert. Das Hauptrestaurant mit Lüstern aus Murano-Kristall, Fenstern vom Boden bis zur Decke, schweren Vorhängen und warmem Licht bleibt seit Jahrzehnten der zentrale Treffpunkt.

Die Küche wurde seit den Tagen von Giuseppe Cipriani ständig verfeinert, die Antipasti, die Fischgerichte, Risottos, Pastas und vorzüglichen Desserts.

Zur Komplettierung des Angebots wurde nach langen Jahren endlich ein Fitnessbereich mit Massageräumen eingerichtet, eine Ergänzung zum beheizten Swimmingpool mit Rekordmaßen: 600 Quadratmeter dazu Meerwasser. Aus Versehen hatte ihn das Bauunternehmen dreimal so groß wie geplant ausgeführt. Fuß war mit Meter verwechselt worden.

Dennoch ist das *Cipriani* kein untadeliges Märchenschloss. Die zahlreichen Um- und Anbauten sind nicht zu einer Einheit verschmolzen. Einige verwinkelte Dachsuiten lassen sich nur schwer verändern, und die Bar darf unwidersprochen als hässlich bezeichnet werden.

Doch einmal im Leben muss man auf diesen Treppen des Palazzos gesessen haben, mit dem Blick auf die Lagune und das Bühnenbild Venedig vor Augen.

HOTEL CIPRIANI & PALAZZO VENDRAMIN

Giudecca 10
I-30133 Venedig
Tel.: 0039-041-520 77 44
Fax: 0039-041-520 39 30
www.cipriani.orient express.com
37 Zimmer, 51 Suiten
Preise auf Anfrage

VILLA FELTRINELLI

Gardasee

Ein Hideaway für extrem Verwöhnte ist das historische Kleinod mit seinen zwanzig Suiten am Gardasee

Es gibt sie tatsächlich, diese nur schwer zu beschreibenden Augenblicke, diese Momente, in denen man vor Begeisterung und Freude einfach abheben möchte. Ein Besuch in der *Villa Feltrinelli* ist mein taufrisches Beispiel dafür. Kaum bin ich in diesem Traumdomizil, sitze ich auch schon auf dem fliegenden Teppich, so wie der Hausherr Robert (Bob) Burns es vorausgesagt hatte: Wer das Herrenhaus am See betritt, wird das Gefühl haben zu schweben.

Alles will ich gleichzeitig machen, die warmen Makronen und Mandelschnitten zum Begrüßungsespresso genießen, die Schönheit der historischen, kathedralenhohen Halle in tiefen Zügen verinnerlichen, aber auch schnurstracks über blütenweißen Kiesel aus zerkleinertem Carrara-Marmor zum See hinunterlaufen, der, von schneebedeckten Bergen gerahmt, sich der Sonne entgegen weit öffnet und das Bild eines Ozeans vorgaukelt.

Villa Feltrinelli – das ist das außergewöhnliche Hotel am Gardasee bei Gargnano, eine knappe Autostunde vom Flughafen Verona entfernt. Von Hotel zu reden, trifft es eigentlich nicht. Juwel, Hideaway für extrem Verwöhnte,

historisches Kleinod sind bessere Bezeichnungen für den Tempel mit zwanzig Suiten.

Bei so viel Eleganz, Tradition, Schönheit und Luxus verbietet es sich, über Geld zu reden. Doch 32 Millionen Euro für ein derart kleines und exklusives Haus auszugeben, das erlaubt eine Ausnahme. Um Gewinn zu machen, müssten die Zimmer bei totaler Auslastung 2000 Euro pro Nacht kosten. Der Hausherr macht sich keine Illusionen. Für ihn gibt es

Wichtigeres. Er nennt das Hotel »Lebenswerk, Hobby und Glücksgefühl«. Schön, wenn man das kann.

Die Wenigsten werden diesen ungewöhnlichen Bob Burns, der mit 72 Jahren den Spätherbst seines erfolgreichen Hotel-Lebens genießt, vom Namen her kennen. Burns hat in den siebziger Jahren in Zusammenarbeit mit dem deutschen Hotelier Georg Rafael die Regent-Gruppe aufgebaut und zur besten der Welt gemacht.

Als er 1992 seine Anteile an Four Seasons verkaufte, war er mit einem Schlag ein steinreicher Mann, der nicht mehr auf Profit wert legen muss. Das ist der Hintergrund der höchst ungewöhnlichen Story zum vielleicht kleinsten Grandhotel der Welt, das einst für den Duce Benito Mussolini das fürstliche Zwangsexil seiner letzten Tage war. Nach dem Krieg versank das Anwesen in einen jahrzehntelangen Dornröschenschlaf.

108

Lustvolles, aber auch ein wenig einsames Wohnen bietet das Seeschlösschen mit seinen üppigen Parks, den fürstlichen Interieurs und der exzellenten Küche

Am Abend lausche ich den Klaviermelodien im Salon, die Mussolinis Sohn (zweimal habe ich ungläubig nachgefragt) heute aus den Tasten streichelt. Welch ein Wechselspiel der Geschichte. Die Entscheidung des Hotel-Enthusiasten Burns, das 1890 erbaute neugotische Schlösschen unter Aufsicht des Denkmalamts wach zu küssen und durch die Millionen-Investition vor dem Verfall zu bewahren, macht den lustvollen Besuch möglich.

Die kunstvoll geschnitzten Hölzer an den Wänden, die prächtigen Böden, die Deckenfresken und weit schwingenden Treppen wurden restauriert, die Salons und Suiten mit teuren Antiquitäten als Gebrauchsmobiliar eingerichtet. Durch die bunten geschliffenen Glasscheiben fällt sanft das Licht.

Ein Aufenthalt wird zum unvergesslichen Erlebnis. Ein besonderer Ort, eine außergewöhnliche Nacht zu erleben und Tage voller Blütenduft. Probieren Sie's, träumen Sie ein-

fach mal, Sie wären Rockefeller. Ganz im Ernst, keiner muss dazu sein Depot oder den Bausparvertrag auflösen. Die Preisliste beginnt bei 300 Euro im Winter und 375 Euro im Sommer. Und darin sind sogar Frühstück, Wäscheservice und Minibar enthalten.

Trotz der Schönheit des Seeschlösschens mit achteckigen Zimmern und Ateliers in den Türmen, trotz des üppigen Parks und traumhafter Terrasse, auf der die leichte Aromaküche mit Kräutern aus dem eigenen Garten serviert wird, muss fairerweise auf »Nebenwirkungen« hingewiesen werden. Das Domizil liegt in der Mitte von Nirgendwo. Wer Shopping und Animation zum Wohlbefinden braucht, den könnte die absolute Stille hier nerven.

FOUR SEASONS
Mailand

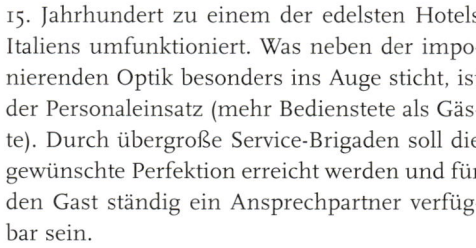

Komfort, Gästezufriedenheit, perfekte und liebenswerte Bedienung, das sind die wichtigsten Punkte im Strategie-Katalog, den Isadore Sharp seiner Hotelgruppe Four Seasons verordnet hat. Er sagt, dass er diese Vorstellung von einem Musterhotel schon damals beim Bau seines ersten Motels in Toronto gehabt habe. Das war die Vision des israelischen Einwanderers, der ein interessantes Kapitel in der nie langweiligen Reihe von Erfolgsstories schrieb: vom Kibbuz-Arbeiter zum Milliardär.

Nach den Vorgaben dieser Konzeption wurde Anfang der neunziger Jahre des 20. Jahrhunderts in Mailand ein Kloster aus dem 15. Jahrhundert zu einem der edelsten Hotels Italiens umfunktioniert. Was neben der imponierenden Optik besonders ins Auge sticht, ist der Personaleinsatz (mehr Bedienstete als Gäste). Durch übergroße Service-Brigaden soll die gewünschte Perfektion erreicht werden und für den Gast ständig ein Ansprechpartner verfügbar sein.

Acht Jahre nach der Eröffnung wurde Mailands feinste Adresse um zwanzig luxuriöse Zimmer und Suiten erweitert. Den 150 Jahre alten Palazzo restaurierten Experten in zweijähriger Arbeit im Stil der ursprünglichen Gestaltung und gliederten ihn dem Hotel nahtlos an. Die Korridore im ersten und zweiten Stock verbinden ohne erkennbaren Übergang das Kloster, den Hotelkern also, mit dem Palast. Die architektonischen Besonderheiten blieben erhalten, obwohl dezent höchster Komfort für die Gäste eingebracht wurde.

Über das gesamte obere Stockwerk erstreckt sich die Royal Suite mit riesiger Dachterrasse über Mailands Dächer. Dazu wurde ein Wintergarten und ein großer offener Kamin eingerichtet. Eine gelungene Ergänzung.

Obwohl ursprünglich als Regent geplant und bis zur Übernahme durch Four Seasons auch von der einst so renommierten Kette umgebaut, entspricht das Hotel in der Ausführung von 1993 ebenso wie in der 2001 erweiterten Form geradezu detailgenau Sharps Philosophie: nicht protzen, sondern versteckt genießen.

Das Hotel im berühmten »goldenen Dreieck« Mailands zwischen der Via Monte Napoleone, der Via della Spiga und Sant'Andrea versteckt sich hinter einer völlig bürgerlichen Fassade in der feinen Seitenstraße Via Gesu. Grüne Fensterläden, schmiedeeiserne Balkone,

Das Kloster als Kern des Hotels ist noch erkennbar, dazu kommt der 150 Jahre alte Palazzo, der ebenfalls in seiner ursprünglichen Gestaltung belassen und dem Kloster angegliedert wurde

unscheinbare Einfahrt. Erst von der Terrasse aus präsentiert sich dem Besucher das weitläufige Gelände des alten Klosters mit dem Innenhof der phantastischen Hotelanlage. Dieser Innenhof, der Säulengang und die Überreste der Fresken aus jenen Tagen blieben voll erhalten. Hinter den Gärten liegen die Zimmer und Suiten, zum Teil auf drei Ebenen. Die »Standards« sind geräumig, die »Deluxe« kommen nach unserem Raumverständnis Junior-Suiten gleich und sind individuell eingerichtet. Ruhige Nischen mit komfortablen Couchecke zeichnen die *La Scala Lounge and Bar* aus, die mit einer Sammlung seltener Zeichnungen aus dem 19. Jahrhundert geschmückt ist, Entwürfe von Bühnenbildern für Opernaufführungen an der Mailänder Scala, die im Anschluss an die Hotelerweiterung ebenfalls eine umfassende Frischzellenkur bekommt.

FOUR SEASONS MILANO

Via Gesù 8
I-20121 Mailand
Tel.: 0039-02-77088
Fax: 0039-02-7708 5000
www.fourseasons.com/milan
77 Zimmer, 41 Suiten
Zimmer ab 392 Euro,
Deluxe ab 464 Euro,
Junior-Suite ab 588 Euro,
Royal-Suite ab 35?? Euro

SPLENDIDO
Portofino

O Sole mio, italienische Luxusresorts unter südlicher Sonne sind das Herzstück der Hotelkette Orient-Express Hotels, die gewiss zu den zehn besten Gruppen der Welt zählt, obwohl den einzelnen Hotels keine Vorgaben und Standards auferlegt, keine verbindlichen Credos zur Pflicht gemacht werden. Das wichtigste Markenzeichen der Häuser ist die ganz besondere Individualität, so präsentiert sich die ruppe Orient-Express als Kollektion eigenständiger Luxushotels.

Was *Cipriani*, die *Villa San Michele* in Florenz oder das *Splendido* verbindet, ist die Ausrichtung, mit zufriedenen Gästen guten Profit zu machen. Das *Splendido* zum Beispiel, dieses romantische charming Hotel im idyllischen Portofino, knapp vierzig Kilometer vom internationalen Kreuzfahrt-Dreh- und Angelpunkt Genua entfernt, hat mehr Stammgäste als die meisten Top-Hotels der Welt.

Die einstige Patrizier-Villa aus dem 19. Jahrhundert, bis zur Jahrhundertwende ein privater Adelssitz – so wirkt das Hotel auf dem

ersten Blick noch heute –, wurde 1901 zum Gästehaus umgestaltet und kam 1938 zum ersten Mal ins Bewusstsein der Öffentlichkeit, als der Herzog von Windsor hier flitterte. Wie das Fischernest fiel auch die Villa danach wieder in den Dornröschenschlaf und wurde erst durch das Schauspielerpaar Rex Harrison und Lilli Palmer endgültig wach geküsst.

Heute gehört das *Splendido* zur Top-Liste des Jetset und Portofino zu den Lieblingszielen der Berühmtheiten. Der Ort ist längst ein Fischerdorf ohne Fischer.

Dafür liest sich die Gästeliste wie das »Who is Who« der modernen Welt, von Armani bis Lothar Matthäus, von Madonna bis Cher – und das alles ohne einen richtig schönen Strand.

Es gibt andere Qualitäten. Die Zimmer sind völlig schallisoliert, wie in einen Zaubermantel eingehüllt. Blumenduft und Schatten im Garten, Romantik pur und dieser unglaubliche Blick auf die Bucht und den Jachthafen machen den Reiz.

Beim Blick aus meinem Zimmers war ich begeistert. Die Terrasse grün umwuchert. Im Spiegel stand der gelbe Turm der Giorgio-Kirche und die Burg auf der grünen Halbinsel, dahinter die blaue Meeresbucht. Alles wie von Hollywood inszeniert.

Wer es noch abgeschiedener mag, sollte die kleine Dependance *Splendido Mare* direkt am Hafen buchen.

Und dann wollte ich mich kräftig betätigen, um die vorzüglichen Menüs abzuarbeiten. Das Hotelangebot ist komplett: Fitness-Center, beheizter Pool und Tennis mit dem Duft von Rosmarin.

Das romantische charming Hotel mit Jachthafen im idyllischen Portofino, dem Ort, der längst ein Fischerdorf ohne Fischer ist

HOTEL SPLENDIDO

Salita Baratta, 16
I-16034 Portofino/Genua
Tel.: 0039-018-526 78 01
Fax: 0039-018-526 78 06
www.splendido.orient-express.com
34 Zimmer, 32 Suiten
Zimmer und Suiten ab 730 Euro

Dem Gast liegt die gesamte Stadt zu Füßen. Gegenüber erheben sich die Glockentürme der Trinità dei Monti, darunter die Spanische Treppe

HOTEL HASSLER VILLA MEDICI
Rom

Die Begeisterung für ungewöhnliche Schönheit umarmt die Welt: der Anden-Blick vom *Orient-Express-Hotel* – einfach fabelhaft, die Aussicht vom *Hayman-Resort* auf das Inselparadies des Great Barrier Reefs – atemberaubend, die Lagune von Bora Bora vor dem gleichnamigen Hotel – unvergesslich. Drei der am häufigsten genannten Beispiele für den spektakulären Blick aus dem Hotelzimmer. In der Abteilung »beeindruckende historische Weltstädte« oder »das aufgeblätterte Bilderbuch der Geschichte« ist das *Hotel Hassler* in Rom, direkt an der Spanischen Treppe, schlichtweg unschlagbar.

Das einmalige Geschenk, die Ewige Stadt aus der Vogelperspektive mit allen Baudenkmälern auf sieben Hügeln erleben zu können, hat die Schweizer Hoteliersfamilie Wirth vervielfältigt. Das *Hotel Hassler*, mit dem wohl klingenden Zusatz »Villa Medici«, offeriert diesen Blick aus fast allen Zimmern und Suiten und natürlich vom Rooftop-Restaurant. Viele Wege führen nach Rom, zwei Möglichkeiten gibt es, zu diesem, von der Außenansicht her schlichten Haus zu gelangen. Von einem »Aufstieg« muss man sprechen, das traditionsreiche Hotel liegt auf dem Pincio, einem der Hügel Roms, von dem schon Ordensgründer San Francesco di Paola vor fünfhundert Jahren schwärmte, er sei der schönste Platz der ganzen Stadt. Entweder muss der Besucher die 138 marmornen, gewundenen Stufen der Spanischen Treppe emporsteigen oder durch die schmale Via Sistina über das alte Kopfsteinpflaster der Piazza Trinità dei Monti anreisen.

Die amerikanischen Präsidenten Eisenhower, Truman und Kennedy kletterten zum *Hassler* hinauf, Charlie Chaplin, Jeanne Moreau ebenfalls. Für Bill Gates ist stets die *Villa-Medici-Suite* reserviert mit der weitläufigsten Terrasse, die in Rom zu finden ist. Um die Exklusivität des Hauses und der Gäste zu garantieren, heißt die Devise des *Hassler*: keine großen Incentive-Gruppen, keine lauten Veranstaltungen. Die konsequente Ausrichtung schließt auch große Namen ein: Zweimal wies das Management die Sängerin Madonna, die hier zu logieren trachtete, einfach ab. Man wollte nicht mal für einen Tag, dass die Atmosphäre des Hotels durcheinander gewirbelt wird.

Ruhe, Lebensfreude der feinen Art und Tradition sind die Säulen des *Hassler*. Bereits im Jahr 1885 hatte der Graubündner Albert Hassler das Hotel an der Piazza gegründet, das bald zur ersten Adresse in Rom wurde. 1915 stieg Oscar Wirth in das Management ein. Sein Hotel wurde regelmäßig aufgefrischt, verbessert, veredelt. Stets erhalten blieb die gediegene Eleganz eines herrschaftlichen Wohnhauses. Die samtenen Sessel im *Salotto* laden zum ersten Cappuccino oder Aperitif ein. Um Gäste kümmern sich 170 dienstbare Geister, ein Angestelltenschnitt, der zu den höchsten in Europa gehört.

Ergebnis ist ein aufmerksamer und stets um das Wohl der Gäste bemühter Service und ein hervorragender Zustand des zum Teil historischen Inventars. Roberto Wirth, der Generalmanager des Luxus-Hotels über den Dächern der Metropole, liest den Gästen sprichwörtlich alle Wünsche von den Lippen ab, und das gleich in vier Sprachen. Wirth ist von Geburt an gehörlos und hat gezwungenermaßen diese einmalige Kunst der Kommunikation perfektioniert.

Im Dachrestaurant mit Blick über die Ewige Stadt serviert der Küchenchef exquisite Fischgerichte und römische Spezialitäten.

HOTEL HASSLER VILLA MEDICI

6, Piazza Trinità dei Monti
I-00187 Rom
Tel.: 0039-06-69 93 40
Fax: 0039-06-678 99 91
www.lhw.com/hassler
85 Zimmer und 15 Suiten
Zimmer von 366 Euro bis 655 Euro,
Suiten auf Anfrage

LA POSTA VECCHIA
Rom

Wer das historisch wertvollste Hotel der Welt in seinem Versteck findet, hat es sich verdient, dort zu wohnen. Voraussetzung ist natürlich, er kann es sich leisten. *La Posta Vecchia* liegt nur 25 Minuten von Roms Flughafen Da Vinci entfernt. Allerdings ohne Ortskenntnisse über Nebenstraßen und Waldwege (nach kurzer Autostrada-Fahrt) dorthin zu gelangen, verlangt die Pfiffigkeit eines Copiloten auf Orientierungsfahrt.

Über Ladispoli und Palo erreicht man schließlich in einem abgelegenen Waldgebiet das schwere eiserne Tor, das sich nach fernmündlicher Vorstellung geräuschlos öffnet. Und damit tauchen Sie in eine Traumwelt ein. Einmal Kaiser von Rom oder Fürst in galanter Zeit sein.

In diesem Park liegt nämlich das Hotel wie eine fürstliche Sommerresidenz unmittelbar am Meer. Gleich daneben ruht das trutzige Castello di Palo seit dem 16. Jahrhundert auf dem felsigen Küstenstreifen. *La Posta Vecchia* war damals Gästehaus, später die letzte Poststation zum Pferdewechsel vor Rom und noch später im Besitz von Multimilliardär Paul Getty.

Der als extrem geizig verschriene Getty restaurierte das Haus bis aufs Fundament und fand dabei eine Patrizier-Villa aus dem 4. Jahrhundert v. Chr., die mit eleganten Mosaiken ausgestattet und niemals geplündert worden war. Die behutsamen Ausgrabungen wurden mit Millionen-Aufwand durchgeführt und die Funde in einem einmaligen Museum in den Kellergewölben des Hauses zusammengetragen.

Wie dieser Prachtbau zum Hotel wurde, ist schnell erzählt. Getty also brachte behutsam die Kunstwerke späterer römischer Kulturen mit modernem Komfort wie Zentralheizung, Entfeuchter und separaten Duschen zusammen, baute ein wundervolles Schwimmbad mit

Das Tor öffnet sich, und der Besucher taucht ein in die Historie – einmal Kaiser von Rom oder Fürst in galanter Zeit sein

ten. Es gibt keine Rezeption, der Butler begrüßt den Gast wie einen heimkehrenden Kreuzritter. In der Empfangshalle mit Statuen, antiken Möbeln, Gobelins und Gemälden wird die Vergangenheit gegenwärtig. Stress und Hektik finden in der zeitlosen Atmosphäre nicht statt, fallen ab.

Von der Red Suite geht der Blick über den herrlichen Park, wohnt man in der *Medici-*, der *Garland-* oder *Getty-Suite*, besticht der Ausblick auf das Meer. Jedes Zimmer hat einen gewaltigen Kamin mit gut abgelagertem Brennholz.

La Posta Vecchia ist ebenfalls eine gute Adresse für Gourmets. Die landestypische Küche ist leicht, unkompliziert, aber stets mit frischen Produkten appetitlich serviert. Fische und Meeresfrüchte dominieren. Die Weinkarte ist umfassend, und auf dem Bartisch, an dem sich jeder bedienen kann, gibt es nahezu hundert edelste Digestifs.

Die Preise sind natürlich im allerhöchsten Bereich angesiedelt. Profit ist dennoch nicht zu machen. Allein die Heizkosten belaufen sich auf über 12 000 Euro monatlich.

Dass selbst in einem so edlen Hotel Perfektion ein immerwährendes Streben ohne Endziel bleibt, wurde beim Frühstück klar, als der einzige Kellner auch den Room-Service zu regeln hatte und natürlich lange Wege gehen musste. Da wartet man manchmal ebenso lang auf die Milch zum Kaffee. Doch wer tut das nicht gerne in einer solchen Atmosphäre?

Blick auf das Tyrrhenische Meer und, was unbegreiflich ist, verlor die Lust am Haus, als alles fertig war. Die Schweizer Gesellschaft eines reichen Römers machte daraus ein erlesenes Gästehaus im Stil eines außergewöhnlichen Grandhotels, das von der Edelvereinigung Relais & Châteaux sofort aufgenommen wurde.

Eigentlich erinnert nur der dezente Service daran, dass der Gast in einem Hotel lebt. Ansonsten fühlt er sich wie der Hausherr, weil er, wann immer er mag, das Kaminzimmer, die Bibliothek, Gettys Arbeitsraum oder die Bar für sich allein hat. Nur insgesamt sieben Suiten und zwölf große Doppelzimmer werden angebo-

LA POSTA VECCHIA

Palo Laziale
I-00055 Ladispoli, Rom
Tel.: 0039-06-994 95 01
Fax: 0039-06-994 95 07
www.relaischateau.com
12 Zimmer, 7 Suiten
Zimmer ab 346 Euro,
Suiten ab 868 Euro

HOTEL CALA DI VOLPE

In der edelsten Lodge der Welt herrscht eine ganz besondere Atmosphäre, die die Gäste fast immun gegen den Virus der kritischen Bewertung macht

118

Im Gegensatz zu kleineren Hideaways auf Sardinien ist das *Cala di Volpe* eine Bühne, auf der Gäste, die es mit Fleiß im Job geschafft haben, gemeinsam mit denen, die »altes« Geld ausgeben, das tägliche Lebenstheater genießen. Jede Stunde, jede Jahreszeit wird zelebriert, und weil die Stimmung, die *Cala-di-Volpe*-Atmosphäre, so ist, sind die Gäste fast immun gegen den Virus der kritischen Bewertung oder gar der Unzufriedenheit. Davon profitiert die edelste Lodge der Welt natürlich. Bei distanzierter Betrachtung müsste man feststellen, dass die Zimmer nach Größe und Ausstattung wahrlich nicht zu den Besten der Besten gehören. Der Gesamteindruck freilich ist außergewöhnlich und prägt sich ein.

Neun Pastellfarben, behutsam gemischt, ergeben den dominierenden Rötelton, der überall zu finden ist. Handbemalt sind Betten und teilweise auch die Wandschränke der Räume. Alle Wohneinheiten haben Terrassen oder Balkone. Dadurch wirken die Zimmer dann doch größer, als sie tatsächlich sind.

Der Blick aus den rückwärtigen Zimmern erfasst den tausend Quadratmeter großen Pool, den zweitgrößten Italiens. Den größten finden Sie im Garten des *Cipriani* in Venedig.

Bauwerk, Ausstattung und Dekor – alles im *Cala di Volpe* ist echt und edel. Es dominieren Holz und Stein, Granit der Insel und handgeschnitzte Wand- und Deckenverkleidungen. Ständig werden irgendwo Einzelbereiche renoviert oder verbessert. Die neu gestalteten Suiten haben modernere Bäder, Dusche, separate Toiletten und großzügigere Salonecken. Von der Lage her gefallen mir die geräumigen Eck-Suiten am besten.

Im obersten Stockwerk ist die *Presidential Suite* eingerichtet. Dazu gehören drei Schlafzimmer, ein gemütlicher Salon und ein großzügiger Poolbereich auf dem Dach. Obwohl der Preis so gewaltig, ist die Vorzeige-Wohnung weit häufiger, als das in anderen Hotels der Fall ist, ausgelastet. Wer hier gastiert, hätte in genau achtzig Tagen einschließlich Verpflegung

HOTEL CALA DI VOLPE

I-07020 Porto Cervo
Costa Smeralda, Sardinien
Tel.: 0039-0789-97 61 11
Fax: 0039-0789-97 66 17
www.luxurycollection.com/caladivolpe
125 Zimmer, 12 Suiten
Zimmer ab 710 Euro

und Service sein Milliönchen aufgebraucht. Doch wie schon gesagt, Geld ist hier nur ein Thema, wenn über Anlagen und Termingeschäfte diskutiert wird.

Preiswert geht es eigentlich nie zu. Da die Saison kurz ist, gibt es zu keiner Zeit Reduktion. Bei 180 gut geschulten Hotel-Mitarbeitern bleiben allerdings auch kaum Wünsche offen. Drei Tennisplätze stehen ebenso zur Verfügung wie die Wassersportbasis und der Shuttle-Dienst zum kleinen privaten Strand. Den Golfplatz erreicht man in wenigen Minuten.

Gourmets finden eine wahre Freude an der natürlichen, leichten italienischen Küche, die im Restaurant gepflegt wird. Die allerhöchste Preiskategorie muss dabei überall akzeptiert werden. Stammgäste denken kaum darüber nach. Es »muss« das *Cala di Volpe* sein. Sehen und gesehen werden das ist die Devise.

HOTEL PITRIZZA

Sardinien

W ürde die Auswahl der Top-Ferienhotels nach der Meinung viel reisender Society-Klatsch-Lieferanten erstellt, wären die Costa-Smeralda-Hotels überproportional vertreten. Das steht fest, obwohl die meisten akzeptieren, dass das eine oder andere durchaus kritisch anzumerken ist. Doch nirgendwo wird im Sommer die tägliche Prominenten-Show ungezwungener und kultivierter initiiert wie hier an Sardiniens »Money Coast«. Dennoch erlaube ich mir,

ein paar der Edel-Resorts ohne Berücksichtigung abzuhaken (Badezimmer veraltet, rutschende schmale Betten auf Steinböden).

Das *Romazzino* beispielsweise, dieses weiße Feriendorf mit fließenden Linien und Bogenfenstern über smaragdgrüner See, hat etliche Vorzüge, aber bietet zum Frühstück Saft aus der Dose und – ich will es mal sehr vorsichtig ausdrücken – eingeschränkten Service. Auch das *Hotel Cervo* mit seiner Marktplatz-Atmosphäre scheidet für mich aus dem Kreis der Allerbesten aus. Unter dem Strich bleibt

Die Villen zwischen Felsen und Blumen versteckt, die Anlage im Einklang mit der Natur errichtet – das *Pitrizza* ist das leiseste Resort der Costa Smeralda und vielleicht ganz Italiens

das hochklassige *Pitrizza* mein Favorit auf der Insel.

Dieses kleine Resort mit insgesamt nur 52 Zimmern und Suiten, jeweils vier bis sechs in einem Gästehaus, stets mit separatem Eingang und achtzig Zentimeter dicken Mauern wurde im völligen Einklang mit der Natur errichtet. Die Villen sind zwischen Felsen und Blumen versteckt, der Blick auf das klare Wasser der Liscia-di-Vacca-Bucht bleibt unverstellt. In der Mitte der Villengruppe liegt unmittelbar am Meer das Clubhaus mit Piano-Bar, einer geräumigen Halle, einem erstklassigen Restaurant und großer Terrasse, von der aus die schönen Sonnenuntergänge der Costa Smeralda bewundert werden können.

Der Pool wurde ohne Mauerbegrenzung so konzipiert, dass er wie eine Lagune wirkt, die direkt ins Meer übergeht. Man ist schnell im Golf- oder Tennisclub in Porto Cervo. Es gibt keinen Freizeitspaß, den man nicht in unmittelbarer Umgebung findet oder betreiben kann. Alles auf dem Mittelmeer-Eiland wurde zwar touristisch erschlossen, die Insel gilt aber bisher noch nicht als überlaufen. Das *Pitrizza* schließt bereits im September und bekommt dann jedes Jahr eine gründliche Frischzellenkur. Leider mehren sich die Baustellen von Apartmenthäusern. Hoffentlich werden die Fehler anderer Mittelmeerländer nicht wiederholt. Wenn man bedenkt, dass 1962 auf dem Grundstück des *Pitrizza*, aber auch im Bereich des *Cala di Volpe* nur Schafe grasten ...

Die Geschichte der Costa Smeralda bis auf die letzten Wohlstandsjahrzehnte zusammengepresst, entpuppt sich als eine Inselstory wie aus dem Märchenbuch: Der Prinz aus dem Morgenland küsste ein schlafendes Eiland mit dem romantischen Namen »Insel der duftenden Steine« aus dem Dornröschenschlaf. Der Zauber brachte Reichtum und Wohlstand.

Durch den mediterranen Superlativ, aber auch durch die höchsten Qualitätsansprüche und den Auftrieb bekannter Persönlichkeiten aus Finanz, Adel und Showgeschäft galt Sardi-

nien schnell als Ferieninsel der Reichen. Und das *Pitrizza* entwickelte sich zur Krönung. Der Unterschied zu den übrigen Hotels auf Sardinien ist augenscheinlich, vor allem aber spürt man ihn. *Pitrizza*, das ist das leiseste Resort Italiens. Intime Candlelight-Dinner statt laute Feiern. Ausgangspunkt für Wanderungen oder Kreuzfahrten mit den Jachten, die in Sichtweite im Wasser schaukeln, stehen auf dem Aktivitätenprogramm und nicht Animation und Gruppenerlebnis.

Dementsprechend vermitteln die Wohnungen den Gästen das Gefühl, in einem abgeschiedenen Ferienhaus zu leben. Weiche Teppiche, freundliche Pastelltöne und überall frische Blumen, auch im Bad, sowie ein erstklassiger diskreter Room-Service untermauern diesen Eindruck. Wohlbefinden ist garantiert. Die Seele räkelt sich.

HOTEL PITRIZZA

I-07020 Porto Cervo
Costa Smeralda/Sardinien
Tel.: 0039-789-93 01 11
Fax: 0039-789-93 06 11
www.starwood.com
52 Zimmer
Zimmer ab 700 Euro

FOUR SEASONS
Prag

In den Hotel-Ranglisten, die zumeist von älteren Weltreisenden erstellt werden, fehlen regelmäßig die Hipp-Hotels, jene frechen Design-Domizile, die vor allem junge Leute mit gutem Einkommen besonders schätzen.

Die Hotels des Amerikaners Ian Schrager sind damit gemeint, auch die »W«-Hotels von Starwood und einige Einzelhäuser, in denen Philippe Starck kreativ war.

Die Design-Hotels haben zumeist den Nachteil, dass Service und Gästepflege augenscheinlich eine völlig untergeordnete Rolle spielen, weil sie vorrangig eine auf den ersten Blick dafür wenig empfängliche Klientel bedienen. Ein verhängnisvoller Fehler.

Nun gibt es ein Hotel, das im klassischen Gemäuer in ästhetischer Harmonie von Neo-Gotik, Barock und Renaissance konsequent modern eingerichtet ist, dabei aber das Wohlfühlaroma und den Service eines klassischen Grandhotels anbietet.

Die Rede ist vom *Four Seasons* in Prag, der romantischen Stadt der tausend Türme, in deren Stadtbild sich die Optik des Hotels der kanadischen Edelgruppe brillant einpasst. Beim Blick aus dem Hotelfenster öffnet sich das Moldau-Panorama, man hat eine herrliche Sicht auf die Karlsbrücke und die Prager Burg. Ein schöner Zimmerschmuck.

Stets war Prag das kulturelle Zentrum, das historische Besuchsziel. Zu einem Zeitpunkt, da die Metropole zusätzlich wirtschaftliche Dynamik und industrielle Energie entwickelte, wurde hier das erste *Four Seasons* im osteuropäischen Raum eröffnet.

Selten habe ich ein Haus mit so viel Charme und fließendem Übergang von Alt und Neu erlebt.

Der Aufwand freilich, um das zu erreichen, war gigantisch. Allein für die Feinarbeiten zur Erhaltung der Fassade und der detailgetreuen Nachbildung der Fenster und Treppen verschlang Unsummen. Darüber hinaus gelang dem Architekten Petr Brzobhaty ein Meisterwerk. 162 Zimmer und Suiten, eine davon mit riesiger Dachterrasse über der Moldau,

Viel Charme beim fließenden Übergang von Alt und Neu, von klassischem Gemäuer mit altem Baustil sowie moderner Einrichtung und freundlichstem Service – eine selten gelungene Kombination

wurden mit einem umfassenden Konferenz-Trakt, einem der besten Restaurants der Stadt und perfekten Wellness-Bereich mit Health Club kombiniert. Im Restaurant *Allegro* serviert uns Küchenchef Vito Mollica tschechische Spezialitäten wie geschmortes Huhn mit herzhafter Pilzsauce und in Scheiben geschnittene, geröstete Knödel. Er kombiniert das Beste der traditionellen lokalen Gerichte mit dem üblichen, internationalen Speiseangebot eines Luxushotels.

Wolf Hengst, gebürtiger Berliner, schon vor zwei Jahrzehnten im Four-Seasons-Management und nach Auszeit und Rückkehr zur kanadischen Gruppe seit drei Jahren Präsident, kam unabhängig von dienstlichen Abläufen und Terminen ganz privat nach Prag: »Die Stadt ist seit der Wiedergeburt, nach dem Fall des eisernen Vorhangs mit die faszinierendste, die ich in Europa kennen gelernt habe«, sagt Hengst.

Eine Besonderheit der Gästepflege gilt speziell den Geschäftsreisenden, die ihren Partner in die Goldene Stadt mitbringen. Während der Besprechungszeiten wird vom Hotel für die Begleitung ein Programm mit etlichen Alternativen zusammengestellt.

Auf der Restaurant-Terrasse unter freiem Himmel erlebt der Gast, dass unaufgesetzte, persönliche Herzlichkeit noch wichtiger ist als die technische Perfektion des Service. Liebenswerte, adrette von *Four Seasons* geschulte junge Frauen (die meisten sprechen deutsch), servieren derart freundlich, dass jeder Tag noch ein bisschen schöner wird.

FOUR SEASONS PRAGUE

Veleslavínova 2a/1098
CZ-11000 Praha
Tel.: 00420-2-2142 7000
Fax: 00420-2-2142 6666
www.fourseasons.com/prague
142 Zimmer, 20 Suiten
Zimmer von 253 bis 435 Euro,
Suiten von 656 bis 3861 Euro

ÇIRAGAN PALACE HOTEL
Istanbul

Müde nach dem Flug? Dennoch unbedingt die etwas längere Anreise vom Airport über die Küstenstraße in die Stadt wählen, weil der herrliche Blick auf das Marmarameer unschlagbar ist. Dafür nach dem Einchecken im *Çiragan Palace* gleich ins Hamam, das traditionelle türkische Bad. Seit dem 16. Jahrhundert wird dieses Entspannungsprogramm gepflegt, kombiniert mit anschließender Massage. Das luxuriöse Ambiente macht mir bei jedem Schritt deutlich, dass ich in einem der spektakulärsten Hotels der Welt bin, neben dem *Adlon* das einzige echte Fünf-Sterne-Plus-Hotel der Kempinski-Gruppe, um die es bis zum Redaktionsschluss dieses Buches heftige Übernahmegerüchte gab.

Ich habe hier in Instanbul das Arrangement »Sultans Traum« gebucht, das mit 280 Euro pro Person für zwei Übernachtungen, Frühstücksbüfett und Fitness-Programm noch als erschwinglich bezeichnet werden kann. Dafür fühle ich mich wie der Hauptdarsteller eines Märchens aus Tausendundeiner Nacht. Orientalische Lebenslust für alle Sinne: Blütenduft, Farbenspiele, leise Musik in der Lobby.

Kaum ein Hotel hat eine derart bewegte Geschichte wie das *Çiragan* (übersetzt bedeutet es »Festbeleuchtung«). Der Palast, Ende des 16. Jahrhunderts in Holz, zwei Jahrhunderte später für den Sultan in Marmor erbaut, wurde 1910 bei einem Feuer nahezu vollständig zerstört. Nur die Grundmauern erinnerten als Ruine an vergangene große Tage. Die Restaurierung

ÇIRAGAN PALACE HOTEL KEMPINSKI

Çiragan Caddesi 32, Besiktas
TR-80700 Istanbul
Tel.: 0090-212-258-3377
Fax: 0090-212-259-6687
www.ciragan-palace.com
284 Zimmer, 31 Suiten
Preise von 292 bis 619 Euro,
Suiten von 844 bis 8443 Euro

Wer abends auf der Restaurant-Terrasse sitzt, kann all die Sultane verstehen, die diesen Ort einst als Residenz gewählt haben

begann 1986, und seit 1991 werden hier zwei Hotels in einem präsentiert: zum einen der alte Sultanspalast *Palace*, Herzstück und Namensgeber des Komplexes mit zwölf orientalisch-luxuriösen Suiten. Daran grenzt der zweite Komplex mit 315 Zimmern und Suiten, ebenfalls reich geschmückt mit osmanischem Dekor in warmen Tönen, mit kostbaren Kronleuchtern, edlen Stoffen und Marmor-Verzierungen. Die zwölf Suiten in der oberen Etage mit der atemberaubenden Aussicht auf den Bosporus und die Europa-Brücke sind bis zu 450 Quadratmeter groß. Diesen enormen Raum hat die *Sultan Suite* mit Salon, zwei Schlafzimmern und Badehäusern (von Bädern kann man da nicht mehr sprechen).

Bei aller Pracht, die auch die Terrasse und den Health Club einschließt, ist das Hotel vor allem ein funktionierendes erfolgreiches Business- und Tagungsdomizil (vier Tagungszimmer mit raumhohen Fenstern). Der Sekretärinnen-Service, in vielen Hotels ein Ärgernis, funktioniert hier mustergültig.

Das Restaurant im Hotel ist das *Laledan* mit seiner »New World Cuisine«, einer frischen amerikanischen Küche mit mediterranen Einflüssen, aber auch orientalischen Aroma-Kombinationen.

Für Dinner im kleinen Kreis bietet sich der exklusive *Iznik Room* an. Zur Auswahl stehen außerdem die *Çiragan Bar* und die *Gazebo Lobby Lounge*. Alle gastronomischen Einrichtungen haben eigene Terrassen. Sitzt man hier abends an der lichterglitzernden Küste, den aufgehenden Mond am samtblauen Himmel über und einen Drink vor sich, kann man all die Großadmirale, Großwesire und Sultane verstehen, die einst diesen Platz gewählt haben. Zur Bewertung muss man sich dann ganz langsam auf die Erde zurückhangeln: Die Küche ist in Ordnung, aber nicht umwerfend. Der Service oft liebenswert, aber manchmal etwas holprig.

WEITERE EMPFEHLUNGEN MIT KLEINEN SCHWÄCHEN

ÖSTERREICH

HOTEL SACHER WIEN
Philharmonikerstraße 4, A-1010 Wien
Tel.: 0043-1-51456, Fax: 0043-1-5145 6810
www.lhw.com/sacher
96 Zimmer, 6 Suiten
Zimmer von 239 bis 872 Euro,
Suiten von 1162 bis 3270 Euro
Engagierte Besitzerin; mehrheitlich Stamm-
gäste; Einrichtung wirkt angestaubt

HOTEL SCHLOSS FUSCHL
A-5322 Hof bei Salzburg
Tel.: 0043-6229-22530,
Fax: 0043-6229-225 35 31
www.lhw.com/schlossfus
61 Zimmer, 23 Suiten
Zimmer von 159 bis 297 Euro,
Suiten von 399 bis 908 Euro
Nach Übernahme durch Schörghuber soll
der gewaltige Renovierungsstau abgebaut
werden; unübertrefflich romantische Lage

SCHWEIZ

DOLDER GRAND HOTEL, ZÜRICH
Kurhausstraße 65, CH-8032 Zürich
Tel.: 0041-1-269 30 00,
Fax: 0041-1-269 30 01
www.doldergrand.ch
131 Zimmer, 11 Suiten, 24 Junior-Suiten
Zimmer von 286 bis 409 Euro,
Suiten von 443 bis 2232 Euro
Schön gelegen, aber stets schwankend in der
Qualität; Schwächen beim Housekeeping

DREI KÖNIGE AM RHEIN, BASEL
Blumenrain 8, CH-4001 Basel
Tel.: 0041-61-260 50 50,
Fax: 0041-61-260 50 60
www.lhw.com/dreikonige
80 Zimmer, 7 Suiten
Zimmer von 191 bis 471 Euro,
Suiten von 655 bis 1092 Euro
Eingefahrene Schweizer Tradition, eines der
besten Hotels im deutschsprachigen Raum

LE RICHEMOND, GENF
8-10, rue Adhémar-Fabri,
Jardin Brunswick, CH-1201 Genf
Tel.: 0041-22-715 70 00, Fax: 0041-22-715 70 01
www.richemond.ch
67 Zimmer, 31 Suiten
Single von 307 bis 334 Euro,
Double von 437 bis 505 Euro,
Suiten von 675 bis 4711 Euro
Traditionshotel, bescheidene Restaurant-
Qualität

PALACE HOTEL, LUZERN
Haldenstraße 10, CH-6002 Luzern
Tel.: 0041-41-416 16 16, Fax: 0041-41-416 10 00
www.palace-luzern.ch
163 Zimmer, 5 Suiten
Single von 167 bis 307 Euro,
Double von 235 bis 389 Euro,
Suiten auf Anfrage
Inbegriff von Luxus, unterschiedliche
Service-Qualität

BRITISCHE INSELN

THE DORCHESTER, LONDON
Park Lane, London W1A 2HJ, England
Tel.: 0044-20-7629 8888,
Fax: 0044-20-74 09 0114
www.dorchesterhotel.com
195 Zimmer, 53 Suiten
Single von 440 bis 488 Euro,
Double von 488 bis 536 Euro,
Suiten von 721 bis 3125 Euro
Flaggschiff des Sultans von Brunei, indis-
kutabler Service, British Tea im Beutel

SAVOY, LONDON
Strand, London WC2R OEU, England
Tel.: 0044-20-7836 4343,
Fax: 0044-20-7240 6040
www.savoy-group.co.uk
155 Zimmer, 52 Suiten
Zimmer von 456 bis 584 Euro,
Suiten von bis 2403 Euro
Ehrfurchtsvolles, königliches Hotel, aber
dunkle, muffige Gänge, antiquiert

CONNAUGHT, LONDON
Mayfair, London W1K 2AL, England
Tel.: 0044-20-7499 7070,
Fax: 0044-20-7495 3262
www.savoy-group.co.uk
49 Zimmer, 46 Suiten
Single von 376 bis 440 Euro,
Double von 380 bis 657 Euro,
Suiten von 753 bis 5608 Euro
Kann nicht an seine große Zeit anschlie-
ßen, fällt gegenüber den neuen Hotels
deutlich ab

BERKELEY, LONDON
Wilton Place, Knightsbridge,
London SW1X 7RL, England
Tel.: 0044-20-7235 6000,
Fax: 0044-20-7235 4330
www.savoy-group.co.uk
160 Zimmer, 54 Suiten
Single von 456 bis 556 Euro,
Double von 568 bis 592 Euro,
Suiten von 777 bis 4326 Euro
Private Herrenhaus-Atmosphäre, aber
kaum Gästeansprache

FOUR SEASONS LONDON
Hamilton Place, Park Lane,
London W1A 1AZ, England
Tel.: 0044-20-7499 0888,
Fax: 0044-20-7493 1895
www.fourseasons.com/london
194 Zimmer, 26 Suiten
Zimmer von 448 bis 568 Euro,
Suiten von 801 bis 4006 Euro
Jüngstes Hotel der Spitzengarde. Sehr an-
genehm ohne Abstriche. Fitness-Club aus-
schließlich für Hotelgäste. Entwicklung im
Blickfeld

MANDARIN ORIENTAL HYDE PARK, LONDON
66 Knightsbridge, London SW1X 7LA,
England
Tel.: 0044-20-7235 2000,
Fax: 0044-20-7235 4552
www.lhw.com/molondon
177 Zimmer, 23 Suiten
Zimmer von 472 bis 761 Euro,
Suiten von 793 bis 4807 Euro
Großartig, was aus dem alten Hotel am
Hyde Park geworden ist. Gute Führung.
Die Bar ist Favorit in der Stadt, das
Restaurant o.k.

THE LANESBOROUGH LONDON
Hyde Park Corner, London, SW1X 7TA,
England
Tel.: 0044-20-7259 5599,
Fax: 0044-20-7259 5606
www.lanesborough.com
49 Zimmer, 46 Suiten
Zimmer von 416 bis 737 Euro,
Suiten von 913 bis 7211 Euro
Top-Hotel, aber Abschwung durch die
Rosewood-Wirren und Wechsel. Beliebter
Club in der Bibliothek. Zukunft ungewiss

THE BALMORAL, EDINBURGH
1 Princes Street, Edinburgh EH2 2EQ,
Schottland
Tel.: 0044-131-556 24 14,
Fax: 0044-131-557 37 47
www.lhw.com/balmoral
168 Zimmer, 19 Suiten
Zimmer von 280 bis 480 Euro,
Suiten von 705 bis 1762 Euro
Schottlands Nr. 1, ein echtes Leading Hotel,
aber Speisen am besten selber mitbringen

BELGIEN/NIEDERLANDE/ LUXEMBURG

SCHOLTESHOF, HASSELT
130, Kermtstraat, B-3512 Hasselt, Belgien
Tel.: 0032-11-25 02 02,
Fax: 0032-11-25 43 28
www.relaischateaux.com/scholteshof
7 Zimmer, 10 Appartements,
2 Gartenwohnungen
Preise ab 125 Euro
Küche deutlich besser als die Hotel-Qualität

HOTEL DE L'EUROPE, AMSTERDAM
Nieuwe Doelenstraat 2-8,
NL-1012 CP Amsterdam
Tel.: 0031-20-531 17 77,
Fax: 0031-20-531 17 78
www.lhw.com/deleurope
80 Zimmer, 20 Suiten
Zimmer ab 300 Euro, Suiten bis 2000 Euro
Business-Hotel ohne den Charme der
aufregenden Stadt

HOTEL LE ROYAL
12 Boulevard Royal, L-2449 Luxemburg
Tel.: 00352-241 61 61,
Fax: 00352-225 948
www.lhw.com/royalluxem
190 Zimmer, 20 Suiten
Zimmer ab 252 Euro,
Suiten ab 1611 Euro
Paradehotel für Anleger und Geschäfts-
leute, begrenzter Luxus

FRANKREICH

HOTEL RITZ, PARIS
15, Place Vendôme, F-75041 Paris Cedex 01
Tel.: 0033-1-4316 3030,
Fax: 0033-1-4316 3668
www.ritzparis.com
135 Zimmer, 40 Suiten
Single 457 bis 564 Euro,
Double 548 bis 670 Euro,
Suiten 747 bis 7470 Euro
Stilvolles, elegantes Ambiente, dennoch
keine Empfehlung: für die Preisklasse
grottenschlechter Service, arrogantes Ser-
vice-Team unter indiskutabel schlechter
Führung

BRISTOL, PARIS
112, Rue Fbg St. Honore, F-75008 Paris
Tel.: 0033-1-5343 4300,
Fax: 0033-1-5343 4301
www.hotel-bristol.com
134 Zimmer und 46 Suiten
Zimmer von 426 bis 670 Euro,
Suiten ab 762 Euro
Die Nummer 2 in der Institutional-Inves-
tor-Rangliste, sehr gute Küche, aber dem
Hotel fehlt es an Frische und Vitalität

HOTEL MEURICE, PARIS
228, Rue de Rivoli, F-75001 Paris
Tel.: 0033-1-4458 1000,
Fax: 0033-1-4458 1015
www.meuricehotel.com
124 Zimmer, 36 Suiten
Zimmer von 472 bis 716 Euro,
Suiten ab 1219 Euro
Traditionshaus mit wertvoller Ausstattung, freundlicher Service, Zimmer entsprechen oft nicht dem Preisniveau

CHÂTEAU DE BAGNOLS, LYON
F-69620 Bagnols-en-Beaujolais
Tel.: 0033-474-71 40 00,
Fax: 0033-474-71 40 49
www.bagnols.com
17 Zimmer und 3 Appartements
Zimmer von 300 bis 1500 Euro
Wie eine private Herberge mit allerfeins-
tem Ambiente. Begrenzte Zimmerzahl

HOTEL DU CAP-EDEN-ROC, ANTIBES
Boulevard Kennedy, B P. no 29,
F-06601 Antibes Cedex
Tel.: 0033-493-61 39 01
Fax: 0033-493-67 13 83
www.edenroc-hotel.fr
123 Zimmer und Suiten
Zimmer von 220 bis 3300 Euro
Das Oetker-Hotel ist nur wegen der
außergewöhnlichen Lage und der besonderen Ausstattung erwähnt. Nicht empfehlenswert, weil der Service arroganter
kaum sein könnte; bei schlechtem Produkt
ist Ärger programmiert

HOTEL VILLA BELROSE, GASSIN
Boulevard des Crêtes, La Grande Bastide,
F-83580 Gassin
Tel.: 0033-4-3455 9797,
Fax: 0033-4-3455 9798
www.villabelrose.com
36 Zimmer, 2 Suiten
Zimmer von 140 bis 550 Euro,
Suiten von 600 bis 2290 Euro
Ein Herrenhaus, gut gemanagt, Sterne-
Küche. Empfehlenswert sind die oben
liegenden Suiten mit dem perfekten Blick
über die Bucht; nach Fehlgriffen endlich
gutes Management

VISTA PALACE HOTEL, CAP MARTIN
Grande Corniche,
F-01690 Roquebrune/Cap Martin
Tel.: 0033-4-9210 4000,
Fax: 0033-4-9335 1894
www.vistapalace.com
50 Zimmer, 14 Junior-Suiten,
4 Appartements
Zimmer von 150 bis 377 Euro,
Suiten von 377 bis 660 Euro,
Appartements 503 bis 1131 Euro
Bester Blick auf die Küste, aber einige
Kilometer außerhalb Monte Carlos gelegen,
nicht unkomplizierte Anfahrt, sonst Spitze

HOTEL BYBLOS, ST.-TROPEZ
Avenue Paul Signac, F-83990 St.-Tropez
Tel.: 0033-4-9456 6800,
Fax: 0033-4-9456 6801
www.lhw.com/byblostrop
52 Zimmer, 43 Suiten
Zimmer von 198 bis 602 Euro,
Suiten von 548 bis 2362 Euro
Romantisch verschachtelte Anlage,
sehr laut durch Steinböden; überholtes
Ambiente; Service-Probleme

LES PRÉS D'EUGÉNIE
F-40320 Eugénie-les-Bains, (Landes)
Tel.: 0033-5-5805 0607,
Fax: 0033-5-5851 1010
www.michelguerard.com
28 Zimmer und 7 Appartements
(unbedingt im Couvent buchen)
Zimmer ab 300 Euro
Lustgewinn mit der Küche von Michel
Guérard, köstliche Diät-Gerichte; aber
Kur-Atmosphäre; nicht hochklassig

HOTEL DU PALAIS, BIARRITZ
1, Avenue de l'Impératrice,
F-64200 Biarritz
Tel.: 0033-5-5941 6400,
Fax: 0033-5-5941 6799
www.hotel-du-palais.com
134 Zimmer, 22 Suiten
Single von 191 bis 328 Euro,
Double von 246 bis 452 Euro,
Suiten von 421 bis 970 Euro
Alte Pracht, leicht angestaubt.
Arrogantes Bedienungspersonal; sehr
unterschiedliche Zimmer-Qualität

SPANIEN

KEMPINSKI RESORT HOTEL ESTEPONA
Ctra. de Cádiz, Playa El Padrón,
E-29680 Estepona, Málaga
Tel.: 0034-95-280 95 00,
Fax: 0034-95-280 95 50
www.kempinski-spain.com
131 Zimmer, 17 Suiten
Zimmer von 150 bis 330 Euro,
Suiten von 300 bis 1803 Euro
Großzügiges Ferienhotel, schöne Ausstat-
tung, schwacher F&B-Bereich, gute Führung

LAS DUNAS BEACH HOTEL & SPA, ESTEPONA-MARBELLA
La Boladilla Baja, Ctra. Cádiz, km. 163,5
E-29689 Estepona, Málaga
Tel.: 0034-95-279 43 45,
Fax: 0034-95-279 48 25
www.lhw.com/lasdunas
36 Zimmer, 39 Suiten
Zimmer von 216 bis 330 Euro,
Suiten von 300 bis 1622 Euro
Hervorragende Küche, aber gedrängte
Enge der Anlage

RITZ, MADRID
Plaza de la Lealtad, 5, E-28014 Madrid
Tel.: 0034-91-701 67 67,
Fax: 0034-91-701 67 76
www.lhw.com/ritzmadrid
136 Zimmer, 29 Suiten
Zimmer von 360 bis 510 Euro,
Suiten von 901 bis 3606 Euro
Einst ein Prachthotel, heute nicht mehr
zeitgemäß

MARBELLA CLUB HOTEL, GOLF RESORT & SPA
Bulevar Principe Alfonso von Hohenlohe,
s/n, E-29600 Marbella, Málaga
Tel.: 0034-95-282 22 11,
Fax: 0034-95-282 98 84
www.lhw.com/marbellach
84 Zimmer, 37 Suiten, 11 Villen
Zimmer vone 168 bis 474 Euro,
Suiten von 258 bis 2103 Euro
Anlage total renoviert, schöne Suiten,
bescheidener Strand; Preis-Leistungs-
Relation stimmt nicht

HOTEL LA BOBADILLA, LOJA
Finca La Bobadilla, P.O. Box 144,
E-18300 Loja, Granada
Tel.: 0034-95-832 18 61,
Fax: 0034-95-832 18 10
www.lhw.com/bobadilla
52 Zimmer, 10 Suiten
Zimmer von 206 bis 326 Euro,
Suiten von 376 bis 733 Euro
Bestes Hotel für Jäger, riesengroßes
Schwimmbad. Ein Hotel wie eine Fata
Morgana

HOTEL BYBLOS ANDALUZ
Mijas Golf – Mijas Costa, P.O. Box 138,
Fuengirola, Malaga
Tel.: 0034-95-247 30 50,
Fax: 0034-95-247 67 83
www.lhw.com/bybandaluz
117 Zimmer, 27 Suiten
Zimmer von 194 bis 336 Euro,
Suiten von 390 bis 1262 Euro
Pompöses Ambiente, herrliche Lage,
mittelmäßige Küche

ARABELLASHERATON HOTEL SON VIDA
Carrer de la Vinagrella s/n,
E-07013 Palma de Mallorca
Tel.: 0034-971-78 71 00,
Fax: 0034-971-78 72 00
www.arabellasheraton.com/sonvida
93 Zimmer und Suiten
Zimmer ab 400 Euro
Domizil für Golfer, gutes Winterpro-
gramm, teilweise kleine Zimmer

PORTUGAL

LAPA PALACE, LISSABON
Rua do Pau de Bandeira, No. 4,
P-1249-021 Lissabon
Tel.: 00351-21-394 94 94,
Fax: 00351-21-395 06 65
www.lhw.com/lapapalace
97 Zimmer, 3 Junior-Suiten, 9 Suiten
Zimmer von 249 bis 438 Euro,
Suiten von 364 bis 997 Euro
Fado-Stimmung, wechselhafter Service

HOTEL QUINTA DO LAGO, ALMANCIL

P-8135 Almancil, Algarve
Tel.: 00351-289-396 666,
Fax: 00351-289-396 393
www.lhw.com/quintalago
121 Zimmer, 20 Suiten
Single von 144 bis 344 Euro,
Double von 179 bis 379 Euro,
Suiten von 498 bis 798 Euro
Elegantes Hotel, leider in der Bau-Sünden-
Ecke der Algarve

HOTEL THE RITZ, FOUR SEASONS, LISSABON

Rua Rodrigo da Fonseca, 88,
P-1099-039 Lissabon
Tel.: 00351-21-381 14 00,
Fax: 00351-21-383 17 83
www.fourseasons.com/lisbon
264 Zimmer und 19 Suiten
Zimmer von 284 bis 423 Euro,
Suiten von 623 bis 2743 Euro
Herrschaftliches Ambiente, aber abgele-
gen, wirkt zeitweise deprimierend leer;
keine Atmosphäre

ITALIEN

HOTEL VILLA SAN MICHELE, FLORENZ

Via Doccia, I-50014 Fiesole
Tel.: 0039-055-567 82 00,
Fax: 0039-055-567 82 50
www.orient-expresshotels.com
21 Zimmer, 20 Suiten
Preise auf Anfrage
Wie eine Privatpension geführt mit allen
Vor- und Nachteilen

VILLA D'ESTE, CERNOBBIO

Via Regina 40, I-22012 Cernobbio,
Comer See
Tel.: 0039-031-3481,
Fax: 0039-031-34 88 44
www.villadeste.it
104 Zimmer, 46 Junior-Suiten, 12 Suiten
Single von 224 bis 359 Euro,
Double von 374 bis 539 Euro
Suiten von 600 bis 1290 Euro
Grandhotel mit besten Trüffel-Gerichten
in der Saison; einige weniger schöne Zim-
mer. Arroganter Service

PALAZZO SASSO, SALERNO

Via San Giovanni Del Toro 28,
I-84010 Ravello (Salerno)
Tel.: 0039-089-81 81 81,
Fax: 0039-089-85 89 00
www.palazzosasso.com
38 Zimmer, 5 luxuriöse Suiten
Zimmer von 232 bis 490 Euro,
Suiten von 464 bis 774 Euro
Preferred Hotel, nicht alle Zimmer mit
Meerblick, beim Buchen beachten

HOTEL SAVOY, FLORENZ

Piazza della Repubblica 7, I-50123 Florenz
Tel.: 0039-055-27351,
Fax: 0039-055-273 58 88
www.lhw.com/savoyflor
98 Zimmer, 9 Suiten
Zimmer von 289 bis 646 Euro,
Suiten von 904 bis 1549 Euro
Die ideale Shopping-Hochburg, Abstriche
bei der persönlichen Gästepflege

CAVALIERI HILTON, ROM

Via Alberto Cadlolo 101, I-00136 Rome
Tel.: 0039-06-35091,
Fax: 0039-06-3509 2241
www.hilton.com
112 luxuriöse Zimmer und Suiten
Zimmer ab 350 Euro
Beste Küche im Lande (Heinz Beck),
überdurchschnittlicher Hilton-Service;
charmanter Hotelchef

GRIECHENLAND

ELOUNDA BEACH HOTEL, KRETA

GR-72053 Elounda, Kreta
Tel.: 0030-8410-41412,
Fax: 0030-8410-41373
www.lhw.com/elounda
206 Deluxe-Suiten und Villen, 34 Suiten
mit beheiztem Pool, 2 Royal-Suiten,
eine Imperial-Suite
Deluxe von 485 bis 1300 Euro,
Suiten 1600 bis 17 000 Euro
Sonderlob vom Präsidenten der Academy
of Hospitality Sciences, eines der komfor-
tabelsten Strandhotels (2 private Strände)

ZYPERN

THANOS HOTEL THE ANASSA, POLIS

P.O. Box 66006, CY-8830 Polis
Tel.: 00357-6-88 80 00,
Fax: 00357-6-32 29 00
www.thanos-hotels.com
184 Zimmer, davon 61 Carter-Studio-Suiten,
13 Junior-Suiten, 4 Junior-Suiten mit
eigenem Pool, 5 Suiten mit
eigenem Pool, 3 Präsidenten-Suiten
Studio-Suite ab 165 Euro, Junior-Suite ab
522 Euro, Suite mit privatem Pool ab 957
Euro, Anax-Suite ab 2192 Euro
Herrliche Terrasse, zu kleine Balkone, kein
Platz für Sonnenliegen

OSTEUROPA

LE ROYAL MÉRIDIEN BRISTOL, WARSCHAU

42/44 Krakowskie Przedmiescie,
PL-00325 Warschau
Tel.: 0048-22-551 10 00,
Fax: 0048-22-625 25 77
www.bristol-pdhotels.com
174 Zimmer, 32 Suiten
Zimmer von 409 bis 545 Euro,
Suiten von 545 bis 2159 Euro
Bestes Hotel am Platz, Service-Schulung
müsste intensiviert werden

HOTEL BALTSCHUG KEMPINSKI MOSKAU

Ulitsa Balchug 1, R-113035 Moskau,
Tel.: 007-501-230 65 00,
Fax: 007-501-230 65 02
www.lhw.com/kempmoscow
202 Zimmer, 30 Suiten
Zimmer von 454 bis 568 Euro,
Suiten von 795 bis 2159 Euro
Engagierte Bemühungen des Manage-
ments, aber noch kein Top-Standard

Die ultimativ besten Hotels auf dem amerikanischen Kontinent und in der Karibik

Marmortreppen
und wertvolle Teppiche,
Kristalllüster und
Stuckornamente
bestimmen das
Ambiente der
Empfangshalle

THE PENINSULA
New York

Kraftvoll pumpt das Herz des Big Apple. Dynamik pur. Hektik selbst bei Taxifahrten. »Pen, what?« fragte der schnauzbärtige Rico im uralten scheppernden Taxi, 2074. »Peninsula, where is that?« Viel mehr englisch spricht der vor wenigen Monaten aus Puerto Rico übersiedelte Cabby nicht. Cabbies, die Taxifahrer, sind die klassischen neuen Einwanderer in New York. Sie kommen aus 82 Ländern und steuern die 11 700 Yellow Cabs in der brodelnden Metropole. In diesem Fall gibt es weder Sprach- noch Navigationsprobleme. *The Peninsula* liegt exakt im Zentrum Manhattans. Das Haus an der Fifth Avenue, Ecke 55th Street wurde 1905 erbaut und hieß lange Zeit *Gotham Hotel*. 1988 übernahm die Peninsula-Gruppe das edle Domizil und baute es zu ihrem ersten Hotel auf amerikanischem Boden um. Westliche Lebensart wurde mit asiatischem Service-Standard kombiniert.

Weil der Gast im Mittelpunkt aller Überlegungen steht (tatsächlich und nicht wie so oft im Weg), wurde die Komplett-Renovierung nicht peu à peu durchgeführt, weil dabei Lärmbelästigung nie auszuschließen ist, sondern an einem Stück. Das Hotel blieb ein Jahr lang geschlossen. Nach der Wiedereröffnung an der schönsten Ecke von Manhattans Fifth Avenue war ein neues, modernes Hotel entstanden. Der Preis des ungewöhnlichen Engagements: umgerechnet vierzig Millionen Euro.

Die 239 Wohneinheiten – Zimmer, Studios, Suiten – in 23 Stockwerken wurden teilweise vergrößert, die Marmorbäder, für 94 Prozent der Hotelgäste entscheidend für die Wohnqualität, bekamen eine neue Aufteilung mit Peninsula-Design. Wohnkomfort auf höchstem Niveau mit ultra-moderner Technologie. Vom Touch-Screen-Panel, der Schaltzentrale am Nachttisch, lässt sich Zimmertemperatur, Licht, Telefon, Video, TV und der Roomservice dirigieren.

Der Blick aus den meisten Fenstern bietet die Manhattan-Postkarten-Perspektive auf Tiffany's, Trump Tower, Central Park, die bekann-

ten und neuen Wolkenkratzer. Das optische Er-
folgsrezept New Yorks hat der Star-Architekt
Helmut Jahn in einen Satz gepackt: »Die meisten Metropolen bleiben sich gleich, New York er-
findet sich ständig neu.« Für den Gast wird dieser Vorzug in das Wohnerlebnis einbezogen.

Was das *Peninsula* im Konzert der vielen
klangvollen Namen der New Yorker Hotellerie
einmalig macht, ist der moderne Fitness- und
Gesundheitsclub in der 21. und 22. Etage. Spaß
und Bewegung hoch über den Dächern von
Manhattan, eine tolle Attraktion im vollständig
verglasten 3000 Quadratmeter großen *Peninsula Spa* mit Pool, Jacuzzi, Aerobicstudio, Sauna,
Massageräumen und Beautyfarm.

Nach der Tagesanstrengung bietet die
Sonnenterrasse auf dem Dach totales Relaxen.
Beliebt ist zur Zeit Akupressur, die Körper,
Geist und Gemüt in Harmonie versetzen soll.
Viele Geschäftsleute schwören darauf.

Wer die Empfangshalle des Leading Hotels of the World betritt, wird in eine Wunder-
welt aus westlicher Lebensart, minimalistisch
edel, mit asiatischem Charme kombiniert, versetzt. Die hier platzierten Restaurants *Adrienne*
und *Bistro* sind teuer, aber gut. Wichtiger als die
tadellose Hardware ist allerdings der Service,
den der Schweizer General Manager Nick Leu-

enberger mit 260 Angestellten (mehr als das Hotel Zimmer hat) aus 43 Nationen garantiert. Schulung ist für Leuenberger der Schlüssel zum Erfolg. Neue Mitarbeiter werden von Trainingsmanagern drei Tage lang gedrillt und dann in die Obhut eines erfahrenen »Paten« im Team gegeben. Bei Fehlern folgen persönliche Gespräche und eine neue Chance. Selbst dem Tischputzer gibt Leuenberger das Gefühl: »Du bist wichtig, ohne dich funktioniert das Hotel nicht.«

THE PENINSULA NEW YORK

700 Fifth Avenue at 55th Street
New York City, NY 10019
Tel.: 001-212-956 28 88
Fax: 001-212-903 39 49
www.peninsula.com
183 Zimmer und 56 Suiten
Zimmer von 583 bis 729 Euro,
Suiten von 872 bis 7636 Euro

Jedes der luxuriösen Gästezimmer wurde im eleganten Jugendstil ausgestattet; linke Seite oben: ein *Grand Deluxe* Badezimmer; rechte Seite: *Gothan Lounge* und Fitness »on top«

THE RITZ-CARLTON
CENTRAL PARK SOUTH
New York

Die Rückkehr von Ritz-Carlton in das wilde Herz Manhattans, direkt am Central Park, ist ein glücklicher Start in einer Zeit, da die New Yorker Top-Hotellerie insgesamt schwächelt. Nehmen Sie das *Carlyle*: Man wartet förmlich auf getragene Orgelklänge, passend zur Requiem-Stimmung im Dämmerlicht. Begraben wird in der Lobby des einst so hoch bewerteten *Carlyle* die Lebensfreude. Das Hotel mit der brillanten Lage am Central Park, das den prächtigen Blick aus dem Hotelfenster für die Werbung nutzt,

wirkt auch unter der neuen Rosewood-Leitung müde und alt.

Im *Mark*, ebenfalls an der Madison Avenue im Herzen des Upper East Side Historic District, wird nicht nur für Experten der Renovierungsstau deutlich. Diese Entwicklung gilt auch für das *Stanhope*, das 17 Stockwerke hohe Hotel, das heute als *Park Hyatt* zur nationalen Gruppe des gleichnamigen Konzerns gehört. Auch hier zeigt der Pfeil nach unten.

Wohin also in der dynamischen Metropole, wenn es nicht die drei Spitzenreiter in der Preisrangliste sein sollen? *Four Seasons, Peninsula* und *St. Regis*?

Ritz-Carlton
ist ins wilde Herz
Manhattans
zurückgekehrt,
zum Vorteil der
New Yorker Top-
Hotellerie. Eines
der besten Hotels
in den USA

Die neue Super-Adresse ist jetzt das *Ritz-Carlton Central Park South*.

Victor Clavell erfüllt das von der finanzstarken Millennium Group erbaute, vielleicht schönste Hotel der Weltstadt mit elegantem Leben auf höchstem Niveau. In dem völlig restaurierten Bau aus dem Jahre 1930 entstanden 277 Zimmer, davon 40 Suiten und elf luxuriöse Residenzen.

Am Fenster meiner Suite, die in freundlichen Pastellfarben und mit exzellenten Materialien ausgestattet ist, steht ein teures Teleskop. In Hotels mit schöner Aussicht ist das zur festen Einrichtung geworden. Sinnlichkeit und Genuss wird überall im Hotel betont, doch ebenso gelungen ist die komplette Ausstattung für Geschäftsreisende: High-Speed-Internet-Anschlüsse, DVD-Komplettausstattung, Bang-&Olufsen-Systeme und 24 Technologie-Butler, die bei Computerproblemen helfen.

Der Ritz-Carlton Club, hier im zweiten Stock neben dem Spa, ist einer der bestgeführten überhaupt, und im Restaurant *Atelier* kocht der Elsässer Gabriel Kreuther, viel gelobter Küchenchef, vorher war es Jean-George Vongerichtens (mit weltweiter Restaurantgruppe). In kurzer Zeit wurde das Restaurant der Renner in Manhattan. Bei meinem Dinner war alles vorzüglich und sämtliche Gerichte im Sternebe-

reich. Nur der Sommelier passte nicht, aber »Master of Wine« darf sich in den USA offenbar jeder nennen, der eine Flasche öffnen kann, ohne den Korken zu zerbröseln.

Nach zu vielen Gaumenfreuden der Extraklasse ist ein Besuch im *La Prairie Spa* mit angegliedertem komplettem Fitness Center angebracht. Standesgemäß endet der Aufenthalt auf Wunsch im Bentley, dem »Hotel-Transporter« der feinen Art. Es wird übrigens deutsch gesprochen in diesem Hotel. Sowohl an der Rezeption als auch am Concierge Desk, und im Restaurant arbeiten junge Hotelfachleute aus Deutschland und Österreich.

Ein weiterer Vorteil des Hotels ist die perfekte Shopping-Lage, wenige Schritte von der Fifth Avenue Lincoln Center und der Madison mit den Edel-Boutiquen.

FOUR SEASONS
New York

Im höchsten Hotel der Wolkenkratzer-Metropole wird auch den Gästen ohne VIP-Status eine ganz besondere Aufmerksamkeit zuteil

Dem Feuerwerk der Rekordzahlen in der New Yorker Spitzen-Hotellerie folgte das tiefe Tal der Tränen nach dem entsetzlichen Terroranschlag auf das World Trade Center. Nur langsam erholten sich die Edel-Domizile, stiegen in der Belegung dank größter Gästezufriedenheit, alle Mitarbeiter bemühten sich wieder mehr um den Kunden.

Ob angenehme Traditionspflege, cooles Avantgarde-Design oder Art déco: New Yorker Hotels fangen die letztlich doch unerschütterliche Dynamik der Metropole ein, erfüllen dem den Traum, der ihn bezahlen kann. Allen voran der Designpalast *Four Seasons Hotel* mit Panoramafenstern von der Decke bis zum Boden, inoffiziell das Flaggschiff der feinen kanadischen Gruppe.

Die Gäste kommen wegen der besonderen Aufmerksamkeit, die ihnen zuteil wird. Die Mitarbeiter begrüßen nahe dem Front-Desk alle Ankommenden derart freundlich, dass sich vermutlich selbst Bettelmönche – völlig über ihre Verhältnisse lebend – hier einquartieren würden: »Ich unterbreche jede Sitzung, wenn ein Gast oder ein Mitarbeiter um ein Gespräch bittet«, sagte einmal der Hoteldirektor. Das sei ihm das Wichtigste an seiner Arbeit. Eine klassische Four-Seasons-Vorgabe.

Sehr modern ist das höchste Hotel New Yorks, exakt das Gegenteil zum traditionellen *Pierre*, das zur selben Gruppe gehört. In dem vom Stararchitekten I. M. Pei entworfenen neoklassizistischen Domizil haben die Badezimmer natürlich Fernseher. Die florentinischen Marmorwannen, als Whirlpools eingerichtet, füllen sich in ganzen sechzig Sekunden. Badespaß für Eilige.

Das Haus im Herzen Manhattans hat eine weite Marmortreppe hinauf zu den Tischen der Rezeption und des Concierge, breite Flure zu den Fahrstühlen.

Die Wände sind mit demselben honigfarbenen französischen Kalkstein ausgekleidet wie das innere des Louvre-Anbaus in Paris. Kunstwerke von Le Corbusier und Magritte sind die Zierde, vom Blick aus dem Fenster ein-

mal abgesehen. Gemessen an den gepfefferten Zimmerpreisen scheinen der Essensgenuss und die Drinks im Restaurant *Fifty Seven Fifty Seven* mit sozialer Behutsamkeit kalkuliert.

Wer gut speist, sollte sich zum Ausgleich bewegen. Im großzügigen Fitness-Center blinken die modernen Kraft- und Ausdauer-Maschinen, und die Fruchtsäfte, alle frisch gepresst, werden eiskalt serviert und nicht berechnet.

Die schönsten der 63 Suiten sind für mich die Terrassen-Domizile auf den oberen Etagen, hochwertig, aber nicht protzig eingerichtet und mit einem phantastischen Rundlauf hoch über den Dächern New Yorks. The Grand Suites im 51. Stock bieten von 145 bis zu 280 Quadratmeter: *Governor Suite* mit totalem Blick über den Central Park, *Ambassador Suite* über die Skyline der Hauptstadt der Welt.

Die *Presidential Suite* im 51. Stock, mit Schlafzimmer (links) und Esszimmer, bietet einen Blick über Central Park und Skyline

Four Seasons Hotel New York

57 East 57th Street
New York, N.Y. 10022
Tel.: 001-212-758 57 00
Fax: 001-212-758 57 11
www.fourseasons.com/newyork
305 Zimmer, davon 63 Suiten
Zimmer von 585 bis 695 Euro,
Suiten ab 1313 Euro

Eine besonders aufwändige Glasinstallation des Künstlers Paul Housberg charakterisiert in der Lobby den luxuriösen Stil des Hauses

THE PENINSULA
Chicago

Chicago, drittgrößte Stadt der USA und pulsierende Wirtschaftsmetropole im US-Bundesstaat Illinois, die Stadt der Architektur, der Universitäten, Museen und Theater, hat ein ganz besonderes Hotel in der Palette. In exklusiver Lage an der »Magnificent Mile« der Michigan Avenue, mit Blick auf den Michigan-See und die markantesten Wolkenkratzer der Stadt, wurde im Juni 2001 das *Peninsula Chicago* eröffnet. Das zwanzig Stockwerke hohe Grandhotel mit seinen 339 Zimmern und Suiten wurde über dem bereits bestehenden North Michigan Avenue Komplex, einem exklusiven Einkaufscenter mit Nobel-Boutiquen wie Ralph Lauren und Tiffany, errichtet. Das Architektenteam Elkus/Manfredi aus Boston hat sich bei der Gestaltung des Gebäudes am Art-déco-Stil orientiert, der das Stadtbild Chicagos in den zwanziger und dreißiger Jahren prägte. Dem Design-Konzept lag die Idee zugrunde, die Eleganz des Art déco mit eklektischen Akzenten, ungewöhnlichen Kunstobjekten und einem ausgeklügelten Beleuchtungssystem harmonisch zu verbinden.

Schon bei der Anreise wird dem Gast die Ästhetik der Architektur und des Interieurs, die kultivierte »Less is more«-Design-Philosophie des Hauses bewusst. Das stilvolle Entrée des *Peninsula Chicago* an der Superior Street empfängt den Reisenden mit einer aufwändigen Glasinstallation des Künstlers Paul Housberg.

Großzügige, elegante Aufzüge fahren in die fünfte Etage zum Empfang und zur angrenzenden Hotel-Lobby – gewissermaßen Herzstück des *Peninsula Chicago*. Lichtdurchflutet, mit einer sechs Meter hohen Fensterfront und im dezent-glamourösen Ambiente ist die Lobby – so wie ihr berühmtes Pendant im *Peninsula Hongkong* – Treffpunkt und repräsentativer Platz für Frühstück, leichtes Lunch und Dinner, Cocktails oder auch den Nachmittagstee.

THE PENINSULA CHICAGO

108 East Superior Street
(at North Michigan Avenue)
Chicago, Illinois 60611
Tel.: 001-312-337 28 88
Fax 001-312-751 28 88
www.peninsula.com
288 Zimmer, 51 Suiten
Zimmer von 470 bis 548 Euro,
Suiten von 537 bis 4386 Euro

Das Gourmet-Restaurant *Avenues* präsentiert neben einer exquisiten kontinentalen Cuisine europäisches Design – feinstes Wedgewood-Porzellan, wertvollstes Christofle-Silber und edle Tischwäsche aus Irland: eine feine Europa-Kombination

Ein besonderer Akzent des Hauses liegt auf seiner exzellenten Gastronomie. Im Gourmet-Restaurant *Avenues* mit offener Show-Küche präsentiert der Küchenchef seine Crossover-Gerichte der »Cuisine de la Mer«. Das *Shanghai Terrace* zeichnet sich durch seine vollendete euro-asiatische Küche aus. Das luxuriöse Design aus beige, silber und rot lackiertem Interieur ist die außergewöhnliche, zeitgenössische Version eines Shanghai Cocktail- und Dinner-Clubs der dreißiger Jahre. In der warmen Jahreszeit kann die Terrasse des Restaurants mit grandiosem Blick auf die Chicagoer Skyline genutzt werden.

Für den Aperitif oder den Cocktail nach dem Theaterbesuch lädt *The Bar* mit ihrem außergewöhnlichen Zigarren- und Portwein-Sortiment, der exquisiten Cocktail- und Snackkarte zum Verweilen und Genießen, zum Sehen und Gesehenwerden ein.

Das Interieur der Gästezimmer und Suiten des *Peninsula Chicago* schafft eine warme, anheimelnde Atmosphäre, vermittelt mit zeitlos-eleganten Möbeln, edlen Stoffen und Polstern in exquisiten Gold-, Grün- und Orangetönen einen von Art déco geprägten Stil.

Im Bad, so sagen Experten, entscheidet sich die Zukunft des Klassehotels. Die Bäder im *Peninsula Chicago* sind besonders luxuriös ausgestattet. In schwarzem und hellem Marmor sowie edlen Holzvertäfelungen gehalten, verfügen sie über Doppelwaschtische, separate Dusche, Badewanne und WC-Kabine sowie Lichtdimmer und eingebautes TV-Gerät über der Badewanne.

Eine Randnotiz: Die Geräuschdämmung, die Schallisolierung gelang perfekt. Sie werden garantiert nicht gestört.

Asiatische Wellness und typische amerikanische Fitness – diese gelungene Kombination für Schönheit und ganzheitliches Wohlbefinden findet sich in einmalig harmonischer Verbindung im außergewöhnlichen 1300 Quadratmeter großen Spa-Bereich im 19. und 20. Stockwerk.

MANDARI
San Francisco

Eine kaum trennbare Verbindung von Geschäft und Vergnügen finden Sie selten so perfekt kombiniert wie im *Mandarin Oriental* in San Francisco. Nehmen Sie den Standort. Das Haus liegt genau im Herzen des Banken- und Business-Districts. Gegenüber auf der anderen Straßenseite befindet sich das Finanzzentrum, Pacific Stock Exchange. Darum auch die regelmäßig guten Platzierungen bei der Banker-Jury von Institutional Investor. Die rund gebaute Hotel-Lobby, sehr asiatisch in dezentem ockerfarbenen Licht, hat ihren Haupteingang zur Sansome Street. Durch die Arkaden erreicht man das Hotel aber auch von der California oder Battery Street.

In den ersten beiden Stockwerken der zwei California-Center-Türme wurden der Business-Arbeitsbereich sowie die Konferenzräume eingerichtet. Das ist ein Teil der angesprochenen Kombination. Nach der Besprechung fährt man aufs Zimmer, die in den elf höchsten Etagen des Wolkenkratzers eingerichtet sind. Vom 38. bis zum 48. Stock gibt es nur jeweils sieben Wohneinheiten auf jeder Tower-Etage. In den Stockwerken 3 bis 38 befinden sich Büros und Finanzverwaltungen.

Mit dem Öffnen der Zimmertür wird der Gast von einem Augenblick zum andern aus nüchternem Geschäftsdenken in eine Zauberwelt hineingezogen. Alle Räume mit riesigen Fensterpartien, sachlich eleganten und doch gemütlich ausstaffierten Wohnecken und dem außergewöhnlichsten als Schmuck, dem Panorama der phantastischen Stadt. Insgesamt sind es 158 Wohneinheiten, 154 Zimmer und vier Suiten, gemeinhin als Junior-Suiten bezeichnet. Hier sind die Bäder mit einer kompletten Glaswand versehen, so dass Sie in der Badewanne nach der Bay Bridge in der einen und der Golden Gate in der anderen Ecke greifen können. Die zwei größten Suiten, die *Oriental* und die *Taipan*, beide über 200 Quadratmeter groß, haben Jacuzzi im Bad und Esszimmer, von einer Größe, die ausreicht, ganze Vorstän-

ORIENTAL

Die Terrasse der *Oriental Suite* im 38. Stock bietet einen Erlebnisblick über die gesamte Küstenlinie der phantastischen Stadt im Herzen Kaliforniens mit Brücken und Türmen

de elegant beköstigen zu können. Die Suiten sind im 38. Stock und haben private Außenterrassen mit Blick auf die ganze Küstenlinie. Da die beiden Türme des drittgrößten Bauwerks in San Francisco mit verglasten Übergängen verbunden sind, kann jeder Gast spektakuläre Fotos hoch über dem Stadtbild im Herzen Kaliforniens machen. Für mich ist der schönste erschwingliche Raum 4804, unmittelbar über der Pyramide mit einem Erlebnisblick, der nur durch Nebel getrübt werden kann.

Typisch asiatisch ist der Service. Nach der Ankunft wird sofort Tee serviert, werden dampfende, duftende Saunatücher gereicht, und auch in Zeiten allgemeiner Sparmaßnahmen ist der Zimmerservice zweimal am Tag eine Selbstverständlichkeit. »East meets West« gilt nicht nur für die Menüs im Gourmet-Restaurant *Silks*, die Kombination von westlicher und asiatischer Lebensart und eben diesem Stil zieht sich wie ein roter Faden durch das ganze

Juwelen des Hauses: *Mandarin Bathroom* mit Blick auf die Stadt, Gourmet-Restaurant *Silks* (unten links) und *Embassy Room* (oben rechts) sowie das Wohnzimmer der prächtigen *Taipan Suite*

MANDARIN ORIENTAL SAN FRANCISCO

222 Sansome Street
San Francisco, CA 94104-2792
Tel.: 001-415-275 98 88
Fax: 001-415-433 02 89
www.lhw.com/mosanfran
154 Zimmer und 4 Suiten
Einzelzimmer von 515 bis 786 Euro,
Doppelzimmer von 542 bis 814 Euro,
Suiten von 1551 bis 3324 Euro

Hotel, von der Einrichtung über den Service bis zum Business Center, wo mehrsprachige Asiatinnen als Sekretärinnen und Dolmetscherinnen eingesetzt sind.

Das *Silks* (im zweiten Stock des Wolkenkratzers) ist eines der beliebtesten Restaurants der Stadt. TV-Superstars der Kochszene stehen hier für Gastspiele am Herd.

San Francisco ist einfach eine Hotelstadt. Mit dem *Fairmont* (hier wurde die TV-Serie »Hotel« gedreht), dem Traditionshaus *Stanford Court*, dem *Campton Place*, dem *St. Francis*, den Häusern von Ritz-Carlton und dem Starwood-Flaggschiff wird eine großartige Spitze offeriert.

Und sonst? Na klar, die Stadt ist jedermanns Darling. Über keine andere wurde soviel geschrieben und gesungen wie über San Francisco mit den immer wieder reizvollen Berg- und Talfahrten in den legendären Cable Cars (Sie steigen an der nächsten Straßenecke vom *Mandarin Oriental* ein). Das Hotel ist auch idealer Ausgangsort für einen Fußmarsch durch die Straßen, in denen das ganze Jahr über das Leben pulsiert.

THE RITZ-CARLTON
San Francisco

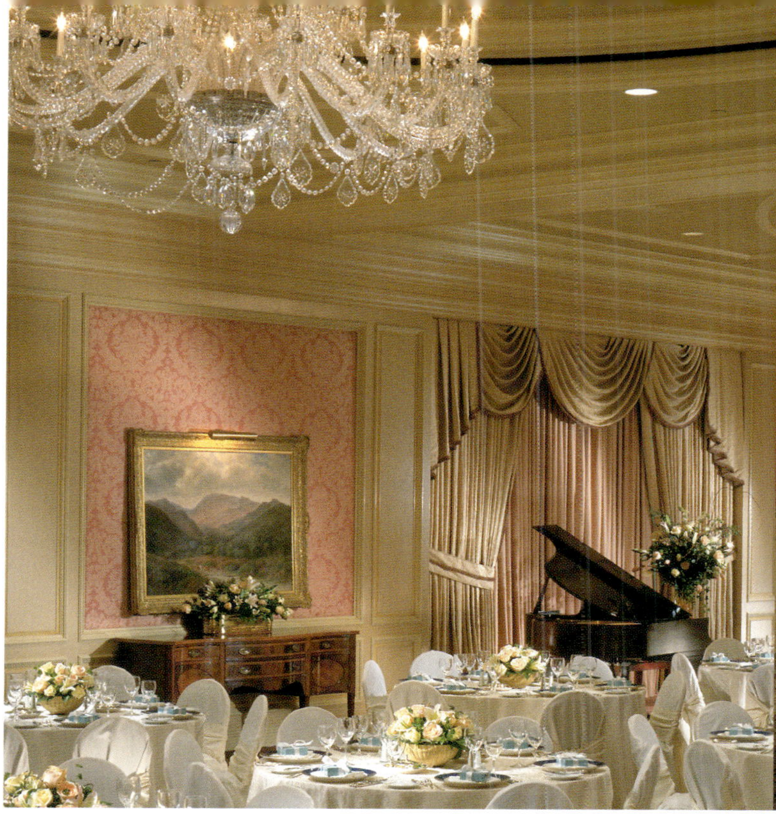

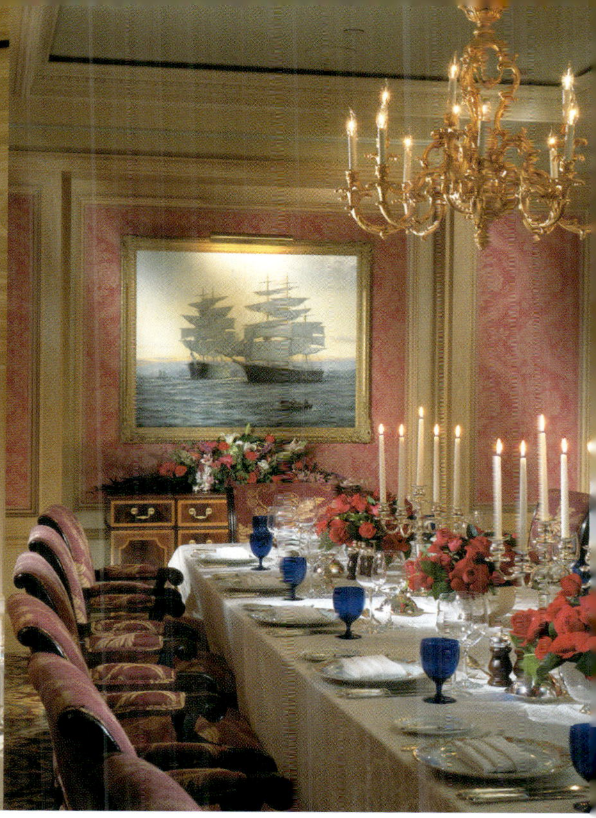

So beeindruckend wie die Außenoptik des fotogenen Säulenbaus ist auch die Innenausstattung; Holzverkleidungen, Kristalllüster und alte Meister an den Wänden fangen Old-England-Atmosphäre im Hotel des Jahres 2002 ein

Keine andere Stadt auf der Welt ist so oft besungen und gefeiert worden wie San Francisco an der kalifornischen Westküste. Drei bis vier Millionen Besucher kommen jährlich und verlieren, wie sie mehr oder weniger gereimt kundtun, dort ihr Herz.

Wer die Möglichkeit hat, sollte bei seinem Besuch einmal ins *Ritz-Carlton* an der Ecke Stockton und California Street in diesem weißen neoklassizistischen Bauwerk mit sechzehn Marmorsäulen an der Front und dem freskenverzierten Vordach wohnen. Der Hotel-Palast, 1991 von der Ritz-Carlton-Kette eröffnet, wurde zehn Jahre später in der Rangliste 2001 vom Finanzmagazin *Institutional Investor* auf Platz eins gesetzt und damit zum besten Hotel der Welt gekürt.

Das Bauwerk steht unter Denkmalschutz. Es wurde vor gut hundert Jahren nach Plänen des Star-Architekten seiner Zeit, Napoleon Le Brun, errichtet und erst einmal als Headquarter der Metropolitan-Lebensversicherung genutzt. Anschließend pulsierte bis Mitte der achtziger Jahre das quirlige Leben des Cogswell Colleges, bevor es zum Hotel ausgebaut wurde.

Die Lage ist herausragend, halber Weg zum Nob Hill hoch, gleich um die Ecke liegt China Town und, einen morgendlichen Spaziergang entfernt, der Financial District sowie die Einkaufsstraßen am Union Square. Von der Haltestelle der California Street Cable Car Line

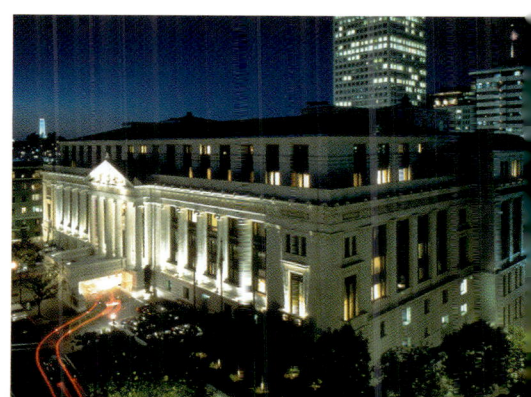

vor dem Haus sieht man tief unten das Meer und die Bay Bridge.

»Good morning, Mr. Horrmann«, begrüßte mich der uniformierte Portier, dem der Taxifahrer eben erst mein Gepäck übergeben hatte. Das war bei meinem allerersten Besuch, kurz nach der Eröffnung. Ein Manager klärte auf: »Wir trainieren unsere Leute, rasch den Namen ankommender Gäste vom Kofferanhänger abzulesen. Damit diese sich gleich persönlich behandelt fühlen.« VIPs werden mit der Limousine vom Flughafen abgeholt und direkt in ihre Suite gebracht. Einschreiben entfällt.

Auch vom ersten Eindruck einmal abgesehen (inzwischen habe ich etliche Male dort gewohnt), zählt das Hotel zu den angenehmsten in den Staaten. Die Innenausstattung ist ebenso beeindruckend wie die Außenoptik des ständig fotografierten Säulenbaus. In der Lobby Lounge ist Old England eingefangen, kultivierte Club-Atmosphäre, gemütliche holzverkleidete Ecken, alte Meister an den Wänden, Kristalllüster und herbstliche Farben. Zur klassischen Musik werden Cocktails oder zehn verschiedene Teesorten serviert.

Das Feuer im Kamin knistert, Blumenkompositionen erfreuen das Auge und verströmen herrlichen Duft. Das gleiche Bild in den Suiten, sie sind individuell mit Antiquitäten eingerichtet, gemütliche Couch-Ecken, Schreibtisch, Lesesessel. Von der Dekoration her sind die 336 Wohneinheiten in fünf Grundfarben gestaltet. Die Zimmer im Ritz-Carlton-Club (8. und 9. Stock) sind mit persönlichem Fahrstuhlschlüssel zu erreichen. Diese Räume sowie die Executive Suites haben ein Foyer und Gäste-WC, die im achten Stock durch den First einen winzigen Balkon. Die größten und teuersten sind die Ritz-Carlton-Suiten 919 und 873. Kleiner und gemütlicher, aber eine gute Empfehlung sind die Wohnungen, die um die Ecken gebaut sind (von 801 bis 803), sowie die Suite mit Terrasse (910).

In allen Wohneinheiten wurde, wie es sich für die Betten-Weltliga gehört, das WC getrennt vom Bad untergebracht.

Der Club in diesem Hotel ist eine extra Betrachtung wert: Natürlich gibt es eine elegante Lounge, zum Champagner bekommt man köstliche Appetithäppchen serviert. Die Qualität ist außergewöhnlich. Beluga Caviar, dazu Dom Perignon, das Beste vom Besten. Selten sind die etwa fünfzig Dollar, die den Preisunterschied zwischen Standard und Clubräumen ausmachen, so gut angelegt.

Auch dieses Hotel hatte nach dem hektischen Start ein schwaches Zwischenspiel. Da erlebte ich, dass mein Anzug nach dem Aufbügeln »vergessen« wurde, dass ich im Restaurant herumstand, ohne begrüßt und zum Tisch gebracht zu werden, und kalte Brötchen bekam. Heute ist der Service stabil, das Essen ganz ausgezeichnet.

Gepflegt und edel – der Spa & Beauty-Bereich; das Beste vom Besten kann der Gast im RC-Club nicht nur in kulinarischer Hinsicht erwarten

THE RITZ-CARLTON SAN FRANCISCO

600 Stockton at California Street
San Francisco, CA 94108-2305
Tel.: 001-415-296 7465
Fax: 001-415-291 0288
www.ritz-carlton.com
336 Zimmer, 44 Suiten
Zimmer von 404 bis 520 Euro,
Suiten ab 609 Euro

BEL-AIR
Los Angeles

Turmhohe Palmen wechseln mit schlanken, scherenschnittartigen Zypressen und wild wuchernden Bananenstauden. Hibiskussträucher voller Blüten in protziger Farbintensität zieren neben Orchideen und Hochgräsern ganze Landschaften von botanischen Vorgärten. Die Reichen in Beverly Hills, dem teuersten Viertel von Los Angeles, haben mit Gartenetats in Millionen-Dollar-Höhe unter kalifornischer Sonne der Schöpfungsgeschichte nachgeholfen und ihre Wunschvorstellungen von paradiesischer Natur verwirklicht.

Je steiler es bergauf geht, desto prunkvoller, bombastischer werden die Villen und Lustschlösser im Westküstenbarock, die in Weiß und Pink hinter verschwenderischer Vegetation leuchten. Ein Hotel erwartet man hier wohl nicht.

Das *Bel-Air*, zusammen mit dem *Peninsula* und *Regent Beverly Wilshire* absolute Spitze in dieser feinen Ecke der Weltstadt, versteckt sich in den Hügeln von Beverly Hills. Man schreitet über einen hölzernen Steg und betritt eine traumhafte, unwirkliche Welt. Wilde, subtropische Blütenpracht, aber sorgfältig gepflegt. In diesen Garten Eden ist das *Bel-Air* hineinmodelliert: Chalets, Bungalows, Villen im spanisch-kalifornischen Kolonialstil, mit stuckverzierten Erkern und Portalen, Rundbögen, die Fassaden in Pastellrosa und Weiß, immer wieder renoviert, aufgefrischt, verbessert.

Das *Bel-Air* vermittelt eine intime Atmosphäre, man merkt es schon bei der Ankunft, die Rezeption ist eigentlich ein Wohnzimmer, ohne die Betriebsamkeit großer Hotels. »Mit spektakulären Auftritten«, so der Concierge, »mit Theater, wie es in benachbarten Holly-

Das Haus nahe Hollywood ist ein Refugium. Die intime Atmosphäre beginnt schon an der Rezeption

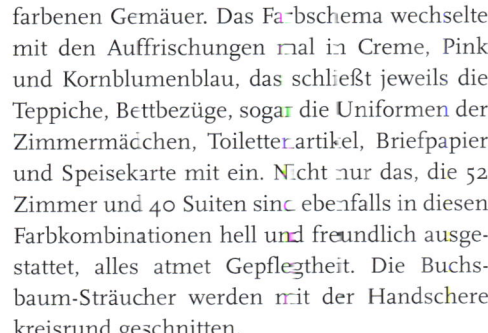

farbenen Gemäuer. Das Farbschema wechselte mit den Auffrischungen mal in Creme, Pink und Kornblumenblau, das schließt jeweils die Teppiche, Bettbezüge, sogar die Uniformen der Zimmermädchen, Toilettenartikel, Briefpapier und Speisekarte mit ein. Nicht nur das, die 52 Zimmer und 40 Suiten sind ebenfalls in diesen Farbkombinationen hell und freundlich ausgestattet, alles atmet Gepflegtheit. Die Buchsbaum-Sträucher werden mit der Handschere kreisrund geschnitten.

In dieser prächtigen Form präsentiert sich das *Bel-Air* erst seit fünfzig Jahren. Früher waren in den Grundmauern Stallungen und eine Reitschule untergebracht. Dort, wo heute Sonnenwiesen unter Palmen und der Swimmingpool liegen, war vorher ein Dressurgelände. 1940, als die Alte Welt im Kriegslärm erzitterte, wurde das Anwesen zum Hotel umgebaut. 1942 ging die festliche Einweihung des kleinen Refugiums über die Bühne, da gab sich ganz Hollywood ein Stelldichein. Sogar die publikumsscheue Garbo, die spätere Fürstin von Monaco, Grace Kelly, und William Holden bewunderten die Räume. Später schrieben sich die Kennedys, Marilyn Monroe, die Familie Rockefeller, Könige und Königinnen ins Gästebuch ein. Die Suiten waren zeitweise Büros für die Superreichen. Heute sind mehrheitlich Geschäftsleute, Manager und wohlhabende Touristen zu Gast, im Hotel unter wechselndem Gruppen-Management.

Zum Lunch auf der Hotelterrasse sitzt man unter der weißen Pergola, umrahmt von Hibiskus und Rosen, leise klingt hauchzartes Porzellan. Die Küche liegt im Trend, Nouvelle Cuisine als kalifornische Version, also viel frisches Gemüse, Fisch und Pasta, die Preise entsprechen dem Niveau des Hauses. Beim Frühstück geht es in den Hotels von Beverly Hills sozusagen ums Leben, das heißt ums Geschäft, zu Trüffel-Omeletts werden schon Millionen umgesetzt, Verträge abgestimmt. Business in so schönem Rahmen kann richtig angenehm sein.

wood-Hotels inszeniert wird, fiele man bei uns glatt aus der Rolle.« Das *Bel-Air* ist ein Refugium. Punkt. Damit ist alles gesagt.

Man sollte sich im *Bel-Air* Ruhe gönnen, um die Kulisse zu genießen. Beim Weg zu den Bungalows öffnen sich in der Parklandschaft traumselige Nischen, eingerahmt vom pastell-

HOTEL BEL-AIR

701 Stone Canyon Road
Los Angeles, CA 90077
Tel.: 001-310-472 1211
Fax: 001-310-476 5890
www.hotelbelair.com
52 Zimmer, 40 Suiten
Einzelzimmer von 387 bis 526 Euro,
Doppelzimmer von 415 bis 548 Euro,
Suiten/Villen von 581 bis 3324 Euro

THE PENINSULA
Beverly Hills

An schönen Hotels hatte L.A. nie Nachholbedarf, da waren stets alle Nischen besetzt. So sah es wenigstens aus. Die Traditionalisten unter den Vielreisenden fühlten sich im *Regent Beverly Wilshire* wohl oder im *Biltmore*. Für Romantiker ist das *Bel-Air* die erste Adresse, und Design-Freaks waren und sind auf das *Mondrian* und Phillippe Starcks gewöhnungsbedürftige Formen eingeschworen. Um nur einige von unzähligen Hotels zu nennen.

Dann wurde ein neues Haus eröffnet, das sich gleich ganz oben in der Spitze ansiedelt: das *Peninsula* mit der liebenswerten Atmosphäre eines ganz privaten Gästehauses und dem Hightech-Programm des Hongkonger Flaggschiffs der besten asiatischen Hotelgruppe. Aber irgendwie ist das hier nur eine Ergänzung zur Dominanz der Leichtigkeit kalifornischen Seins.

Die Lage ist vorzüglich – nach wenigen Schritten ist man an der Beverly Hills Shopping-Meile, dem Wilshire Boulevard oder dem Rodeo Drive.

Das perfekte Zuhause fernab von Daheim mit Luxus und Top-Service und jeder erdenklichen Hilfestellung für den verwöhnten Geschäftsreisenden hat Vermarkter und Manager aus dem Bereich Kino, TV, Musik und Medienbusiness gebunden.

Einer von ihnen, der deutsche Oscar-Preisträger John Lionell Bandmann, schwört auf das *Peninsula* als sein »bestes Hotel in den USA«. Er verbringt hier rund fünfzig Nächte jährlich. Das gibt seinen Erkenntnissen Gewicht.

Wer hier wohnt, hat häufig mit Erfolg einen ersten Fuß ins Movie-Business gesetzt. Und die Gedankenverbindung entsteht nicht, weil Michael Douglas durch die Halle läuft, Andie MacDowell Freundinnen zum Tee trifft oder Phil Collins zwischen zwei Terminen am Dachpool entspannt. Auch nicht, weil mächtige Studiobosse in ihren Stretch-Limousinen zum

Der Dachterrassen-Pool mit den Glastürmen von Century City als Kulisse garantiert Entspannung und zugleich Konzentration auf das bevorstehende Business; oben rechts: eingebettet im wunderschönen Garten liegen die fünf Villen im Grünen

»Power-Breakfast« vorfahren oder die Agenten der direkt neben dem *Peninsula* gelegenen »Creative Artist Agency« ihre Megadeals bevorzugt im *Living Room* bei Harfenmusik und Jasmintee besiegeln. Es ist diese unbeschreibliche Atmosphäre mit der Mischung aus kreativer Geschäftigkeit und Feriengefühl.

Das *Peninsula Beverly Hills* gibt mir ganz persönlich jede denkbare Unterstützung, um entspannt, stilvoll, repräsentativ und professionell meinem Business nachzugehen und mich als Gast oder Gastgeber für Geschäftspartner von meiner besten Seite zu zeigen. Ein perfekter, an höchsten asiatischen Standards orientierter Service, verschwenderisch ausgestattete Zimmer, Suiten und Häuser, die jeden erdenklichen Luxus mit unverzichtbaren Arbeitsmitteln verbinden, vom eigenen Fax bis zum Mobiltelefon. Eine der besten Küchen der Stadt, ein Spa vom Feinsten und ein Dachpool mit atemberaubender Aussicht auf Century City, downtown L.A. und die Hollywood Hills, an dem man je nach Bedarf Ruhe findet, am Drehbuch arbeitet oder Gäste in der Hollywood-üblichen Lässigkeit in Bademänteln empfängt.

So ist auch der Rahmen – nicht Glanz und Glamour umgeben den Gast, sondern die stil-volle Welt verbindlicher Gastfreundschaft. Wertvolle Antiquitäten, matt getönte Wände, feinste Stoffe, allgegenwärtiger Service. Die 196 Zimmer und Suiten im Hauptgebäude sind entsprechend der Peninsula-Philosophie perfekt gestaltet. Mit Liebe zum Detail haben die Interieurdesigner die sechzehn Suiten in den fünf Gartenvillen in wahre Schmuckkästchen verwandelt: großzügige begehbare Kleiderschränke, Kamine, Terrassen, einige haben einen kleinen Pool oder einen eigenen Garten mit üppiger Blütenpracht. Wahrlich ein luxuriöses Refugium mit den obligatorischen Rolls Royce vor der Tür, für den hauseigenen Limousinen-Service.

THE PENINSULA BEVERLY HILLS

9882 Little Santa Monica Boulevard
Beverly Hills, CA 90212-1605
Tel.: 001-310-551 2388
Fax: 001-310- 788 2319
www.peninsula.com
160 Zimmer, 36 Suiten, 16 Villen
Zimmer von 440 bis 537 Euro,
Suiten von 808 bis 3347 Euro

155

DEL CORONADO
San Diego

Es gibt Filmszenen, die man einfach nicht vergisst. Da tänzelt eine Blondine durch puderweichen Sand und trällert »I wanna be loved by you«. Obwohl der schwarzweiße Badeanzug geradezu extrem züchtig geschnitten ist, wirkt die kurvenreiche Schöne aufregend sexy. Sie kniet vor einem Strandkorb nieder, spitzt ihre sinnlichen Lippen und flirtet mit einem Herren in seidenem Bademantel. Na, hat es Klick gemacht?

Unter der Regie Billy Wilders spielte Marilyn Monroe mit Tony Curtis und Jack Lemon in »Some like it hot«. Das war 1959.

Im Hintergrund leuchten stets rote Türme und Dächer über verschachtelten Zuckerbäcker-Bauten; Märchenschloss-Optik hinter der prächtigen Palmenbucht. Blau ist das Meer, strahlend weiß der Sand. Für Hollywood damals wie heute die richtige Farbkomposition, um eine Komödie der Extraklasse vor Amerikas schönster Hotelkulisse in Szene zu setzen.

Immer jung wie der Film bleibt dieses einmalige Strandhotel bei San Diego im Süden Kaliforniens. Zum wiederholten Mal in den letzten Jahrzehnten wurde es gerade renoviert.

Für die meisten San-Diego-Besucher ist die Coronado-Bucht mit der weit schwingenden Brücke, den endlosen, breiten Postkarten-Stränden und dem weißen Luxushotel mit den signalroten Ziegeldächern das beliebteste Fotomotiv. Anders als in anderen vom Big Business geprägten Vierteln der südlichsten Stadt Kaliforniens (über eine Fußgängerbrücke kann man nach Mexiko spazieren) bestimmt eine leicht be-

Ganze Präsidenten-Generationen erwiesen dem Hotel ihre Referenz: Roosevelt, Eisenhower, Kennedy und Nixon luden zum Festbankett

schwingte Atmosphäre das Leben auf der vorgelagerten Coronado-Halbinsel. Ein bisschen Saint Tropez und der alte Glanz von Monte Carlo.

Auch nach der umfassenden Überarbeitung hat das Traditionshotel unter den feinen amerikanischen Strandadressen Stil und Richtung nicht verändert. Es ist und bleibt eine der größten und bedeutendsten Holzkonstruktionen der Welt, elegant im viktorianischen Stil gestaltet. Diese Optik war vom ersten Tag an die große Attraktion. Nach seiner Eröffnung 1888 (am 19. Februar) etablierte sich das Hotel schnell als, wie es hieß, »oasis for European charme and cuisine«. In der fünfstöckigen Konstruktion waren 700 Zimmer eingerichtet. Damals eine gewaltige Zahl. Die Größe hat sich bis heute kaum verändert. Die Räume sind immer wieder renoviert worden, einmal durch Zusammenlegungen und Anbauten vergrößert. 400 davon befinden sich im Haupthaus, im so genannten »Victorian Building«, der Rest im »Modern Complex«.

In einem kleinen Hausmuseum wird dem Gast nicht ohne Stolz die aufregende Geschichte des Hauses und die Liste der außergewöhnlichen Gäste aufgeführt. Der Prince of Wales blieb hier für einen Monat und heiratete später (1920) als König Edward VIII die damalige Hausdame des *Coronado* Wallis Simpson, die er während seiner Ferien im Hotel kennen gelernt hatte.

Das *Coronado* war übrigens das erste Ferienhotel Amerikas mit elektrischem Licht. Bis auf diesen Trick mit dem Zimmerschlüssel, den man in eine Vorrichtung stecken musste, um die Glühlampen anzuknipsen, ging es damals noch recht bescheiden zu. Damit die einst bedeutendste Attraktion auch ordentlich funktionierte, überwachte das Genie Edison persönlich die Installation. Alles, was Rang und Namen hat, erwies dem *Del Coronado* seine Referenz: Roosevelt, Eisenhower, Kennedy und Nixon gaben hier ihre Festbankette.

Heute bekommen die Gäste selbstverständlich den mittlerweile eingerichteten zeitgemäßen Luxus. Das reicht von gemütlichen Leseecken bis zu den Sportmöglichkeiten. So ist die Tennisanlage mit doppelten Planen, geschickt versetzt, gegen Wind vom Meer geschützt. Der feine Sandstrand wird gleich mehrmals täglich gereinigt.

Der Ballsaal ist einer der schönsten der Welt. Über Stil und Eleganz leuchtet eine gewaltige Lichterkrone in der Form einer goldenen Königskrone.

HOTEL DEL CORONADO

1500 Orange Avenue
Coronado, CA 92178
Tel.: 001-619-435 6611
Fax: 001-619-522 8262
www.hoteldel.com
668 Zimmer und 20 Suiten
Zimmer von 219 bis 384 Euro,
Suiten von 461 bis 713 Euro

GRAND CHAMPIONS
Indian Wells

Am Anfang war die Wüste, karg und langweilig. Verlorenes, ungenutztes Land im Herzen Kaliforniens, von Big Bear bis Coachella, so weit das Auge reicht. 150 Meilen lang oder zehn Tagesritte der ortsansässigen Indianer vom Stamm der »Agua Caliente Band of Cahulla«. Ein paar Goldsucher hatten schnell ihre erfolglosen Aktionen abgebrochen und kaum Spuren hinter-

lassen. Es änderte sich auch nichts Grundsätzliches, als einige Verrückte aus Hollywood hölzerne Domizile dorthin bauten, wo die brüllende Hitze selbst die wilde Hektik der Show-Metropole einschläfert. Nur ein paar Wochenend-Häuschen in der Einsamkeit. Das war alles.

Erst in der letzten Phase der amerikanischen Geschichte, man schrieb das Jahr 1938, wurde in die Mojavewüste eine erste luftige

Am Fuß der Blue Mountains, einer Oase gleich – der Traum vor allem für Golfer und Tennisspieler

Siedlung am Fuß der Blue Mountains gebaut, wo sich eine Oase mit Palmen und Quellen zum Wohnen anbot: Palm Springs. Ein Wochenend-Ort, der in Windeseile zur Glamour-Metropole wuchs.

Und rund um den »luxuriösesten Sandhaufen der Welt« (*The Washington Post*) siedelten mehr Millionäre als an irgendeinem anderen Ort in den Staaten. Die reichen Pensionäre aus den Industriestädten im Norden und Osten der USA, die den grauen Wintertagen zu entkommen suchten, investierten hier ihre Ersparnisse und ihr Vermögen

Ein Ableger des »Freizeit Capitols USA« ist Indian Wells, zehn Kilometer von Palm Springs entfernt. Hier entstand das imponierende Resort *Grand Champions*, für Golfer, Tennisspieler und Ballonfahrer der Nabel der Welt. Das Tennisstadion ist eines der größten Nordamerikas.

Das *Grand Champions* wurde, wie kann es anders sein, von einer Sportgröße geplant und gebaut. Charles Pasarell war über Jahre der Gentleman im US-Davis-Cup-Team, zu einer Zeit, als Preisgelder noch nicht in Millionenhöhe flossen. Er spielte das längste Wimbledon-Finale aller Zeiten — und verlor. Natürlich hat »Charlie« so viel verdient, dass er seine Idee vom eigenen Sporthotel verwirklichen konnte. Doch dann wuchs ihm der Riesenkomplex über den Kopf. Inzwischen gehört das Haus mit den nunmehr 338 Zimmern, darunter 29

Penthouse-Suiten und zwanzig Gartenvillen mit Butler-Service zum Hyatt-Konzern.

Chris und Jerry, die beiden Butler, die ich erlebte, wurden in einer konzerneigenen Schule ausgebildet – perfekt. Sie richten das Frühstück im Garten, besorgen die Tickets für die Show am Abend, organisieren den Lieblingswein, den Leihwagen und mixen die Drinks an der Hausbar oder in der kleinen blumengeschmückten Leseecke. Natürlich reservieren sie den Tennisplatz, Rasen oder Sand, und buchen

Draußen die
hohen Königspalmen
in der Sonne der
Mojavewüste, dazu
als Äquivalent licht-
durchflutete helle,
blumengeschmückte
Innenräume

die Abschlagzeit auf einem der 18-Löcher-Golf-
plätze.

Komfort und Sport sind die beiden wichtigsten Säulen des *Grand Champions Resort*.
Hinter den hohen Königspalmen und dem
hellblauen Pool liegt das weiße Haupthaus, eingeschlossen von den Bahnen und Greens des
Golfplatzes. In diesem (intern »A« genannten)
Bauwerk befinden sich die kalifornischen Restaurants *Jasmine* und *Trattoria* sowie die Rezeption. Von hier werden die Gäste mit Elektro-
Autos zu ihren Villen oder in die Suiten- und
Gästezimmer-Gebäude gebracht, die T-förmig
angeordnet sind. Die Gartenvillen liegen jeweils zu fünf kombiniert kreisförmig mit
Innenhof angeordnet.

An der gegenüber liegenden Seite, neben
dem prachtvollen Tennisstadion (vom Indian-
Wells-Turnier, das Boris Becker einst zweimal
gewonnen hat, haben Sie gewiss gehört) ließen

Hyatt-Architekten die *Hall of Champions* errich-
ten, ein riesiges Meeting-Center mit Conven-
tion-Sälen.

Wohl kein anderes Resort bietet eine solch
hochwertige Palette von Ferienappartements
und Eigentumswohnungen.

HYATT GRAND CHAMPIONS RESORT

44-600 Indian Wells Lane
Indian Wells, CA 92210
Tel.: 001-760-341 1000
Fax: 001-760-674 4382
www.grandchampions.hyatt.com
289 Zimmer, 29 Penthouse-Suiten,
20 Garden Villas
Zimmer und Suiten von
210 bis 332 Euro

So etwas passiert immer sonntags, wenn nur ein Assistentmanager Dienst hat und deshalb alle Probleme beim Concierge landen. Der Chef-Concierge im *Mansion on Turtle* Creek, dem Spitzenhotel in Texas, hat stets ein paar Beispiele parat, wenn er danach gefragt wird. So verlangte der Gast aus der Suite 708 morgens um sieben einen Lear-Jet, schnell, stark, komfortabel. Für den wichtigen Stammkunden begann der Tausendsassa mit der Recherche, telefonierte, disponierte stundenlang, kam zum Abschluss (Trinkgeld 1000 Dollar).

Auch nicht ganz einfach, aber doch unproblematischer war der Wunsch von 349. Der Herr bat um neun darum, um zehn mit einem schwarzen Araberhengst ausreiten zu können. Geschwindigkeit ist keine Hexerei, manchmal. Einen Engel aus dem 17. Jahrhundert möchte ein anderer Gast seinem auf Antiquitäten fixierten Geschäftspartner zum Geburtstag mitbringen. Auch das gelingt.

Nur lebende, leicht gefallene Engel werden auf dem Weg zum einsamen Gast vom Security-Mann mit treffsicherem Blick erkannt und in der Halle gestoppt. Was in vielen großen Häusern mit wohlklingenden Namen eine Selbstverständlichkeit ist, wird hier konsequent unterbunden. Da endet jede Service-Bereitschaft.

Das *Mansion on Turtle Creek*, das »Herrenhaus am Schildkröten-Bach«, wie die Übersetzung lautet, war 1999 die Nummer eins der Weltrangliste des *Institutional Investor*.

Die Keimzelle des hinsichtlich Service und Atmosphäre einmaligen Hotels in der te-

THE MANSION ON TURTLE CREEK
Dallas

xanischen Metropole war ein altes Herrenhaus, das 1925 von einem Baumwollkönig der Südstaaten in Auftrag gegeben wurde. Sein Architekt Allen Boyle reiste auf Spesen durch Europa und sammelte Anregungen, Kunst und Dekorationen. Dann entwarf er den Prachtbau im Renaissance-Stil des 16. Jahrhunderts.

Die Villa wurde komplett in Bausubstanz und Ausstattung erhalten – der alte Parkettboden, die Motiv-Kacheln, das schmiedeeiserne Geländer, der Wintergarten und der schöne Vorraum zum Restaurant. Selbstverständlich gilt das auch für die Bibliothek.

1981 übernahm Caroline Rose Hunt, Tochter eines texanischen Ölmilliardärs und mit viel Sinn für Eleganz und Schönheit gesegnet, das Hotel. Das berühmte Restaurant hatte bereits ein Jahr später unter ihrer Regie Neueröffnung. Es zählt zu den besten US-Hotelküchen. Hier wurde die so genannte Southwestern Cuisine geprägt, eine Kombination aus spanischen, mexikanischen und amerikanischen Gerichten. Der Weinkeller bietet zur Zeit 28 000 Flaschen.

Im neunstöckigen Haus mit den romantischen Vorbauten und Brunnen sind 127 geräumige Zimmer und sechzehn Suiten exzellent ausgestattet, aber teilweise auch renovierungsbedürftig. Manche Räume sind in gediegener europäischer Zurückhaltung gestaltet, andere bewusst im US-Country-Look mit groß geblümten Polstern, Kerzenlüstern und verspielten Holztischchen. In den Zimmern fällt positiv auf, was schon in der Lobby Eindruck machte: großartige Frischblumen-Gestecke.

Reine Freude also hier in der Stadt der TV-Fieslinge? Fast. Nur der mühselige Shuttle-Dienst für Fitness- und Beauty-Freunde zum Schwesterhotel *Crescent Court* ist so unangemessen wie der offene Kamin in der Lobby. Bei so viel Aufwand könnte man ruhig duftendes Holz verbrennen. Stattdessen glimmt ein künstliches Gasfeuer über Plastikscheiten.

Das Herrenhaus am Schildkröten-Bach mit seinen romantischen Vorbauten und Brunnen war schon einmal auf den Hotel-Weltranglistenplatz eins gesetzt worden

THE MANSION ON TURTLE CREEK

2821 Turtle Creek Boulevard
Dallas, TX 75219
Tel.: 001-214-559 2100
Fax 001-214-528 4187
www.mansiononturtlecreek.com
127 Zimmer und 16 Suiten
Zimmer von 346 bis 551 Euro,
Suiten von 721 bis 2080 Euro

THE RITZ-CARLTON

Naples

Als Möwe, wie sie zu Abertausenden über den Strand kreisen, sah sie sich selbst in ihren Gedichten – als Vogel weit oben und einsam. Judy Walles fürchtete sich lange Zeit vor Menschenmengen, bis sie die besondere Form von Fitness-Training erfand die in der Gruppe den meisten Spaß macht: »Rose Garden Wellness«. Gymnastik im Wasser, Joggen am Strand, partnerschaftliche Übungen im Gym. Dieses Programm floss in die Grundkonzeption eines der schönsten Wellness-Bereiche aller amerikanischen Hotels ein, des *Ritz-Carlton* in Naples an der Westküste Floridas. Es ist eines der größten Wohlfühlzentren mit dreißig Behandlungs- und Massageräumen, Relaxing-Lounges, Beauty-Salon und Outdoor-Bereich mit Schwimmbad, Jacuzzis und perfekten Tennisplätzen (grüne Asche auf Schwingboden).

Prompt landete das Haus in den aktuellen Ranglisten von *Condé Nast Traveler* und *Travel & Leisure*, Leitfäden gutsituierter Familien, eindeutig auf Platz eins der sportlichen Resorts mit Wellness-Anlagen.

Es ist bezeichnend, dass das prächtige Grandhotel mit dem kultivierten Resortleben wie ein Denkmal für schwindende Nobelart im Beherbergungsgewerbe am Golf von Mexiko gebaut wurde. Im Westen des Sonnenstaates an der Platinumküste prunkt es am fünf Kilo-

meter langen Sandstrand bei Naples, 25 Minuten vom Flughafen Fort Myers entfernt.

Entspanntheit und erholsame Ruhe strahlt das ganze Umfeld des RC-Hotels aus, des riesigen Palastes mit zwei Flügeln und einem imposanten Mittelbau. Gekrönt wird das Wohn-Schloss von zwei offenen Türmen, die dem Stil nachempfunden sind, den man von Fort Alamo kennt, dem nationalen Denkmal.

Alle Zimmer des Hotels haben Balkone zum Meer, und im Parterre-Bereich sorgen hohe, klar geformte Rundbogenfenster für ein eindrucksvolles Bild. Geboten wird, wie in allen Hotels der Kette, Sonderservice, von Concierge-Hilfen und Champagner-Frühstück bis zu Drinks und Snacks den ganzen Tag über.

Ob Sie den Club oder die »normale« Etage buchen, ausgesuchtes Interieur im Stile feinster Südstaaten-Architektur erwartet Sie in jedem Fall, auch das unterscheidet das Wohnen hier von einem unpersönlichen, kalten Aufenthalt in einem Haus der riesigen Volumengruppen.

Sowohl die Einrichtung als auch das Gemäuer (am Abend angestrahlt) wirken ehrfurchtheischend alt, wurden aber erst Mitte der

achtziger Jahre geschaffen. Rund um das Bauwerk liegt ein gewaltiger Park mit Holzbrücke über den integrierten Everglades, dahinter der blütenweiße Badestrand. Der schwierige 18-Loch-Tom-Fazio-Golfplatz windet sich in der Nähe des Hotels durchs Land. Das *Ritz-Carlton Golf Resort* in der Nachbarschaft mit Greg-Norman-Platz wurde gerade eröffnet.

Es gibt Menschen, an deren Namen sich selbst ein erfahrener Hotelportier nicht erinnert: Vorstände, Verbandsgeschäftsführer, manchmal auch Politiker. Einer, der sie alle kennt, der keinen vergisst, das Hotel als Manager dirigiert und als Generaldirektor ins Golfhotel wechselte, ist der Deutsche Carsten K. Rath, einer der vielen, die nach der klassischen europäischen Hotelausbildung in Amerika zum Erfolg kamen. Er kontrolliert die Service-Qualität, achtet auch darauf, dass im Fitness-Center stets Wasser und Handtücher gereicht werden, die zwanzig Fernseh-Monitore störungsfrei laufen, und, was das Wichtigste ist, die Hygiene mit pingeliger Sorgfalt garantiert wird.

Die Restaurants des Hotels sind beide empfehlenswert. Der feine *Diningroom* pflegt europäische Küchen-Klassik, im *Grill*, meinem persönlichen Favoriten, werden rund um das stimmungsvolle Kaminfeuer außergewöhnlich gute Steaks, Kalbskoteletts und Fische vom Grill serviert. Wer viel Sport treibt, darf sich auch große Portionen leisten.

Wie ein Denkmal, der Gastfreundschaft prunkt das prächtige Grandhotel mit dem kultivierten Resortleben am Golf von Mexiko im Westen des Sonnenstaates

THE RITZ-CARLTON NAPLES

280 Vanderbilt, Beach Road
Naples, FL 34108
Tel.: 001-239-598 3300
Fax: 001-239-598 6691
www.ritz-carlton.com/naplesresorts
441 Zimmer, 22 Suiten
Zimmer von 249 bis 692 Euro,
Suiten von 470 bis 3878 Euro

TURNBERRY ISLE
Florida

Manchmal braucht es eine ganze Weile, bis eine komplizierte Hotel-Idee erfolgreich umgesetzt und abgeschlossen ist. In Etappen, Schritt für Schritt, wuchs die Ferienstadt *Turnberry Isle*, nördlich von Miami. Das erfolgreiche Resort für Aktivurlauber gehört zu den Lieblingsadressen deutscher Golfer, die Flori-

da Ostküste bevorzugen. Mit dem zehn Millionen Dollar teuren Spa und Wellnessbereich wurde das letzte Element in das Gesamtbild eingefügt.

Wie das ganze Hotel für Individualisten konzipiert ist, gibt es auch hier besonders viele Möglichkeiten für Gäste, die ohne Gruppe mit Personal Trainer arbeiten wollen und dazu

Die exklusive Golfer-Adresse mit feinstem Ambiente verfügt auch über einen eigenen Hafen für Jachten. Die Gruppenzugehörigkeit zu Mandarin Oriental bleibt ungewiss

sechzehn großzügige Massage-Kabinen für die Entspannung hinterher.

Das *Turnberry Isle*, Jahr für Jahr vom erfolgreichsten Golfer aller Zeiten, Jack Nicklaus, in die absolute Spitze seiner Weltbestenliste außergewöhnlicher Golf-Hotels geführt, war einst als einfacher Jacht- und Landclub aus den frühen siebziger Jahren von Georg Rafael übernommen worden. Mit einem Aufwand von achtzig Millionen Dollar entstand daraus das Golf- und Tennishotel mit feinem Ambiente, eine exklusive Adresse einschließlich eigenem Jachthafen.

Damals wie heute besorgt der Hafenmeister ein Charterboot zum Hochseeangeln oder

andere Wasserfahrzeuge. Ein Bootsführerschein ist in Florida nicht vorgeschrieben. *Turnberry's Ocean Club,* unmittelbar am Atlantik gelegen, bietet einen meilenlangen Sandstrand, natürlich Swimmingpool, Sonnen-Cabanas und gute Möglichkeiten für Strandparties.

Die Morgensonne zaubert Silberglanz auf die Fluten des Meeres. Pelikane inszenieren vor imponierender Kulisse ein Schauspiel für Touristen. Mit sanften Flügelschwüngen umkreisen sie ihre Reviere und schießen dann wie schwarze Pfeile vom Himmel ins Wasser, um einen aus der Luft anvisierten Fisch zu schnappen. Mit nassem Kopfgefieder tauchen sie auf, würgen die Nahrung hinunter und schrauben sich mit schweren Schlägen wieder hoch. Die Straße führt am Strand entlang über eine sanft geschwungene Brücke zum Turnberry-Hafen.

Die Anlagen und Häuser mit den inzwischen 393 luxuriösen Zimmern und Suiten sind im mediterranen Stil gestaltet. Der Park wurde zu einem Botanischen Garten umfunktioniert mit einer überwältigenden Vielfalt prächtiger Orchideen. Geradezu spektakulär ist die Ausstattung des angegliederten Tennis-

clubs: 24 Plätze wahlweise mit Hartbelag oder Hartru (der grünen amerikanischen Asche), fast alle mit Flutlicht. Da bei der Breite des internationalen Angebots Anlagen allein kaum mehr Gäste binden, wohl aber kompetente Trainer und Sportdirektoren, sorgte der deutsche Hotel-Chef Jens Grafe in seinem Florida Resort für eine Top-Besetzung. Im Tennisbereich führt der Wimbledon- und Davis-Cup-Gewinner Fred Stolle Regie. Die zwei wundervoll angelegten 18-Loch-Golfplätze wurden von Robert Trent Jones entworfen und passen sich vollständig der Umgebung an, Spa und Wellnessbereich gehören zur Spitze auf dem Kontinent.

Die Zimmer und Suiten sind unterschiedlich ausgestattet, haben große Fensterpartien und Terrassentüren. Helle Hölzer dominieren, freundliche Pastellfarben und seidene Teppiche auf gefliesten Böden prägen den Rahmen. Dazu wurde feinstes Teakholz, Seide und italienischer Marmor für die Ausstattung verwandt. In den Zimmern installierte man gleich drei Telefone, damit sich Misters Business und Madams Freundinnengespräche nicht stören. Das Fernsehprogramm läuft auch im Bad.

Das Edelresort hat sich längst einen Platz unter den besten Gourmet-Hotels der Welt erkocht. Hier wurde die leichte Florida-Küche kreiert. Im *Country Club* verkörpert das *Veranda Restaurant* und die *Veranda Bar* die lässige Eleganz des Sonnenstaates. Der *Grill* bietet Bistro-Flair mit dem besten Stone-Crabs-Essen.

Im mediterranen Stil präsentieren sich die fast vierhundert luxuriösen Zimmer und Suiten

TURNBERRY ISLE RESORT & CLUB

1999 West Country Club Drive
Aventura, N. Miami, FL 33180-2401
Tel.: 001-305-932 6200
Fax: 001-305-933 6560
www.turnberryisle.com
343 Zimmer, 50 Suiten
Zimmer von 224 bis 487 Euro,
Suiten von 377 bis 3831 Euro

Unter der Sonne von Florida und im leichten Wind, dort, wo die Keys nach und nach ins Meer tröpfeln, findet der Gast das totale Entspannungsprogramm

THE RITZ-CARLTON
Key Biscayne

Es begann am frühen Morgen, »take it easy – have fun«, hatte der Liftboy auf dem Weg abwärts gesagt. Es war der erste, unmissverständliche Befehl, die Dinge leicht zu nehmen, Spaß zu haben, die Sonne im totalen Urlaubsparadies zu genießen. Nach flauen und durchwachsenen Jahren erlebt Florida, der Sonnenstaat der USA, einen gewaltigen Boom. Trotz des hohen Dollarkurses steigt die Zahl der Langzeiturlauber, wird die Besucherschar deutlich jünger.

Wie die Sonne die Fünf-Sterne-Hotellerie aufblühen lässt, macht die Hotelkette mit dem Löwenkopf im Wappen, Ritz-Carlton, deutlich. Von ganzen 45 Luxushotels in fünf Kontinenten weltweit werden demnächst neun in Florida operieren (jedes fünfte Haus der Gruppe).

Als Anfang der achtziger Jahre in Naples das schlossartige Bauwerk des ersten Resorts der vom Deutschen Horst Schulze konzipierten Gesellschaft eröffnet wurde, stand Miami noch vor den Trümmern seiner Ignoranz und Selbstzufriedenheit. Der Verfall des Sonnenstaates schien gewiss.

am *Sandbar Grill* zu, der den ganzen Tag über leichte Florida- und scharf gewürzte Karibik-Küche offeriert. Für Feinschmecker ist das *Aria* ein ideales Genusszentrum, für das der Sternekoch Jordi Valles die Verantwortung trägt.

Dieses besonders kinderfreundliche Hotel spricht noch eine andere spezielle Zielgruppe an: Tennisspieler, die sich im deutschen Winter auf die Spiele der Club-Saison im Frühjahr vorbereiten wollen. Elf Tennisplätze mit grünem amerikanischem Sand, der vom Tempo her mit unserer roten Asche vergleichbar ist, sind eine glänzende Basis. Das Team der Pros (Lehrer) unter Leitung der Tennislegende Cliff Drysdale bringt auch hochklassige Spieler in Schwung.

Wem nach hartem Drill am Abend die Knochen weh tun, kann sich im Key Biscayne Spa pflegen lassen. Dort werden allein 21 verschiedene Massageprogramme und Aromatherapien angeboten. Michael Carsh, der schon das Strandhotel auf Amelia Island zur Top-Adresse gemacht hat, muss hier allerdings noch für eine Optimierung der Organisation sorgen.

Key Biscayne profitiert von der günstigen Lage außerhalb Miamis, dort, wo Florida mit den Keys ins Meer tröpfelt. Wenn man glaubt, Wolken zu atmen, wenn einem das Meer wie Zellophan auf der Haut glänzt, dann ist in der Tat Florida-Sommer. 92 Prozent Luftfeuchtigkeit bei 30 Grad. In Key Biscayne bleibt's erträglich, weil stets ein frischer Wind weht.

Luftig leicht in zarten Farben anstelle der eher schweren englischen Club-Atmosphäre offeriert das Haus in Key Biscayne seine Ferienangebote

Doch dann wendete sich das Blatt, vieles wurde besser, der Staat beliebt wie nie. Ritz-Carlton reagierte am Schnellsten. Wettbewerb, auch in der eigenen Gruppe, ist qualitätsfördernd. Luftig-leicht in zarten Farben anstelle der dunklen englischen Club-Atmosphäre offeriert das neue Haus in Key Biscayne, Miamis schönstem Anhängsel, seine Ferienangebote. Und dort, wo die Latinos mit Gitarren und Bass den Straßenlärm zu übertreffen versuchen, wo die Nächte heiß, laut und vor allem lang sind, in Coconut Grove, findet das nächste Grand Opening statt. The Grove ist das bunteste Steinchen im Mosaik von Miami. Vor gut siebzig Jahren wurde das ehemalige Künstlerdorf eingemeindet. Und mittendrin entstand jetzt, von einer Investorengruppe initiiert, ein italienischer Palazzo als Stadthotel, kombiniert mit Residenzen, wie das in der Nobelhotellerie zurzeit üblich ist.

Ursprünglich sollte das Hotel Flaggschiff der Grand-Bay-Gruppe werden. Doch nach dem Verkauf wurde der zentrale Bau im teuren Ensemble ein *Ritz-Carlton* mit insgesamt 402 verfügbaren luxuriösen Zimmern, Suiten und Appartements (mit Küche).

Gleich vor der Gartenanlage des Hotels leuchtet das weiße Sandband des Grand-Bay-Strandes. Alle Wassersportarten sind dort möglich. Völlig unkompliziert und total relaxt geht es

OCEAN CLUB
Bahamas

Die warmen Gewässer rings um die Ufer der grünen Inseln, namenlosen Felsen und unbewohnten Keys sind durchsichtig, klar. Die Farbe wechselt vom zarten Blau des Golfstroms in ein leuchtendes Grün. Das Klima ist fast makellos.

Die Touristen kommen, um Meer und Inselatmosphäre zu erleben, um zu segeln, zu schwimmen und zwischen korallenüberkrusteten Wracks zu tauchen.

Wenn von den Bahamas die Rede ist, denken Vielreisende in erster Linie an Nassau, die helle, erregende Hauptstadt, und New Providence, die Insel, auf der sie liegt. Die Wirklichkeit ist anders.

Die schönsten Strände unter der Sonne bietet Paradise Island, das kleine Anhängsel der Hauptstadt, durch eine unförmig geschwungene Brücke mit der Hauptinsel verbunden. Am blütenweißen, mehlfeinen Strand dösend beobachten, wie einheimische Frauen mit Grazie Körbe voller Kokosnüsse und Ananas auf dem Kopf balancieren, dazu Rum und Reggae, das ist Balsam für stressgeplagte Seelen.

Nirgendwo lässt sich das besser und kultivierter unter Palmen erleben als im *Ocean Club*. Seine Sterne verdient das eleganteste und exklusivste Clubhotel des Archipels mit einer atemberaubend schönen und höchst wertvollen Anlage. Die Zimmer liegen um einen tropischen Wassergarten und etliche entlang dem weißen Strand. Die Parkanlage, den Gärten von Versailles nachempfunden, wurde mit einem aus Montréjeau (Frankreich) importierten Anglikanerkloster aus dem 14. Jahrhundert kombiniert, das man Stein für Stein über den Atlantik gebracht und wiederaufgebaut hat.

Vor allem aber verdankt das Resort seine Renaissance dem persönlichen Einsatz des südafrikanischen Baustrategen Sol Kerzner. Der trimmte nach bitterer Talfahrt das Hotel wieder auf den Kurs der Allerbesten. Seine Gruppe Sun International, Eigentümer seit 1994, brachte den Club mit einer zweistelligen Millionen-Dollar-Investition auf Hochglanz. Seither leuchten die weißen Fassaden im Kolonialstil wie früher zwischen den Palmen der Manor Lawn, der Herrenhaus-Wiese.

Kerzners Resort- und Casino-Unternehmen gab sich freilich mit einer Renovierung nicht zufrieden. Eine groß angelegte Erweiterung macht den *Ocean Club* noch interessanter. So betreut Jean Georges Vongerichten, einer der Superstars der Küche weltweit, das Gourmet-Restaurant *Dune*. Neu ist auch der *Cresent Wing*. Er besteht aus fünf einstöckigen Häusern. An der Rückseite schlängeln sich neue

Wege durch üppiges Tropengrün. Terrassen und Balkone gehen zum weißen Sandstrand hinaus.

Die Einrichtung wurde urlaubsfreundlich in frischen Farben und mit dezenten Blumenmustern aufgehellt. In den Suiten und den Villen gibt es täglich die Ausbeute eines Marktbesuches an Blumenschmuck und frischem Obst. Buchen Sie unbedingt »Ocean Front«. Vom Balkon der Zimmer mit Ocean View kann man fast auf den Strand springen.

Die *Courtyard Terrace* gehört zu den romantischsten Restaurants der Welt. Abends brennen die Fackeln, wird auf chinesischem Wedgewood-Geschirr serviert. Nur mit dem Service gibt es immer noch Probleme, aber bei der fröhlichen Einheimischen würde sich auch ein Drillfeldwebel die Zähne ausbeißen. Besser ist es freilich schon geworden.

Alle sportlichen Möglichkeiten sind im *Ocean Club* selbstverständlich: neun Har-Tru-Tennisplätze, 18-Loch-Golfplatz, Wassersport, Spa.

Zumindest für einen Tag sollte man aber die räumliche Nähe nutzen und vom nahen Flughafen aus einen Ausflug zum zierlichen Eiland Eleuthera unternehmen, der Insel, die zu den Family Islands zählt. Allein neun Kilometer ist dort der Strand vor dem *Windemere Island Club*, einem Destination Resort höchster Exklusivität.

Romantik pur im elegantesten und exklusivsten Clubhotel des Archipels, das mit einer atemberaubend schönen und historisch wertvollen Anlage lockt

---

OCEAN CLUB, PARADISE ISLAND

P.O. Box N-4777
Nassau, Bahamas
Tel.: 001-242-363 2501
Fax: 001-242-363 2424
www.lhw.com/oceanclub
87 Zimmer, 14 Suiten, 5 Villen
Zimmer von 464 bis 945 Euro,
Suiten von 1263 bis 1521 Euro

Der baumlange schwarze Butler zupft vor jedem Handgriff seine Fliege zum breit gestreiften Hemd zurecht. Er serviert am Pool Mineralwasser auf Splittereis mit einer Blüte. Für Rum-Drinks ist es viel zu heiß. Die Sonne hat sich durch die Wasserwolken gebrannt und steht senkrecht über den schneeweißen Villen des *Half Moon Clubs*. Der Wind vom Meer heuchelt Abkühlung, während die Haut verbrennt. Der Duft wilder Ananasstauden und tropischer Pflanzen hängt in der Luft. Nicht weit entfernt türmen sich bizarre, vom Meer polierte Steine, die aus den hellgrünen Fluten ragen, wie Silvesterblei ins Meer gegossen.

Joy, das Hausmädchen, schneidet Papayas und Mangos auf, während in der Küche Lisa, die Köchin, das Abendessen richtet: fangfrische Fische und Hähnchen nach kreolischer Art mit viel Pfeffer und zwölf weiteren Gewürzen, so zubereitet, dass sich jeder Gast wie ein Feuerschlucker vorkommt. Die prächtig ausgestattete Villa mit eigenem Pool und Personal ist die edelste Form, im *Half Moon* zu wohnen.

Das *Half Moon* ist die interessanteste Ferienanlage im karibischen Raum. Das in mehreren Stufen ausgebaute Resort *Moon* wurde mit einem Shopping-Village zur Urlaubsstadt, die sich nunmehr drei Meilen am türkis schimmernden, glasklaren Wasser entlang ausbreitet.

HALF MOON
Jamaika

Neben der *Imperial Suite* (unten) sind die prächtig ausgestatteten Villen mit eigenem Pool und Personal die edelste Form des Wohnangebots im *Half Moon Club*

Wohl nirgendwo auf der Welt gibt es hinsichtlich Größe und Ausstattung so viele unterschiedliche Gästezimmer und Appartements. Da sind die Royal Villas, die Imperial Suites, die Royal und Superior Suites, die Junior und Deluxe Suites und die ganz regulären Superior Rooms.

Heinz Simonitsch, einer der Inhaber, gleichzeitig Generalkonsul Österreichs und als Wohltäter der Insel mit Auszeichnungen hoch dekoriert, nennt seine verschiedenen Angebote Imperial-, Royal- und Golf-Plan. Darin ist alles enthalten, was zwischen Bett und Bar sonst Nebenkosten verursacht, selbst der Golflehrer, die Tennisbälle oder der Champagner zum festlichen Dinner. Das empfehlenswerteste Strand- und Sport-Resort der Insel ist nicht nur ein Luxusdomizil, fünfzehn Minuten vom Flughafen Montego Bay entfernt, sondern bietet vor allem jüngeren Gästen einfache und kostengünstige Übernachtungen, in angenehmen Zimmern hinter der geschwungenen Sandbucht. In Montego Bay gibt es darüber hinaus neben dem *Elegant Resorts* einige Mittelklassehotels der Zwei- und Drei-Sterne-Kategorie.

Alle Räume sind von Simonitschs Ehefrau Elisabeth individuell ausgestattet mit Dekorationen, Wandschmuck und Tischdecken im Landhaus-Stil. Die Villen und Stadthäuser haben große Esszimmer und gemütliche Couchecken. Komplett ist das Sportangebot: Golf, Tennis, Fitness. Für Segeln und jede Art von Wassersport wurden die Voraussetzungen an den Stränden geschaffen. Das Health und Fitness Center wurde mit besonderer Sorgfalt eingerichtet. Einmal im Jahr residieren hier die vielleicht besten Physiotherapeuten der Leichtathletik, Spezialisten aus Kanada.

Am Abend geht es nach dem Drink bei karibischer Lifemusik in die unterschiedlichsten Restaurants. Ich liebe die *Sugar Mill* mit Candlelight Dinner und Cross-over-Küche. Das *Il Giardino* ist ein Kurzausflug nach Italien in karibischer Nacht mit Geigenuntermalung, Tenorgesang und authentischen Gerichten aus der Toskana. Nahe dem Meer sitzt man auf der *Seagrape Terrace* unter freiem Himmel. Einmal in der Woche findet in einer weit geschwungenen Bucht am Strand das BBQ statt. Zu den Stammgästen des *Half Moon* zählen unter anderem die Fürstenfamilie von Monaco, die einmal im Jahr kommt, aber ebenso Queen Elizabeth, Paul Newman, Goldie Hawn, Eddie Murphy, Lionel Richie sowie Vater und Sohn Bush. Vor ewiger Zeit schrieb John F. Kennedy hier sein Testament, aus Sorge, er könnte beim Rückflug in die Staaten verunglücken.

HALF MOON GOLF, TENNIS & BEACH CLUB

P.O. Box 80
Montego Bay
Jamaica, West Indies
Tel.: 001-876-953 2211
Fax: 001-876-953 2731
www.halfmoon.com.m
47 Zimmer, 174 Suiten, 32 Villen
Zimmer von 121 bis 332 Euro,
Villen von 864 bis 3257 Euro

THE RITZ-CARLTON

St. Thomas

Der freie Blick auf den Ozean und die Jungferninseln ist von den meisten Zimmern im Domizil auf St. Thomas möglich

Die karibischen Inseln, für viele Urlauber eine Palmen-Sonne-Strand-Einheit ohne große Unterschiede, haben tatsächlich alle eigene Gesichter, individuelle Vor- und Nachteile im Charakterbild. Eigenwillig wie Land und Leute präsentieren sich die Strandhotels und die touristischen Angebote. Jamaica dominiert bei Resorts mit All-inclusive-Konzepten, dem Urlaub ohne Nebenkosten. Antigua, die Grenadines sowie die Virgin Islands setzen weitere Highlights in der Hochpreis-Kategorie.

Nach den Rosewood-Hotels, die zur Champions League der Top-Domizile zählen (*Little Dick's Bay*, Virgin Gorda, und *Caneel Bay*, St. John) gehört das *Ritz-Carlton* zum Gipfel des karibischen Luxus und hat dabei mehr Konstanz und Hotel-Substanz.

Mediterrane Eleganz prägt das Domizil auf St. Thomas, 152 Zimmer, die meisten mit Karibik-Blick, einige Gardenview Rooms, vier riesige Suiten in einem separaten Gebäude, alle mit großen Terrassen und dem Ozean und den Jungferninseln als Optik. Gleich vor den Gebäuden lockt der blütenweiße Sandstrand von gut einem Kilometer Länge. Für Wassersportler gibt es kaum einen perfekteren Platz als die Jungferninseln.

Ob Picknick, Dinner oder nur ein paar Drinks, serviert wird an jeder Ecke des Resorts und des Badestrandes. Leiser, lässiger Luxus, ohne Gedränge, ohne laute Töne. Nach kurzem Aufenthalt wird der Weckruf durch Vogelzwitschern und Blütenduft am Morgen ersetzt. Wer sich selbst an einem solch paradiesischen Flecken sportlich betätigen will, kann die Tennisplätze über der Great Bay buchen, den 18-Loch-Golfplatz am Mahogany Run (Bill Clin-

Karibische Eleganz
und leiser, lässiger
Luxus, dazu blüten-
weiße Sandstrände.
Für Wassersportler gibt
es kaum einen
perfekteren Ort als
die Jungferninseln

tons Lieblingsplatz) aufsuchen oder sich im Fitness-Center mühen.

Das schafft Platz für kulinarische Genüsse kreolischer Art, die genießt man im *Iguna Restaurant* nahe dem Pool. Im *Dining Room* geht es steifer zu, wird zum Dessert jede Nacht karibisches Entertainment geboten. Ganz relaxt, ohne Kleiderzwang und ohne lange Wartezeit wird im Beach- und Pool-Pavillon sowie im Café serviert. Für den Abend haben wir den 18 Meter langen Katamaran gechartert, gleiten damit hinaus in den Sonnenuntergang, wie mit Hollywood-Farben koloriert.

Zwölf Meilen kurvige Straßen ist der C.E.-King-Airport vom Resort entfernt, idealer Ausgangspunkt für Insel-Hopping.

Puerto Rico mit der Hauptstadt San Juan ist der weit größere Nachbar und gilt mit dem internationalen Flughafen häufig nur als karibischer Transitort, ist aber auch ein guter Start-

platz für Entdeckungsreisen vom alten spanischen Viertel bis zu den Regenwäldern im Antillenbogen.

Seit den Tagen der großen Entdecker Cook und Bougainville wurde Inselsehnsucht durch den ewigen Wunsch und den Traum geweckt, aus dem hektischen Alltag zu fliehen. Auch dieses Ferienhotel profitiert davon.

THE RITZ-CARLTON ST. THOMAS

6900 Great Bay
St. Thomas, U.S. Virgin Islands 00802
Tel.: 001-340-775 33 33
Fax: 001-340-775 44 44
148 Zimmer und 4 Suiten
Zimmer von 216 bis 825 Euro,
Suiten von 609 bis 1883 Euro

CAP JULUCA
Anguilla

Wow, it's *Cap Juluca*. Am überzeugendsten sind Werbespots dann, wenn sie eigentlich für andere Produkte Reklame machen und dabei ein Hotel als Kulisse benutzen. Die herrliche Ferienatmosphäre in der Fernsehwerbung für Ferrero ist so ein Beispiel. Schöne Frauen in schwingenden weißen, rückenfreien Kleidern und mit ebenso blütenweißen Sonnenhüten naschen genüsslich Süßigkeiten.

Ein Werbespot für Millionen TV-Zuschauer, der erst einmal Appetit auf karibisches Glück macht, auf eine wunderbar unkomplizierte sorgenfreie Welt mit swingender Stimmung voll angenehmer Sinnlichkeit. Das Produkt im Spot wird sich kaum einer merken, nur diese eingefangene Leichtigkeit des Seins. Don't worry, be happy! Und der Koch sagt dazu: »Hier bei uns in *Cap Juluca* auf Anguilla«, und er spricht vom Herzen der Karibik.

Das Bilderbuch-Resort mit seinen weißen Bauten im arabischen Stil mit verspielten Kuppeln und Türmen versteckt sich hinter Palmen und tropischen Farnen. Die Terrassen und Veranden wurden nach dem vernichtenden Hurrikan nochmals schöner gestaltet. Alle Gebäude tragen Blumennamen, nahe liegend bei der blühenden Pflanzenpracht.

Natürlich ist das Schweben am Strand die liebste Beschäftigung, aber Tennis, Segeln, Golf, Krocket und Muscheltauchen halten bei der vorzüglichen Küche mit kreolisch-französischer Mischung körperlich fit. Erschwinglich wird das vorzügliche Angebot von Airtours. Nur damit ist es möglich, eine Woche mit Flug für rund 3300 Euro (Tel. Airtours 069-79280) buchen zu können.

Für die Arawak-Indianer, die einst in der Karibik lebten, war der Regenbogen eine Himmelsbrücke, auf der die Götter zur Erde kamen. So verehrten sie Juluca, den Gott des Regenbogens. Heute führt der Weg exakt in die andere Richtung. Wer in *Cap Juluca* eintrifft, kommt dem Paradies tatsächlich ein Stückchen näher, etwa, wenn er aus der Wanne im geräumigen Badezimmer das Firmament betrachtet oder aus dem Restaurant den unwirklich schönen Saum des Meeres und den Übergang zu türkisfarbenem Wasser. Das gilt für *Pimm's* ebenso wie für das Strandrestaurant *George's* im 72 Hektar großen Resort.

Damit ist reichlich Platz, um die weißen Gebäude zwischen Palmen, üppigem Grün und leuchtender Blütenpracht zu verstecken. Nirgendwo kommt das Gefühl auf, von touristischem Betrieb umgeben zu sein.

In vielen Elementen vermischen sich maurische und karibische Einrichtungs-Accessoires wie in den hübsch designten Marmorfliesen beispielsweise. Die luxuriöse Anlage, die mehrfach von Hurrikans zerstört und immer wieder moderner und noch schöner aufgebaut wurde, war ursprünglich vom südafrikanischen Börsenmakler Dian Friedland entworfen worden. Er zauberte ein ungewöhnliches Stück Marokko an die

Maunday's Bay, die sich mit ihrem makellosen Puderzuckerstrand an der Südwestküste des paradiesischen Eilandes erstreckt.

Kurz und knapp: *Cap Juluca* ist teuer, aber großartig geführt. Wer eine einzigartige kuschelwarme Wasserwelt sucht mit weißen Stränden, Sonne ohne Ende im Winter, aber europäische Sauberkeit, Präzision in der Führung und vorzügliche Küche erwartet, sollte hier buchen.

Weiße Bauten im arabischen Stil mit verspielten Kuppeln und Türmen, versteckt hinter Palmen und tropischen Farnen, dazu Sonne ohne Ende – hier ist ein Bilderbuch-Resort immer wieder verfeinert worden

CAP JULUCA

P.O. Box 240
Anguilla, British West Indies
Tel.: 001-264-497 6666
Fax: 001-264-497 6617
www.lhw.com/capjuluca
58 Zimmer und Junior-Suiten,
7 Suiten, 6 private Pool-Villen
Zimmer von 362 bis 959 Euro,
Suiten von 1377 bis 2287 Euro

K CLUB
Barbuda

Es gibt Karibikinseln, die zum puren Genuss bestimmt sind. Zum Beispiel? *K Club, Barbuda* steht in feinen Lettern auf der weißen Beechcraft, die sich leicht wie ein Moskito in die Luft schwingt. Das karibische Abenteuer beginnt beim Landeanflug. Die sechssitzige Maschine steigt nach fünfzehn Minuten Flug von Antigua noch einmal, klettert über hohe Palmenwipfel und stürzt dann wie ein Pelikan, der einen Fisch im Wasser anpeilt, steil nach unten auf die kurze Graspiste. Das Bremsmanöver setzt mit voller Wucht beim Aufsetzen der Räder ein. Wir sind auf Barbuda gelandet, der kleinen Schwesterinsel von Antigua in den West Indies.

So touristisch erschlossen Antigua ist, so ruhig und beschaulich geht es auf Barbuda zu. Es ist ein flaches und trockenes Eiland und die Hauptstadt Codrington ein verschlafenes karibisches Nest. Wenn es mich vor mehr als hundert Jahren nach Barbuda verschlagen hätte, dann höchstwahrscheinlich nur als Schiffsbrüchigen. Lange Zeit war *Coco Point* das einzige Hotel auf der Insel. Dann kam es zum Streit zwischen dem Management und dem finanz-

kräftigsten Stammgast, Mariuccia Mandelli, bekannt als Modeschöpferin Krizia aus Mailand. Da baute die resolute Dame kurzerhand am schönsten Strand für dreißig Millionen Dollar ihr eigenes Ferienresort, den *K Club*. Ganze 27 Bungalows mit einem großen Schlafzimmer (40 Quadratmeter) und luxuriös ausgestatteter Wohnterrasse sowie einige Doppelhäuser mit größeren Suiten.

Das Farbenspiel von Meer und Strand, leuchtendes Weiß und blasses Türkis, setzt sich nahtlos in der Gestaltung des abgeschiedenen Domizils fort. Weiß und Türkis sind die Gästezimmer gestrichen, leuchtet die unterkühlte Eleganz des hölzernen Clubhauses, sind die Fliesen, die Bettwäsche, auch das Porzellan, die Dekorationsstoffe und die Schürzen der Servicemädchen.

Mit allerhöchsten Noten muss man die Architektur und die Ausstattung des *K Club* bewerten, ebenso den schönsten Strand der Antillen und das glasklare Wasser. Das Gesamtbild der Natur sorgt für einen außergewöhnlichen Rahmen. Unzählige seltene Vögel in den Lüften, Pflanzenpracht hinter dem Saum des Mee-

Ein außerge-
wöhnlicher Rahmen –
glasklares Wasser und
der schönste Strand
der Antillen – für ein
außergewöhnliches
Inselresort

res. Ein Leben ohne Probleme? Gewiss, gäbe es nicht die lästigen Sandflöhe, die so schmerzhaft zwicken. Da helfen auch Spray und Creme wenig. Das Garten-Eden-Gefühl wird aber kaum gestört.

Gourmet-Genüsse bleiben nicht ausgespart. Die Menüs sind kreativ und handwerklich vorzüglich angerichtet. Lobster gibt es nach Herzenslust. Gemeint sind damit allerdings im warmen Gewässer gefangene fettere Langusten und nicht Hummer. Und: Red Snapper auf kreolische Art, mit Trüffelöl parfümiertes Risotto und italienische Spezialitäten wie zarte Kalbsfilets mit Zitronensauce.

Mit mir sind neunzehn Gäste im Insel-Resort. Viel mehr werden es nie. Damit lassen sich, auch bei höchsten Preisen, die Gesamtkosten des Edelhotels nur mit Zuschüssen aus der Krizia-Privatschatulle decken. Der Gast muss daran gewiss nicht denken, wenn er die Leichtigkeit des karibischen Seins genießt.

Die Atmosphäre ist paradiesisch: Robinson-Leben mit höchstem Luxus. Schwierigkeiten gibt es im karibischen Hideaway, das zur Gruppe der Leading Hotels gehört, allerdings

mit dem Management, oder andersherum. »Es ist nicht einfach mit Signora«, so die häufigste Auskunft.

Der italienische Adonis im zum Meer offenen Restaurant setzt mit Grandezza den Eiskübel neben den Tisch, vergisst aber dann, Wein und Wasser hineinzustellen. Für die Fahrräder fehlen die Ketten und den Golfplatz erobert sich schrittweise die Natur zurück. Es gibt Tage, da stört einen gar nichts.

K CLUB

P.O. Box 2288
Barbuda
Antigua, West Indies
Tel.: 001-268-460 0300
Fax: 001-268-460 0305
www.lhw.com/kclub
36 Zimmer, 9 Suiten
Zimmer von 559 bis 1342 Euro,
Suiten von 1286 bis 3131 Euro

FOUR SEASONS RESORT
Nevis

E s war der Tag an dem die Vögel rück-
wärts flogen. Wellblechteile fegten
wie Guillotinenbeile mit nahezu 300
Stundenkilometern durch die Luft.
Papierdrachen gleich stiegen Dächer zum
Himmel, und Telegrafenmasten wirbelten wie
Mikadostäbchen herum. Eisenträger verbogen
sich, als wären sie aus Gummi, und in Charlestown auf dem kleinen Karibik-Eiland Nevis zer-
legte der tropische Wirbelsturm ein Holzwerk.
Massive Hobelbänke wurden kilometerweit
davongetragen.

Der Hurrikan Lenny, der im Jahr 1999
über der Karibik wütete, verwandelte das *Four
Seasons Resort Nevis* am Strand gegenüber von
St. Kitts, mehrfach als beliebtestes Karibik-Do-
mizil ausgezeichnet, auf ganzer Breite in eine
Trümmerlandschaft.

Es ist die Härte im ständigen Umgang
mit winterlichen Wirbelstürmen, die die Menschen auf den tropischen Inseln unverzüglich
mit dem Wiederaufbau beginnen lässt, wenn
der Hurrikan gerade eben weitergezogen ist.

Die Schlechtwetterphase ist längst vorbei,
und die Karibik empfängt ihre Gäste mit Blü-
ten-Duft-Gewürzen und Gute-Laune-Musik.

Die Ferienstadt der kanadischen Luxus-
gruppe am Pinney's Beach gehört fraglos zu
den besten Four Seasons Resorts, ein Hideaway
wie *Cap Juluca*, *La Samanna* oder das *Petit St.*

Auf der kleinen Insel
Nevis ist die Karibik
auch nach Wirbelstür-
men paradiesisch wie
in der Werbung

Großzügige
Balkone und Mahagoni-
Möbel im »Plantation
Style« der West Indies
– die Einrichtung der
Wohneinheiten
ist fabelhaft

Vincent Resort ist sie nicht Mit 196 komfortablen Zimmern und luxuriösen Suiten in zweistöckigen Cottages ist weit mehr Hotelcharakter gegeben. Der Vorzug ist die nahezu fehlerfreie Organisation und die Kontinuität in der Qualität, die die schnuckeligen kleinen Verstecke nicht ganz garantieren können. Die Einrichtung der Wohneinheiten ist fabelhaft: großzügige Balkone, Mahagoni-Möbel im »Plantation Style« der West Indies. Auch bei den regulären Zimmern ist der Wohnbereich von der Schlafstätte deutlich getrennt gestaltet.

Bei längerem Aufenthalt freut man sich trotz der Naturerlebnisse auch über Kabelfernsehen, das die Welt auf die Insel bringt und über die Videoanlage (mit Videothek).

Die Badezimmer sind die vielleicht größten und luxuriösesten in der Karibik. Weil das private Zuhause so stimmt, wird hier der Room Service häufiger als sonst in Ferienhotels genutzt. Dabei bietet das Resort reichlich Abwechslung bei Gaumenfreuden und Tischgenüssen. So der Grill Room (leger) oder der Dining Room mit täglich wechselndem Dinner-Menü (eher formal und getragen). Hier speist man in elegantem Ambiente: Holzgetäfelte Wände, und im offenen Kamin knistert das Feuer. Im Cabana werden Lunch, Cocktails und Dinner serviert und das Gefühl vermittelt, man säße an der Reling eines Kreuzfahrtschiffes und schaute aufs weite Meer hinaus.

Natürlich hat das Four Seasons Nevis viele Gäste, doch das spürt man nicht, weil etliche auch die weiteren Möglichkeiten des Resorts nutzen: Ocean Terrace und Library.

Und einmal in der Woche startet die West Indian Night. Um sieben Uhr am Abend geht es mit Cocktails wie Planters Punch oder Daiquiri los, die Steel-Band hämmert los, und das vorzügliche Büfett mit Langusten satt, frischen Fischen, knusprigem Spanferkel und feinen Salaten macht das Genusserlebnis aromatisch.

Hier auf der kleinen Insel Nevis, wo das Four Seasons Resort dominiert, ist die Karibik noch wie in der Bacardi-Werbung. Entlang der

FOUR SEASONS RESORT NEVIS

P.O. Box 565, Pinney's Beach
Charlestown, Nevis, West Indies
Tel.: 001-869-469 1111
Fax: 001-869-469 1112
www.fourseasons.com/nevis
179 Zimmer, 17 Suiten, die meisten mit
Meerblick
Zimmer und Suiten von 362 bis 4602 Euro,
Villen von 892 bis 4462 Euro

Küste kultivieren Kleinbauern tropische Früchte und Gewürze.

Bei Condé Nast Traveler oder Travel & Leisure ist das Hotel seit Jahren die Nummer eins in der Karibik.

Das hat natürlich auch mit den sportlichen Möglichkeiten zu tun: Tennis, allgemein international im Abschwung, wird hier mit zehn Plätzen (auch europäische Asche) und besonders guter Schule gepflegt. Der Health Club offeriert zehn Programme, unter anderem Wasser-Aerobic.

Golfer sind in Nevis in der Überzahl. Der 18-Loch-Platz ist vom feinsten und das 15. Loch, das über eine kleine karibische Bucht angegangen werden muss, die besondere Herausforderung.

Curtain Bluff

Antigua

Geschichte, Ruhe und immer wieder Badespaß an 365 blütenweißen breiten Stränden verschmelzen in Antigua zur Einheit. Kaum eine Insel hat so viele außergewöhnliche Strandhotels wie dieser immer noch stark britisch geprägte Ort.

Doch das absolut beste Hotel auf der Insel ist das *Curtain Bluff*.

Auch nach dem Ausbau blieb der exklusive Charakter der Hotelanlage an der Old Road erhalten. Insgesamt siebzig Zimmer und Suiten stehen zur Verfügung. Alle mit Balkon, gefliestem Boden und karibischer Einrichtung. Nach Größe und Ausstattung unterscheidet Howard Hulford vier Kategorien: Superior, Deluxe, Executive Deluxe (was unserer Junior-Suite entspricht), Executive Suite mit einem oder zwei Schlafräumen.

Ein Tipp: Den weitaus schönsten Blick hat man auf dem Hügel. Im am höchsten gelegenen Haus wohnt der Besitzer selbst. Mit der Rundumverglasung dieses Bauwerks wird der Eindruck vermittelt, über der karibischen See zu schweben. Wenn man von der Hauptstadt St. John 25 Kilometer nach Südwesten fährt und den Höhenrücken der Insel passiert hat, leuchtet die schönste Bucht der Insel zwischen den Hügeln. Beim Näherkommen erkennt man eine Landzunge, die zwei Strandrundungen trennt. Darauf schmiegen sich die Häuser

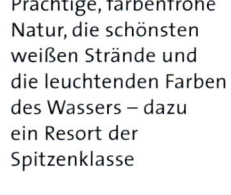

Prächtige, farbenfrohe Natur, die schönsten weißen Strände und die leuchtenden Farben des Wassers – dazu ein Resort der Spitzenklasse

Statt einer Klimaanlage lassen sich Türen und Fenster nach beiden Seiten öffnen, dazu wirbelt ein Ventilator

des Fünf-Sterne-Resorts an den Hang. Die weiten, weißen Sandstrände reflektieren das grelle Sonnenlicht. Das Wasser leuchtet in einem zum Ufer immer blasser werdenden Grün, das schließlich in das blendende Perlweiß des Strandes übergeht. Für mich ist das hier eine der schönsten Ecken der Antillen. Im *Curtain Bluff* vereint sich jeder nur denkbare Komfort, Eleganz der Ausstattung und perfekte Küche für höchste Ansprüche mit der Ursprünglichkeit der schönen westindischen Insel.

In mehreren Fertigungsabschnitten wurden die zweistöckigen Häuser alle unter Palmenhöhe erstellt. Die Zimmer haben zweifarbige Holzverkleidung und -decken, und statt einer Klimaanlage kann man Türen und Fenster nach beiden Seiten öffnen. An der Decke dreht sich der Ventilator. Der Erbauer und langjährige Chairman der Anlage legte großen Wert auf

Ambiente und
Möglichkeiten sind
dem Preis angemessen
– eines der teuersten
Hotels der Karibik

Gast eine auch für internationale Spitzenhotels in Europa außergewöhnliche Klasse. Die so genannten »Fünf Großen«, gemeint sind die besten roten Chateau-Gewächse aus Bordeaux, lagern ebenso mit den besten Jahrgängen wie die großen Montrachets aus Burgund.

Der Restaurantbereich besteht aus einer herrlichen Terrasse, einer großzügigen Bar-Lounge und dem etwas förmlichen Dining Room. Hier ist es vorbei mit der karibischen Lässigkeit: Krawatte und Jackett sind Pflicht.

Einmal im Jahr treffen sich die altgedienten Cracks des Tennis-Sports und organisieren das Jungsenioren-Turnier Antigua Open. Die Aktiven nehmen die Veranstaltung im Sonnenlicht locker. Oft bekunden sie, dass dieser Platz eigentlich viel zu schade für jede Art von Anstrengung sei. Dabei lassen sie den Blick über den gepflegten Golfplatz, über das im Blumenpark schön gelegene Open-Air-Restaurant sowie die Coconut-Bucht mit den weißen Segelschiffen streifen. Wichtig: In den Monaten Juli bis September ist das *Curtain Bluff* geschlossen. Das Hotel akzeptiert keine Kreditkarten.

geräumige Balkone mit wunderschön geschnitzten Ziergeländern. Frische Blumen sind auf der Insel selbstverständlich.

Den Weinkeller erreicht man über Steintreppen. Man durchläuft einige Klimaschleusen, die Temperatur wechselt von karibisch heiß zur Kühle Alaskas. Im Keller erlebt der

---

CURTAIN BLUFF RESORT

P.O. Box 288
Antigua, West Indies
Tel.: 001-268-462 8400
Fax: 001-268-462 8409
www.curtainbluff.com
70 Zimmer und Suiten
Zimmer von 619 bis 809 Euro,
Suiten von 800 bis 2115 Euro

LA SAMANNA
St. Martin

Auch in paradiesischer Umgebung gibt es Interessenkollision. Stressgeplagte Vielreisende freuen sich diebisch über Inseln, die außer ihnen sonst kaum einer kennt, die auf keinen Fall Massentourismus anziehen. Gerade mal ein paar Tagesausflügler von anderen Ferienzielen werden an weitläufigen Stränden toleriert. Die Verantwortlichen für Wirtschaft und Tourismus allerdings wollen, nachdem ihre Insel nach vier Jahrhunderten Tiefschlaf endlich aufgewacht ist, am allgemeinen Reiseboom, dem größten Geschäft der Welt, teilhaben. Geld aber bringen vor allem Gäste, die mehr als nur ein paar Stunden auf der Insel sind.

Im *La Samanna* bleiben Erholungssuchende mindestens eine Woche. Dieses wunderschöne Resort im eleganten mediterranen Stil mit tropischem Umfeld vereint überschäumende Lebensfreude der Karibik mit europäischer Lebensart — wie die Insel St. Martin selbst, die schon die ersten französischen und niederländischen Siedler in ihren Bann zog. *La Samanna*, seit 1996 im Besitz von Orient-Express Hotels, liegt direkt an der Baie Longue, der »langen Bucht« St. Martins mit ihren kilometerlangen, von Palmen umsäumten Sandstränden.

Alle 81 Zimmer und Suiten, die auf kleine Einzelbungalows verteilt sind, haben Blick auf die azurblaue See und einen eigenen Zugang zum Strand. Die Anlage mit tropischem Garten und Poolanlage ist nicht nur ein Paradies für Wassersportler jeglicher Couleur, sondern bietet zusätzlich einen Fitness-Pavillon, Tennisplätze und ein luxuriöses Spa mit Meerwasser-Therapie. Im Restaurant mit Panoramaterrasse zum Meer wird das kulinarische Erbe St. Martins präsentiert.

plätze, alle Wassersportarten und Möglichkeiten zum Grillen. Wer dennoch etwas von der Insel sehen möchte, ist in zehn Minuten in Marigot, der Hauptstadt des französischen Teils von St. Martin. So klein die Insel ist, der Flughafen Juliana hat sich zu einem Drehkreuz der Karibik entwickelt, auch für die anderen West Indies.

Zurück zu *La Samanna*: Das Orient-Express-Hotel gehört zu den wenigen Ausnahmen der Mitglieder, die sowohl bei den Leading Hotels of the World als auch bei den Preferred Hotels eingebunden sind.

Alle Zimmer und Suiten, auf kleine Bungalows verteilt, geben den Blick frei auf das türkisfarbene Meer und verfügen über einen eigenen Zugang zum Strand

Die Kombination aus französischer Küche und den einzigartigen karibischen Spezialitäten ist unwiderstehlich. Meine Favoriten waren kreolische Spezialitäten wie teuflisch scharf gewürzte Hähnchen oder krosse Krabbenküchlein.

Inmitten des 22 Hektar großen Strand- und Park-Gebietes finden die Gäste alle Möglichkeiten für Spaß und Unterhaltung, ohne das Hotel verlassen zu müssen: Bibliothek, Fitness-Pavillon, Aerobic-Schule, drei Tennis-

LA SAMANNA

P.O. Box 4077
97064 St. Martin, French West Indies
Tel.: 00590-875-400
Fax: 00590-878-786
www.lhw.com/lasamanna
10 Zimmer, 71 Suiter und Villen
Zimmer von 423 bis 4317 Euro

PETIT ST. VINCENT RESORT
Grenadines

D ie Zeit zwischen sechs und sieben am Abend müsste Stunden dauern. Die Sonne hat sich hinter dem grünen Hügel von Petit Martinique verabschiedet. Der Himmel protzt mit den Farben des Regenbogens, und Silberflitter glitzert auf Türkis. Die eleganten Fregattvögel scheinen in den Lüften zu Scherenschnitten erstarrt. Die Stimmung auf Petit St. Vincent, einer dieser winzigen Inselchen in den Grenadines, ist paradiesisch. Gewiss, das Paradies gibt es heutzutage weder in den Grenadines noch in Polynesien oder sonst wo. Es nimmt lediglich in unseren Vorstellungen und Träumen Konturen an, die sich ebenso schnell wieder verwischen und zu neuen Bildern formen.

Doch es gibt sehr wohl paradiesische Flecken in der Weite der Ozeane, ebenso wie in unzerstörter Bergwelt oder in lieblichen Auen. Und es gibt diese unbeschreiblichen Momente, wie hier im *Petit St. Vincent Resort*. Es ist ein Domizil für Romantiker, für Honeymooner und für Segler, die von Bootsplanken genug

haben, von den Grenadines aber nicht genug bekommen können.

Ganze 46 Hektar groß ist die Privatinsel, die bis auf die Kliff-Ecke rundum von blütenweißen Sandstränden umsäumt ist. Anders als mehrheitlich im Pazifik lädt der puderweiche Sand hier zum Barfußlaufen ein. Die 22 Cottages, über die Insel verteilt, sind mit Lavagestein, sicher gegen Hurricans gemauert und geschmackvoll eingerichtet. Wohnzimmer, Schlafbereich, Patio, großzügige Bäder. Fernsehen gibt es nicht, doch die Musik der Karibik wird über gut funktionierende Weltempfänger eingespielt.

Von den Strandcottages läuft man über Sand gleich ins warme Wasser. Auch diese Ferienbungalows garantieren private Atmosphäre, liegen aber doch enger beieinander als die Häuser am Berg mit der traumhaften Aussicht (Nr. 20-23) und am Kliff (Nr. 1+2).

Wer das so will, sieht hier ein oder zwei Wochen keinen Menschen, das Service-Personal einmal ausgenommen. Geselligkeit freilich ist im Zentrum des Insel-Clubs garantiert, in der

Die Mahlzeiten werden im Restaurant des Insel-Clubs serviert – oder diskret im Cottage

Bar, im Restaurant. Die Mahlzeiten (Vollpension gehört zum Paket) werden stilvoll serviert oder diskret im Cottage. Dazu verhilft die Flaggenparade. Zieht man die Gelbe am Mast hoch, eilt der Service mit dem Mini-Moke heran, hat man Rot gehisst, bleibt man völlig ungestört.

Unauffälligkeit und Diskretion bestimmen ebenso den Service am Strand. Das Picknick wird phantasievoll arrangiert, der Champagner steht im Eiskühler auf Silberbeinen, sanft von grünen Wellen umspült. Die dienstbaren Geister richten an und verschwinden. Die Küche im *Petit St. Vincent Resort* ist köstlich: frische Fische und Langusten aus dem Meer, kreolisch gewürzt, Fleisch aus den USA, auf Holzkohle oder Lavagestein gegrillt, einfache, aber appetitliche Pasteten.

Auch für sportliche Bewegung ist gesorgt. Ein Tennisplatz liegt windgeschützt am Rande des Waldes, Boote zum Rundern und zum Segeln sind am Strand verfügbar.

Die Anreise wird zum Sightseeing-Erlebnis und Abenteuer zugleich. Bis Barbados fliegen Sie mit der Linie oder mit Charter (acht Stunden von Deutschland). Wer bis vier Uhr am Nachmittag (Ortszeit) eintrifft, kann mit einem winzigen Maschinchen, vom Resort gechartert, in einer Stunde nach Union Island fliegen. Für die Alternative, mit Liat, der karibischen Linie, weiterzureisen, braucht man schon etwas Mut. Ich bin mit dem »Bummelflieger« über Grenada nach Union Island geflogen. In Carriacou Landeanflug über die Dorf-

straße. Brutales Abbremsen, das Flugzeug zittert und bebt, alles purzelt durcheinander. Wir stehen drei Meter vor einem Zaun. Herzklopfen auch beim Weiterflug. Weil die Startpiste zu kurz ist, wird ein paar Meter Wiese einbezogen, dann schweben wir wieder über Türkis, Palm Island, Tobago Cays, unzählige Landsplitter im Meer.

Das Hideaway für Romantiker, Honeymooner und für Segler, die auch einmal ausruhen wollen

PETIT ST. VINCENT RESORT

St. Vincent & The Grenadines
Korrespondenz über:
Petit St. Vincent Resort
P.O. Box 12506, Cincinnati, Ohio 45212
Tel.: 001-513-242 1333
Fax: 001-513-242 6931
www.lhw.com/psvincent
22 Luxus-Cottages
Cottages von 480 bis 961 Euro

THE RITZ-CARLTON

In den siebziger Jahren gab es auf der vorgelagerten Sandbank von Cancun auf der Halbinsel Yucatán an der karibischen Seite Mexikos ein paar Beherbergungshütten von lokalen Eignern. Heute reihen sich 120 (!) Hotels wie Perlen auf der Schnur am Strip hinter dem 21 Kilometer langen Sandstrand – die neue »Zona Touristica«. Dabei bauten die Hotelunternehmen zum Glück weniger in die Höhe als vielmehr in die Breite: großzügig in Golfanlagen eingebettet und häufig originell.

Das mächtige *Ritz-Carlton* wurde zum »besten Hotel Mexikos« gekürt. Die bauliche Strenge der äußeren Optik, eine Mischung aus Palazzo und Klostergemäuer, wurde durch einen verspielt gestalteten Pool- und Parkbereich

Im Innenhof eine
Kulisse für Romeo und
Julia, in den Zimmern
Luxus pur und als
Rahmen die Schönheit
der Karibik; unten: das
Gourmet-Restaurant
The Club Grill

mit Wasserwegen und Blumeninseln aufgelöst. Wenn die anrollenden Wellen der türkisblauen Karibischen See zu heftig werden, können die Gäste in den königsblauen Marmor-Schwimmbecken ungestörte Bahnen ziehen.

Die 365 Zimmer und Suiten sind im für Ritz-Carlton typischen Clubstil eingerichtet, aber eindeutig heller und urlaubsfreundlicher als in den amerikanischen Stadthotels. Die meisten Räume haben einen Balkon zur Meerseite und die bekannt aufwändigen Bäder.

Vor dem Hotel zieht sich der blütenweiße Strand, leider wurde er von Wirbelstürmen stark abgeschrägt, aber immer wieder aufgearbeitet. Die Narben, die die Stürme schlugen, sind immer noch erkennbar, trotz Bilderbuch-Karibik. Das Hotel selbst verkörpert das klassische Resort-Konzept der obersten Kategorie. Der gesamte Hotelbereich ist mit Plastiken und Kunstwerken von Heriberto Juárez verziert. Die Tauchschule ist fast selbstverständlich, die Flutlicht-Tennisplätze ebenso, die Massageabteilung steht, wenn Sie wollen, unmittelbar nach der Anreise bereit. Der Fitnessbereich ist mit modernsten Maschinen bestückt, Whirlpools mit heißem Mineralwasser und eine Aromatherapie mit Relaxing und Akupressuren runden das Erholungsprogramm ab.

Wenn Mexikos Präsident ein Wochenende frei nimmt, kommt er hierher, um zu entspannen. Und der Service? Hier ist eine für die Region geradezu untypische »Wie kann ich Ihnen behilflich sein?«-Bereitschaft eingezogen. Fragen Sie einen Mitarbeiter. Er wird Ihnen nicht wie in den übrigen Hotels der Gegend mit Handzeichen den Weg weisen (wenn er Sie überhaupt versteht), sondern Sie an Ihr Wunschziel begleiten. Auch individuelle Bitten, beispielsweise nach einem Kerzenlicht-Dinner am Strand, werden ohne Wenn und Aber erfüllt.

In einer Mischung aus Palazzo und Klostergemäuer erhebt sich am blütenweißen Sandstrand der Halbinsel Yucatán der architektonisch strenge Prachtbau

THE RITZ-CARLTON CANCUN

Retorno del Rey 36
Zona Hotelera
Cancun, Quintana Roo, 77500
Tel.: 0052-998-881 0808
Fax: 0052-998-881 0815
www.ritzcarlton.com
365 Zimmer und Suiten
Zimmer von 198 bis 608 Euro,
Suiten von 286 bis 4986 Euro

Im Garten Eden am Ende der Welt blüht auch die Wüste

LAS VENTANAS AL PARAÍSO

Glühende Sandwüste, endlose menschenleere Strände und die Weite des Ozeans, das waren lange Zeit die einzigen Vorzüge der Halbinsel Baja California, des tausend Kilometer langen Verbindungszipfels. Als einzige Besucher kamen Naturfreunde, Abenteurer, Whalewatcher, Reisende, die die 15 000 Grauwale an der Küste beobachten wollen.

Später folgte eine Studentenvereinigung, die hier ein Domizil für ungestörtes Kampftrinken erstellte, und im Norden wurde das *Hotel California* gebaut, das sich, eingefangen in einen Song der Eagles, millionenfach auf Plat-

tentellern drehte. Ansonsten Natur pur und sonst gar nichts. Unverfremdet, nicht parfümiert, nirgendwo mit Technik erdrosselt. Dann bekam das Naturschauspiel ein Domizil der Extraklasse verordnet, eingebettet in die Umwelt, ohne sie wirklich zu stören. Weiße Bauten wie die Dörfer des Landes und in der Anlage als herrliche Elemente immer wieder Wasser und Wüste.

Das ist *Las Ventanas al Paraíso* (was so viel wie das Fenster zum Paradies heißt) bei Los Cabos, gebaut von der Rosewood-Gruppe. Die 61 Suiten dieser ungewöhnlichen Hotelanlage sind großzügig geschnitten und bieten zwischen 90 und 280 Quadratmeter. Für kühle Abende wurde in jedes Appartement ein offener Kamin gemauert. Um die innere Wärme der Gäste in kalten Wüstennächten zu garantieren, bekam jede Wohnung auch eine Tequila Bar spendiert und für die Beobachtung der Wale, die hier ständig vorbeiziehen, ein starkes Nachtfernrohr.

Der Gast steht tatsächlich im Mittelpunkt der Überlegungen, auch wenn es um Einrichtung und Ausstattung geht. Beim Service sowieso.

Im Golf-Bereich hat Rosewood ein neues Zentrum geschaffen, vergleichbar dem in der Wüste von Palm Springs. Der Robert-Trend-Jones-Championship-Platz gehört direkt zum Resort, drei weitere wurden gleich daneben angelegt. Von den großen privaten Terrassen mit eigenen Jacuzzis unter ausziehbaren Sonnendächern, lassen sich die Profis beim Spiel beobachten und nach der anderen Seite ebenso der Sandstrand und das kristallklare Wasser.

Die unaufdringliche, in warmen Holztönen gehaltene Innenarchitektur schuf ein behagliches Ambiente. Ein Gourmet-Restaurant und ein Grill für Meeresfrüchte garantieren Gaumenfreuden.

Für Reisende, die sich nicht so sehr mit der Hotellerie beschäftigen, sei die Gruppe Rosewood Hotels & Resorts kurz vorgestellt. Die Besitzerin Caroline Rose Hunt begann mit den Fünf-Sterne-Häusern *The Mansion on Turtle Creek* und *The Crescent Court* in Dallas. Weitere Top-Adressen: die beiden Karibik-Resorts des US-Milliardärs Laurence S. Rockefeller, das *Little Dix Bay* auf Virgin Gorda und das *Caneel Bay* auf St. John.

Nach dem Verkauf der Mehrheitsanteile verließen viele Top-Manager die Gruppe. Bleibt zu hoffen, dass die Qualität dieses von der Konzeption her vorzüglichen Hideaways durch die Probleme nicht leidet.

Funktionalität mit mexikanischem Design, eng mit dem Meer verbunden

LAS VENTANAS AL PARAÍSO, LOS CABOS

Km.19,5 Carretera Transpeninsular
Cabo San Lucas, San Jose Del Cabo
Baja California Sur 23400
Tel.: 0052-624-144 0300
Fax: 0052-624-144 0301
www.lhw.com/ventanas
61 Suiten
Suiten von 613 bis 3904 Euro

WEITERE EMPFEHLUNGEN MIT KLEINEN SCHWÄCHEN

KANADA

CHATEAU WHISTLER RESORT, BRITISH COLUMBIA
4599 Chateau Boulevard
Whistler, British Columbia VON 1B4
Tel.: 001-604-938 80 00,
Fax: 001-604-938 22 91
www.fairmont.com/whistler
516 Zimmer, 34 Suiten
Zimmer von 106 bis 428 Euro,
Suiten von 178 bis 1143 Euro
Das absolute Spitzenhotel im recht jungen Skigebiet Whistler-Blackcomb, unglaublicher Stilmix in der Ausstattung

LE ROYAL MÉRIDIAN KING EDWARD, TORONTO
37 King Street East,
Toronto, Ontario M5C 1E9
Tel.: 001-416-863 31 31,
Fax: 001-416-367 55 15
www.lemeridien-kingedward.com
264 Zimmer, 30 Suiten
Zimmer von 250 bis 354 Euro,
Suiten von 375 bis 464 Euro
Ein Spitzenhotel mit guter Küchenleistung, aber stark als Konferenzhotel frequentiert, laut

USA

SONNENALP RESORT OF VAIL
20 Vail Road, Vail, CO 81657
Tel.: 001-970-476 56 56,
Fax: 001-970-476 16 39
www.sonnenalp.com
ein Zimmer, 88 Suiten
Suiten von 285 bis 2053 Euro
Ein Hotel der Faessler-Familie, gemütlich, mit gutem Spa

HOTEL JEROME, ASPEN
330 East Main Street, Aspen, CO 81611
Tel.: 001-970-920 10 00,
Fax: 001-970-925 20 50
www.lhw.com/jerome
76 Zimmer, 15 Suiten
Zimmer von 256 bis 787 Euro,
Suiten von 598 bis 1134 Euro
Zwar aufgefrischt, doch die beste Zeit liegt wohl hinter dem Leading Hotel

THE RITZ-CARLTON BOSTON
15 Arlington Street, Boston, MA 02117
Tel.: 001-617-536 57 00,
Fax: 001-617-536 93 40
www.ritzcarlton.com
231 Zimmer, 44 Suiten
Zimmer von 489 bis 545 Euro,
Suiten von 613 bis 3179 Euro
Erstes Ritz-Carlton, alte Lady der Grandhotels, trotz Pflege angestaubt, Sparmaßnahmen am Gast, umfassende Renovierung staht an

THE RITZ-CARLTON NEW YORK, BATTERY PARK
Two West Street, New York, NY 10004
Tel.: 001-212-344 08 00,
Fax: 001-212-344 38 01
www.ritzcarlton.com
254 Zimmer, 43 Suiten,
eine Ritz-Carlton-Suite,
Zimmer ab 250 Euro
Modernes Ambiente, keine typische Ritz-Carlton-Atmosphäre, schwacher F&B-Bereich

THE NEW YORK PALACE
455 Madison Avenue,
New York, NY 10022
Tel.: 001-212-888 70 00,
Fax: 001-212-303 60 00
www.newyorkpalace.com
816 Zimmer, 80 Suiten
Zimmer von 562 bis 844 Euro,
Suiten von 1012 bis 11255 Euro
Gute Lage, im Gebäude das Restaurant
Le Cirque, reduzierter Service

THE PIERRE, NEW YORK
Fifth Avenue at 61st Street,
New York, NY 10021
Tel.: 001-212-838 80 00,
Fax: 001-212-940 81 09
www.fourseasons.com
149 Zimmer, 52 Suiten
Zimmer von 517 bis 1069 Euro,
Suiten von 816 bis 6139 Euro
Einst die Top-Adresse in New York, heute leider häufig ungeschliffenes, unerfreuliches Personal

THE PLAZA, NEW YORK
Fifth Avenue at Central Park South,
New York, NY 10019
Tel.: 001-212-759 30 00, Fax: 001-212-759 31 67
www.lhw.com/theplaza
745 Zimmer, 60 Suiten
Zimmer von 393 bis 793 Euro,
Suiten von 731 bis 1840 Euro
Traditionshaus mit prächtiger Lobby; leider durch große Gruppen und Kofferreihen im Flur abgewertet

HOTEL PLAZA ATHÉNEE, NEW YORK
37 East 64th Street,
New York, NY 10021-7023
Tel.: 001-212-734 91 00, Fax: 001-212-772 09 58
www.lhw.com
117 Zimmer, 35 Suiten
Zimmer von 495 bis 709 Euro,
Suiten ab 1238 Euro
Sehr gute Führung des deutschen Hotelchefs; teilweise kleine Räume

THE ST. REGIS, NEW YORK
Two East 55th Street, at Fifth Avenue,
New York, NY 10022, USA
Tel.: 001-212-753-4500,
Fax: 001-212-787-3447
www.starwood.com
315 luxuriöse Zimmer und Suiten
Zimmer ab 600 Euro
Nach schlechter Führung geht es jetzt aufwärts unter dem erstklassigen Hoteldirektor Günter Richter; von der Ausstattung her ist das Hotel absolute Spitze

FOUR SEASONS HOTEL CHICAGO
120 East Delaware Place,
Chicago, IL 60611-1428
Tel.: 001-312-280 84 00,
Fax: 001-312-280 91 84
www.fourseasons.com
343 Zimmer, davon 152 Suiten
Zimmer ab 350 Euro
Eines der besten Hotels der USA; nur die
individuelle Ansprache fehlt

LE MÉRIDIEN, CHICAGO
520 North Michigan Avenue,
Chicago, IL 60611, USA
Tel.: 001-312-645 15 00,
Fax: 001-312-645 15 50
www.lemeridien-chicago.com
278 Zimmer, 33 Suiten
Zimmer von 285 bis 553 Euro,
Suiten von 576 bis 2851 Euro
17 Stockwerke hohes Business-Hotel
mit guten Arbeitsmöglichkeiten, wenig
geschulter Service

THE RITZ-CARLTON DEARBORN
Fairlane Plaza, 300 Town Center Drive,
Dearborn, MI 48126, USA
Tel.: 001-313-441 20 00,
Fax: 001-313-441 20 51
www.ritzcarlton.com
308 Zimmer, davon 15 Suiten
Zimmer ab 250 Euro
Einst das Top-Hotel von Detroit, heute das
am schlechtesten geführte Haus der
Gruppe; der strafversetzte holländische
Direktor führt nach sechzig Jahren immer
noch Krieg gegen die Deutschen

THE RITZ-CARLTON AMELIA ISLAND
4750 Amelia Island, Parkway,
Amelia Island, FL 32034, USA
Tel.: 001-904-277 11 00,
Fax: 001-904-277 11 45
www.ritzcarlton.com
449 Zimmer, 43 Suiten
Zimmer von 201 bis 1688 Euro
Einst einsames Spitzenhotel, heute von
riesigen Appartementhäusern eingerahmt
und überlaufen

THE FISHER ISLAND CLUB
One Fisher Island Drive, Fisher Island,
FL 33109, USA
Tel.: 001-305-535 60 26,
Fax: 001-305-604 23 95
www.fisherisland-florida.com
60 Zimmer, Suiten und Villen
Zimmer von 359 bis 2372 Euro
Domizil der Stars (Boris Becker); Apparte-
ments und Blick mit sehr unterschied-
licher Qualität

MANDARIN ORIENTAL, MIAMI
500 Brickell Key Drive,
Miami, FL 33131, USA
Tel.: 001-305-913 82 88,
Fax: 001-305-913 83 00
www.mandarinoriental.com/miami
329 Zimmer, davon 31 Suiten
Zimmer von 450 bis 855 Euro,
Suiten von 1140 bis 5703 Euro
Nicht empfehlenswert: laut, kalt, unper-
sönlich, hässlich gestaltet; ein Flop

THE BREAKERS, PALM BEACH
One South County Road,
Palm Beach, FL 33480, USA
Tel.: 001-561-655 66 11,
Fax: 001-561-659 84 03
www.thebreakers.com
503 Zimmer, 57 Suiten
Zimmer von 307 bis 792 Euro,
Suiten von 576 bis 4334 Euro
Viele Male aufgefrischt, aber nie wirklich
gelungen, prächtige Lage, alle Sportmög-
lichkeiten

FOUR SEASONS RESORT, PALM BEACH
2800 South Ocean Boulevard,
Palm Beach, Florida 33480
Tel.: 001-561-582 28 00,
Fax: 001-561-547 15 57
www.fourseasons.com/palmbeach
197 Zimmer, 13 Suiten
Zimmer von 410 bis 720 Euro
Das Hotel mit dem herrlichsten Blumen-
ambiente; Schwächen in der Strandaufbe-
reitung und im Wellnessbereich

FOUR SEASONS GEORGETOWN, WASHINGTON
2800 Pennsylvania Avenue,
N.W. Washington, D.C 20007
Tel.: 001-202-342 04 44,
Fax: 001-202-944 20 76
205 Zimmer, 55 Suiten
Zimmer ab 393 Euro
Einst die Nr. 1 im »offiziellen Washing-
ton«; heute dank der Lage touristisch
ausgerichtet

WILLARD HOTEL (INTERCONTINENTAL), WASHINGTON
1401 Pennsylvania Avenue NW,
Washington, D.C. 20004
Tel.: 001-202-628 91 00,
Fax: 001-202-637 73 26
www.intercontinental.com
299 Zimmer, 42 Suiten
Zimmer von 505 bis 679 Euro,
Suiten von 1571 bis 4265 Euro
Wurde noch vor dem Capitol gebaut, gut
renoviert, aber mit InterCont-Ausrich-
tung. Vergessen Sie das Restaurant

WINDSOR COURT HOTEL, NEW ORLEANS
300 Gravier Street,
New Orleans, LA 70130
Tel.: 001-504-523 60 00,
Fax: 001-504-596 45 13
www.windsorcourthotel.com
58 Zimmer, 264 Suiten
Zimmer ab 281 Euro,
Suiten von 348 bis 810 Euro
Eines der besten Orient-Express-Hotels;
liegt im Business-Distrikt

THE BOULDERS RESORT, CAREFREE, ARIZONA
34631 North Tom Darlington Drive,
P.O. Box 2090, Carefree, AZ 85377
Tel.: 001-480-488 90 09,
Fax: 001-480-488 41 18
215 luxuriöse Casitas,
alle mit großer Terrasse
Casitas ab 320 Euro
Alle Sport- und Fitness-Möglichkeiten;
insgesamt aber sehr rustikal

LODGE AT PEBBLE BEACH, MONTEREY

2700 Seventeen Mile Drive,
Pebble Beach, CA 93953
Tel.: 001-831-647 75 00,
Fax: 001-831-644 79 58
www.pebblebeach.com
155 Zimmer, 6 großzügige Suiten
Zimmer ab 400 Euro
Eine der Golf-Hochburgen der Welt, beliebtes Restaurant; oft recht arroganter Service

THE REGENT, LAS VEGAS

221 N. Rampart Boulevard,
Las Vegas, Nevada 89145
Tel.: 001-702-869 77 77,
Fax: 001-702-869 87 77
541 Zimmer und Suiten
Preise auf Anfrage
Hebt sich deutlich von den modernen Themenhotels ab; kommt dennoch in schwierige Finanzsituation

VENETIAN, LAS VEGAS

3355 Las Vegas Boulevard South,
Las Vegas, NV 89109, USA
Tel.: 001-702-414 10 00,
Fax: 001-702-414 11 00
www.venetian.com
3036 Zimmer und Suiten
Zimmer ab 200 Euro
Das jüngste der verrückten Kopien aus aller Welt; dennoch eindrucksvoll gemacht; jetzt unter deutscher Leitung

CAMPTON PLACE HOTEL, SAN FRANCISCO

340 Stockton Street,
San Francisco, CA 94108
Tel.: 001-415-781 55 55,
Fax: 001-415-955 55 36
www.camptonplace.com
101 Zimmer, 9 Suiten
Zimmer von 382 bis 524 Euro,
Suiten von 627 bis 2281 Euro
Kleines Hotel, in den letzten Jahren stark verbessert

THE PAN PACIFIC, SAN FRANCISCO

500 Post Street,
San Francisco, CA 94102
Tel.: 001-415-771 86 00,
Fax: 001-415-398 02 67
www.panpacific.com
297 Zimmer, 32 Suiten,
Zimmer von 444 bis 558 Euro
Suiten von 621 bis 3878 Euro
Gute Zimmereinrichtung, schöne Halle, aber reduzierte Dienstleistung

THE BEVERLY HILLS HOTEL

9641 Sunset Boulevard,
Beverly Hills, CA 90210-2938
Tel.: 001-310-276 22 51,
Fax: 001-310-281 29 05
www.lhw.com
203 Zimmer, Suiten und Bungalows
Zimmer von 416 bis 500 Euro,
Suiten von 782 bis 5819 Euro
Leading Hotel, eines der Traditionshäuser in Los Angeles

SHUTTERS ON THE BEACH, LOS ANGELES

One Pico Boulevard,
Santa Monica, CA 90405
Tel.: 001-310-458 00 30,
Fax: 001-310-458 45 89
www.lhw.com/shutters
186 Zimmer, 12 Suiten
Zimmer von 422 bis 709 Euro,
Suiten von 1041 bis 3376 Euro
Klassische Badekulisse; inzwischen leicht angestaubt; Leading Hotel

HUNTINGTON HOUSE, PASADENA

1401 South Oak Knoll Avenue,
Pasadena, CA 91106
Tel.: 001-626-568 39 00,
Fax: 001-626-585 64 20
373 Zimmer, 19 Suiten,
6 Cottages
Zimmer ab 500 Euro
Deutlich außerhalb gelegen; landschaftlich schön eingebettet. Bescheidener F&B-Bereich

RANCHO BERNARDO INN, SAN DIEGO

17550 Bernardo Oaks Drive,
San Diego, CA 92128
Tel.: 001-858-675 85 00,
Fax: 001-858-675 85 01
www.ranchobernardoinn.com
274 Zimmer, 13 Suiten
Zimmer von 269 bis 1125 Euro
Einst als Business-Hotel konzipiert, heute eine der beliebtesten Adressen Südkaliforniens

MEXIKO

CAMINO REAL LAS HADAS, MANZANILLO

Avenida De Los Riscos Y Vista,
Hermosa S/N, Peninsula de Santiago,
Manzanillo, Colima 28200
Tel.: 0052-3-334 00 00,
Fax: 0052-3-334 19 50
www.camino-real-hotels.com
196 Zimmer, 37 Suiten
Zimmer von 241 bis 472 Euro
Schönes Ambiente, lässiger Service

LAS BRISAS, ACAPULCO

Carretera Escénica, P.O. Box 281,
Acapulco 39868
Tel.: 0052-744-469 69 00,
Fax: 0052-744-446 53 28
www.brisas.com.mx
263 Zimmer, 32 Suiten
Zimmer/Suiten von 230 bis 433 Euro
Wundervolle Suiten, aber bescheidene Gästepflege

GRAND LOS CABOS

Carretera Transpeninsular Km. 10.3,
Los Cabos-Cabo de Sol
Baja California Sur 23410
Tel.: 0052-624-145 62 00,
Fax: 0052-624-145 62 01
www.lhw.com
250 Zimmer, 28 Suiten
Zimmer von 253 bis 364,
Suiten von 521 bis 3376 Euro
Natur pur, Wasser und Sand

CAMINO REAL, MEXICO CITY
Mariano Escobedo 700, 11590 Mexico, D.F.
Tel.: 0052-5-263 88 88,
Fax: 0052-5-250 68 97
www.camino-real-hotels.com
673 Zimmer, 36 Suiten
Zimmer von 212 bis 404 Euro,
Suiten von 449 bis 3095 Euro
Bestes Haus in der Riesenstadt

BRASILIEN, ARGENTINIEN

CAESAR PARK IPANEMA, RIO DE JANEIRO
Av. Vieira Souto 460, Ipanema,
22420-000 Rio de Janeiro
Tel.: 0055-21-2525 25 25,
Fax: 0055-21-2521 60 00
www.lhw.com
189 Zimmer, 32 Suiten
Zimmer von 368 bis 481 Euro,
Suiten von 671 bis 4033 Euro
Leading Hotel, ideal für Strandurlaub;
bescheidener Service

COPACABANA PALACE HOTEL, RIO DE JANEIRO
Avenida Atlantica, 1702,
22021-001 Rio de Janeiro
Tel.: 0055-21-2548 70 70,
Fax: 0055-21-2235 73 30
www.orient-express.com
108 Zimmer, 118 Suiten
Single von 399 bis 590 Euro,
Double von 433 bis 630 Euro,
Suiten von 652 bis 1688 Euro
Kultiviertes Haus, strenge Sicherheitsvor-
kehrungen

CAESAR PARK, BUENOS AIRES
Posadas 1232, 1014 Buenos Aires
Tel.: 0054-11-4819 1100,
Fax: 0054-11-4819 1121
www.lhw.com
152 Zimmer, 18 Suiten
Zimmerpreise 305 bis 371 Euro,
Suiten 539 bis 2515 Euro
Leading Hotel, unterschiedliche Zimmer-
qualität, Suiten empfehlenswert

PERU

MACHU PICCHU SANCTUARY LODGE, PERU
Monumento Arqueológico de
Machu Picchu, Cusco
Tel.: 0051-84-21 10 39,
Fax: 0051-84-21 10 53
www.orient-express.com
31 Zimmer, eine Suite
Zimmer ab 280 Euro
Ungewöhnliche Orient-Express-Lodge;
eingeschränkter Komfort

ELBOW BEACH HOTEL, BERMUDA
60 South Shore Road, Paget, Bermuda PG 04
Tel.: 001-441-236 35 35,
Fax: 001-441-236 80 43
www.mandarinoriental.com
161 Zimmer, 83 Suiten
Zimmer von 512 bis 545 Euro,
Suiten von 635 bis 4502 Euro
Beste Lage auf den Bermudas, bester
Strand; Bau- und Service-Fehler werden von
Mandarin Oriental langsam ausgebügelt

BRITISH VIRGIN ISLANDS

PETER ISLAND RESORT
Road Town, Tortola, British Virgin Islands
Tel.: 001-284-495 20 00,
Fax: 001-284-495 23 00
www.peterislandresort.com
49 Zimmer, 3 Suiten,
Zimmer von 844 bis 1001 Euro
Traum für Verliebte, schönste Bucht der
Karibik; eingeschränkter Service

LITTLE DIX BAY, VIRGIN GORDA
P.O. Box 70, Virgin Gorda,
Tel.: 001-284-495 55 55,
Fax: 001-284-495 56 61
www.littledixbay.com
98 Zimmer, 4 Suiten
Zimmer von 310 bis 956 Euro,
Suiten von 900 bis 1688 Euro
Von Rockefeller erbaut, heute Rosewood.
Immer noch Renovierungsbedarf.

WESTINDISCHE INSELN

SANDY LANE HOTEL, BARBADOS
St. James, Barbados
Tel.: 001-246-444 20 00,
Fax: 001-246-444 22 22
www.sandylane.com
112 Suiten, Preise auf Anfrage
Nach Abriss und Neuanfang des Tradi-
tionshotels muss sich Qualität aufbauen

HOTEL GUANAHANI, ST. BARTHÉLÉMY
Grand Cul de Sac, St. Barthélémy 97133
Tel.: 00590-27 66 60,
Fax: 00590-27 70 70
www.lhw.com/guanahani
75 Zimmer und Suiten
Zimmer von 326 bis 540 Euro,
Suiten von 664 bis 990 Euro
Eines der angenehmsten Karibik-Hotels,
Service freundlich, aber unbedarft

COTTON HOUSE, MYSTIQUE, ST. VINCENT & THE GRENADINES
P.O. Box 349, Mustique, St. Vincent
Tel.: 001-784-456 47 77,
Fax: 001-784-456 58 87
www.lhw.com
16 Zimmer, 4 Suiten
Zimmer von 596 bis 1406 Euro,
Suiten von 855 bis 1406 Euro
Klein, fein, aber nur einige Suiten wirklich
hervorragend, ansonsten Camp-Charakter

Die ultimativ besten Hotels in Afrika und im Indischen Ozean

AMANJENA
Marrakesch

Der Norden des geheimnisvollen schwarzen Erdteils hat wahrlich nicht viele Hotelgeheimnisse. Das *La Mamounia* in Marrakesch war über Jahrzehnte die einzige Adresse, für die sich ein Umweg lohnte. Ein paar arabische Domizile mit mehr oder weniger Luxus kamen hinzu, doch wirkliche Tausendundeinenacht-Romantik verbunden mit ordentlich geschultem Service gibt es erst mit dem »friedvollen Paradies« – so die Übersetzung für *Amanjena*, fünfzehn Minuten entfernt von Marrakesch und eine halbe Autostunde vom Klassiker *La Mamounia*.

Eine Kulisse aus Tausendundeiner Nacht mit duftenden arabischen Köstlichkeiten

Obwohl dieser Palast recht kurze Zeit geöffnet ist, zähle ich ihn zu den Top 99, weil diese einer Fata Morgana ähnelnde Anlage am Ufer des stillen Sees unwirklich schön ist. Um so viel Platz in einer Hotel-Wohnung wie in den 34 Pavillons und den sechs zweistöckigen Appartements des *Amanjena* mit privaten Pools und offenen Kaminen zu finden, muss man sonst schon die Präsidentensuite buchen.

Klasse und Detailaufwand der Ausstattung wie hier im marokkanischen Palast des Komforts und der Eleganz sind auch in den Vorzeige-Suiten anderer Edeldomizile selten zu finden. Hohe Mauern umschließen 280 Quadratmeter Privatsphäre, die jeweilige Villa ist da uneinsehbar eingebettet. Im Hof bilden üppig wuchernde Pflanzen, Palmen und ein Springbrunnen die Kulisse.

Ich genieße die schönen Bäder (zukunftweisend für die Hotellerie), hier vermählt sich Luxus mit kühler Funktionalität. Im Gegensatz zum *Burj Al Arab*, das den Gast mit noch mehr Aufwand empfängt, aber höchst fehlerhaft operiert, funktionieren im *Amanjena* Technik und Service einwandfrei.

Das ganze Hotel mit seinen vielen Einzelbauten ist einer Kasbah nachempfunden. Moscheen-Architektur nennt der Baumeister selbst den Stil. Die Farbe Rot dominiert, manchmal sanft wie alter Burgunder, manchmal leuchtend wie Feuerschein oder, am Abend, wenn die Sonne versinkt, in Rotgold getaucht. Alles typisch für Marrakesch, die Stadt, die im Arabischen Al Medina al-Hamra (»die rote Stadt«) heißt.

Selbst das aufregendste Ambiente und unvergessliche Atmosphäre machen letztlich nicht satt. Ohne Ausnahme gilt auch für die

besonderen Boutique-Hotels die belegte Erkenntnis, dass ein erstklassiger F&B-Bereich Platzierung und Bewertung maßgeblich bestimmt.

Zwei Restaurants mit grob unterschiedlichen Konzepten beglücken den Connaisseur. Das gelingt noch nicht regelmäßig, aber doch immer öfter. Morgenländische Opulenz im *Maroccan* (nur Dinner), leichte Crossover-Küche von mediterranen Fischgerichten bis Snacks, aromatisiert mit der ganzen Vielfalt asiatischer Gewürzmischungen.

Nach dem Genuss ziehe ich mich gerne in den stilvoll gestalteten Rundbogenraum zurück, der »Bibliothek« heißt. Warum, ist nicht genau zu sagen, denn die zu erwartenden Bücherregale fehlen. Hinter Glas findet der Gast aber ausgewählte Bücher, Magazine, internationale Zeitungen, CDs und DVDs sowie die notwendigen Abspielmöglichkeiten.

Prächtig ausgestattet ist ebenfalls die Bar (Fumoir) mit großem offenem Feuer und den edelsten Cognacs. Während hier lebhafte Kommunikation herrscht, ist die Bibliothek ein angenehmer Raum, um miteinander zu schweigen oder unterwegs notwendige Geschäftsabläufe zu regeln.

Morgenländisches Verwöhnprogramm ist im Hamam, dem orientalischen Dampfbad, angesagt, wo die Gäste massiert, gesalbt und mit Rosendüften eingestimmt werden. Auch das gehört zur arabischen Tradition, wenn in einer unruhigen Zeit ein friedvolles Paradies offeriert wird.

AMANJENA

Route de Ouarzazate, km 12
B.P. 2405, Poste Principale de Gueliz
Marrakesch, Marokko
Tel.: 00212-44-40 33 53
Fax: 00212-44-40 34 77
www.amanresorts.com
34 Pavillons und
6 zweistöckige Appartements
Pavillon ab 818 Euro,
Pavillon Bassin ab 869 Euro,
Suiten mit zwei Schlafzimmern
ab 1738 Euro,
Gartensuite mit zwei
Schlafzimmern ab 2198 Euro

LA MAMOUNIA
Marrakesch

Der Klassiker unter den nordafrikanischen Hotels – verzauberte Welt und perfekter Service

Sieben Hektar groß sind die Gärten des Wohn-Palastes *La Mamounia*, dieses Paradehotels Marokkos. Die Größe eines Fußballplatzes hat allein der Pool, den Prinz Mulai Al Minum im 18. Jahrhundert in die Wüste bauen ließ. Ein Jahr lang schufteten die Sklaven, bis die größte Badewanne Afrikas fertig war. Neben dem in Beton gefassten See hinter uralten Olivenbäumen, direkt an der rötlichen Stadtmauer innerhalb des Bab Bjedid, liegt die Luxusherberge, die ursprünglich ein Casino war und 1926 zum Hotel im maurischen Stil umgebaut wurde.

Pagodenähnliche lachsrote Poolgebäude mit smaragdgrünen Dächern, mit der *Bar du Soleil* sowie dem Büfett-Grill *Les trois Palmiers* sind um die Badelandschaft gruppiert. Direkt am Pool wachsen große, alte Dattelpalmen, die jeweils als Ensemble zu sechs bis acht Bäumen wie Blumenbouquets gepflanzt wurden. Eine Hecke schirmt den Blick zu den weißen Pool-Liegen und Sonnenschirmen ab.

Der Aufenthalt in diesem nordafrikanischen Hotel ist schlicht ein wollüstiger Rausch der Sinne. Es gibt keine Abstriche, wenn man nur genießen will und nicht so genau hinschaut. Kritiker, die sich mit dem Leben und den Abläufen unbeeindruckt auseinander setzten, nannten das Hotel allerdings ein Kino, eine Attrappe aus Marmor und Kristall in einem grotesken Umkehrprozess, in dem Filme nicht mehr die Welt abbilden, sondern

das Leben sich dem Kino nachbildet. Es ist nicht ganz von der Hand zu weisen, dass in der Tat eine entrückte Kulisse geschaffen wurde für ein orientalisches Traumtheater, dessen Gäste allesamt Komparsen sind.

Der Concierge regelt alles und jedes, gegen Bakschisch, versteht sich. Ein Kellner verriet mit Verschwörermiene, der Concierge sei der heimliche Großwesir der Kleinkorruption in dieser Stadt. Bis auf Golf sind alle Sport- und Fitnessaktivitäten im Hotelkomplex integriert.

Dieses *La Mamounia* an Marrakeschs Avenue Bab Djedid, zehn Minuten vom Menara Airport entfernt, wurde 1923 als Casino gebaut, dann in ein Hotel umgewandelt und 1936 total renoviert. Eine Verschönerungskur brachte 1986 das beste Hotel Afrikas (es ist den Leading Hotels of the World angeschlossen) auf Hochglanz. Die umfassenden Renovierungsarbeiten dauerten ganze 150 Tage, weil der Einsatz von zusätzlichen Helfern kein Thema war. Marokkos König Hassan, über den

Der Prunk des Orients mit wertvollen Details

Staat indirekter Besitzer des Palastes, hatte die Überarbeitung angeordnet und dem Auftrag höchste Priorität gegeben. Ende der neunziger Jahre erfolgte die nächste Frischzellenkur.

Das Hotel behauptet, die Renovierung sei im Stil der zwanziger Jahre ausgeführt worden, und nennt deshalb seine Galerie »Rennie

Das Bett im Mittelpunkt – Schlafkomfort der teuersten Art

Mackintos«, denn der Jugendstil war damals gerade hoch im Kurs. Was den Stil angeht, ist vieles recht frei interpretiert. Die Winston-Churchill-Suite (Nummer 300) ist so, wie sich Marokkaner einen englischen Club vorstellen: Bilder von und mit Winston Churchill; das Kammerdiener-Zimmer wurde zu einem Raum für den Leibwächter des illustren Gastes umgebaut. Die Jalousien können vom Bett aus betätigt werden. Alles sehr beeindruckend, vor allem der Preis in dieser ansonsten so armen Stadt.

Die 171 Zimmer, 57 Suiten und drei Villen sind in verschiedene Komfort-Kategorien aufgeteilt. Achten Sie darauf, dass Sie Räume mit Gartenblick ordern.

Gleich links vom Pool führt der Weg an einem runden Art-decó-Brunnen vorbei, in dessen Bassin lachsrote Rosenblüten schwimmen (wie auch in allen anderen Bassins und Brunnen des Hotels). Das Squash-Center mit eigenem Fitnessraum hat drei Courts; und in jeder Ecke stehen tönerne Vasen, in denen Trockenblumen duften.

Das besonders Auffallende am Health Club ist eine lange, von Marmorsäulen getragene weiß-blaue Galerie, in deren Mitte parallel dazu ein wassergefülltes Becken mit blaugrünen Mosaikornamenten verläuft. Das Wasser soll das Leben und die Reinheit symbolisieren.

LA MAMOUNIA

Avenue Bab Jdid
Marrakesch, Marokko
Tel.: 00212-44-44 44 09
Fax: 00212-44-44 49 40
www.lhw.com/lamamounia
171 Zimmer, 57 Suiten, 3 Villen
Zimmer von 199 bis 478 Euro,
Suiten von 299 bis 1794 Euro

AL BUSTAN PALACE
Oman

Nebukadnezars Traum
wurde als Gästehaus
für die Präsidenten und
Sultane der Nachbar-
länder verwirklicht

Die arabischen Investoren, die bisher überall in der Welt Hotels gebaut haben, um ihre Ölmillionen gewinnbringend anzulegen, konzentrieren sich jetzt verstärkt auf den Tourismus in der eigenen Region, als zweites Standbein zum Schwarzen Gold. Beispiele für die Neuorientierung gibt es wie Edelsteine im *Diadem*. In den Vereinigten Arabischen Emiraten das *Beach Rotana Hotel*, das *Al Maha Desert Resort*, der gewaltige *Burj Al Arab*, das *Emirates Towers Hotel*, das *Jumeirah Beach Hotel* und im Oman ist es das Grandhotel *Al Bustan Palace*, das gemeinsam mit dem von Regent übernommenen Tophotel in Hongkong, dem *Willard* in Washington und dem *Carlton* in Cannes zu den Vorzeigeobjekten der Inter-Continental Hotels gehört.

In der Hotelhalle des *Al Bustan Palace*, der Edeladresse in Oman, die in nahezu allen Ranglisten zu den Besten der Welt gehört, duftet es nach Weihrauch, in jedem Gang schwebt das würzige Aroma der »Tränen der Götter«. Der Duftstoff hat hier im Orient keine religiöse Bedeutung, er gilt als Parfum und Heilmittel. Der Rauch des getrockneten Harzes umhüllt im Hotel mit arabischer Pracht ein Märchen aus Tausendundeiner Nacht inmitten tropischer Gärten am weißen Sandstrand des Golfs von Oman.

Der Luxus ist so märchenhaft wie das Land in seiner Ausstrahlung. Erdacht hat man sich *Al Bustan Palace* als Gästehaus für die Präsidenten und Sultane der Nachbarländer. Das erklärt das prunkvollste Ambiente.

Jeder Raum ist aufwändig mit arabisch gemusterten Kacheln und filigran geschnitzten Holzmöbeln gestaltet und damit Vorbild für drei weitere Prachthotels, die in den Emiraten erbaut werden sollen.

Das *Al Bustan* erinnert ein wenig an den prächtigen Palast mit den sagenhaften hängenden Gärten, den Nebukadnezar, König von Babylon, einst schuf.

Badeferien sind inzwischen möglich in einem Land, das sich langsam öffnet

Die gigantische Halle mit dem weißen Marmorbrunnen, sternförmig gebaut, ist der perfekte Einstieg in den orientalischen Luxus: viel Gold, viel Schnitzwerk, edle Dekostoffe. Erster Eindruck beim Rundumblick.

Ich fahre hoch in die neunte Etage, wo die Wasserhähne aus purem Gold sind. Anschauen erlaubt, wohnen nicht. Dieses Stockwerk bleibt dem Sultan und Staatsgästen vorbehalten. Meine »Durchschnittssuite« mit immer noch spektakulären 160 Quadratmetern wirkt ebenfalls wie ein privates Schloss. Als das *Al Bustan* geplant wurde, war das die von den Innenarchitekten vorgegebene Ausrichtung. Es sollte ein nationales Symbol des Reichtums in Oman werden.

Auch Nebukadnezars Traum, oder besser seine aktuelle Interpretation, konnte das vorübergehende Ausbleiben der Gäste nach dem Feldzug der Amerikaner gegen den Terror nicht verhindern. Die Belegungszahlen des *Al Bustan* wie auch der Luxushotels in Dubai und Doha rauschten ins Bodenlose, haben sich aber wieder erholt.

AL BUSTAN PALACE

Palace P.O. Box 1998
Postal Code 114
Muttrah, Oman
Tel.: 00968-79 96 66
Fax: 00968-79 12 69
www.interconti.com
216 Zimmer, 31 Suiten
Zimmer von 380 bis 420 Euro,
Suiten von 430 bis 2125 Euro

Das Hotel am südöstlichen Zipfel der arabischen Halbinsel offeriert 216 luxuriöse Zimmer und 31 unterschiedlich große, elegante Suiten. Alle haben ausladende Balkone.

In der Küche des französisches Spezialitäten-Restaurants wird klassisch wie bei Paul Bocuse gekocht, die *Al Kairan Terrace* präsentiert zweimal täglich ein Büfett mit arabischen Spezialitäten. Zur Abwechslung genießen wir im *Beach Pavillon* Meeresfrüchte vom Grill und knackige Salate in der italienischen Trattoria.

Gourmet-Freuden, schön und gut, doch zum Ausgleich des köstlichen Angebotes ist das komplette Programm eines Sporthotels geradezu zwingend: Tennis, Squash, Polo, Gym für die Fitness sowie jede Art von Wassersport. Viel Spaß, aber übertreiben Sie es nicht.

BURJ AL ARAB

Dubai

Ein überdimensionales Segel ist zum Wahrzeichen am Strand von Dubai geworden

Bei der ersten Begegnung mit *Burj Al Arab*, dem arabischen Tower von Dubai, fiel mir ein Gerüst in der Spitze des riesigen schwimmenden Segels vor der Küste Dubais auf. Bauarbeiter hatten es schlichtweg vergessen. Symptomatisch für das teuerste Hotelprojekt aller Zeiten – mit umgerechnet mehr als fünfhundert Millionen Euro Baukosten. Das unglaublich aufwändige Hotel – allein darum hier in der Liste – hat den höchsten Zimmer- und Ausstattungsstand, aber vieles funktioniert nicht und schon gar nicht der Service. Dennoch kann man an diesem außergewöhnlichen Domizil nicht vorbei. Es ist höher als der Eiffelturm und nur geringfügig niedriger als das Empire State Building in New York. Sein Innenleben ist unvergleichbar, alles was wie Gold aussieht, ist echtes Gold.

Es gibt nur Suiten im *Burj Al Arab*, 202 sind es im Ganzen, jede geht über zwei Etagen, schon die »einfacheren« mit 170 Quadratmetern Fläche sind eingerichtet wie Träume aus arabischen Nächten. Der Wohnbereich unten hat eine Arbeitsnische mit Laptop, Fax, Kopiergerät, eine Bar, einen Essbereich und eine üppige Polsterlandschaft und wie der Schlafbereich im Obergeschoss ein Panoramafenster, das vom Boden bis zur Decke einen wunderbaren Blick auf das Meer und die Küste von Dubai zeigt.

Die Wohnungen sind in den Farben gestaltet, die im ganzen Haus dominieren: Blau, Gold und Rot, die Farben der See, der Sonne und des Sonnenuntergangs, und wie im ganzen Haus lebt man umgeben von kostbarsten Materialien, farbenfrohen, handgewebten Teppichen aus Südafrika, Indien und England, Marmor aus Carrara, brasilianischem Granit, Mosaiken mit Glas aus Norditalien, Stoffen aus Irland. Alles, auch die Bilder und Skulpturen, die phantasievoll arabische Themen variieren, sind speziell für *Burj Al Arab* angefertigt. Mit dem Panoramalift rauscht man musikumfächelt durch die riesige Lobby, in der ein Hochhaus Platz fände. Bis zum dritten Rang ragen goldene Säulen auf wie Fackeln mit gewaltigen goldenen Flammen. Genauso hoch schießt die Fontäne aus dem Wasserspiel des Brunnens. Rundum sind zweitausend Quadratmeter Blattgold von 22 Karat verarbeitet. Allein in der Kuppel des Ballsaals wurden zwanzig einzelne Goldblätter aufgelegt.

In der 18. Etage empfängt uns eine freundliche Dame im *Spa & Health Club Assawan*. Bekannt wurde der in der Tradition orientalischer Bäder gestaltete Wellnessbereich durch dem »Stein der Reinheit«, dem eine geheimnisvolle Kraft, heilend und Schönheit spendend, zugeschrieben wird.

Gleich zwanzig Restaurants locken die Gäste. Obwohl ich das Essen schlecht fand, sind die Bistros und Gourmettempel stets gut besucht. Es ist immer wieder der Aufwand, das

Eine Lobby hoch wie eine Kathedrale und brillante Ausblicke aus den oberen Stockwerken; tief unter dem Meeresspiegel: das Restaurant *Al Mahara* (unten)

BURJ AL ARAB

Jumeirah Beach Road
Jumeirah Beach
Dubai, V.A.E.
Tel.: 00971-4-301 77 77
Fax: 00971-4-301 70 00
www.lhw.com/burjalarab
202 Suiten
Suiten von 1005 bis 7616 Euro

Unglaubliche, das reizt. Das Restaurant *Al Mahara* ist so tief unter dem Meeresspiegel, dass man es nur mit einer U-Boot-Fahrt erreichen kann. Dann sitzt man vor einem Aquarium, fast so breit wie ein Fußballfeld, und bestaunt die Fische, die vom Great Barrier Reef eingeflogen wurden.

Auf jeder Etage gibt es eine eigene Rezeption. Im 14. Stock werde ich begrüßt, der Empfangschef bringt mich in die Suite, erklärt mir eine Viertelstunde lang, wie der Butlerservice aktiviert wird, die Überwachungskameras geschaltet sind und das Licht sowie die 250 Fernsehprogramme zu bedienen sind.

Ein Genuss für High-Tech-Freaks ist die Technik, wenn sie denn funktioniert. Eine Fernbedienung managt fast jeden elektronischen Schnickschnack. Doch keiner scheint den ganzen Aufwand unter Kontrolle zu bringen. Der automatische Türöffner regelte plötzlich die Lautstärke für das Fernsehen. Butler und technischer Hilfsdienst sind ständig zu Gast.

Ein paar Tage braucht man erst einmal, um das Hotel-Wunderwerk anzuschauen und zu genießen. Der Einsatz von Mitteln ist unbeschreiblich. Im Bad gibt es leichte und schwere Bademäntel und gleich mehrere komplette Kosmetik-Serien. Wirklich schade, dass dieser Palast der Superlative so schlecht gemanagt ist.

THE RITZ-CARLTON
Dubai

Eines der besten
Häuser der Hotelgruppe
bietet ein märchen-
haftes Verwöhn-
programm

Mit dem *Jebbel Ali Hotel* fing es an, dann kam das Ausnahme-Hotel *Al Bustan Palace* in Oman, und heute ist der Süden der arabischen Peninsula, vor allem die Vereinigten Arabischen Emirate, das neue Zentrum wegweisender Hotel-Kultur. Die zwei außergewöhnlichsten Domizile sind das luxuriöse *Ritz-Carlton* und das Komfort-Camp *Al Maha* mitten in der Wüste.

Es kommt nicht oft vor, dass sich Erfahrungsberichte wie die Erzählungen aus Tausendundeiner Nacht lesen, aber manchmal lässt sich das einfach nicht vermeiden. Es ist der Abend meiner Ankunft: Rosenblätter duften im wohltemperierten Badewasser, Dom Pérignon steht eingepackt im Splittereis, alter Cognac in angewärmten Schwenkern, Cohibas sind neben goldenen Aschenbechern und Holzspänen zum Anzünden platziert. Mit Mandeln

gefüllte Datteln und Honigpralinen verführen zum Naschen: Einmal ist keinmal. Flausch-Handtücher mit dem eingestickten Löwenkopf, dem Wappen der Ritz-Carlton-Gruppe, sind um die Jacuzzi-Wanne gestapelt. Märchenhaftes Verwöhnprogramm zur Abendstunde.

Der Butler auf der Club-Etage des Hotels hat's gerichtet. Er versteht das als ganz normalen zweiten Service-Gang, der ausgerichtet wurde, während ich noch bei arabischen Spezialitäten im Restaurant *La Baie* saß.

Des Butlers Musikwahl (»Die Kleine Nachtmusik«) zeigt, wie in diesem Haus, das mit einer Investition von 1,3 Millionen Dollar

Ein Ort des Luxus
und der Sinnenfreude,
wie er nur im Märchen
zu erwarten ist

pro Wohneinheit das vielleicht teuerste der Welt ist, die Genüsse des Orients mit westlichen Elementen geschickt verbunden werden. Und diese besondere Aromamischung prägt den Service. Zugegeben: Märchenhaft entrückt ist wohl auch die Preisliste, aber das sollte in solch einem Augenblick erst einmal kein Thema sein.

Noch einmal zum zweiten Service-Gang, der immer häufiger auch in Business-Hotels der gehobenen Klasse ebenso eingespart wird wie die frischen Blumen auf den Zimmern. In dieser arabischen Top-Adresse werden die Sträuße aus weißen Lilien, Orchideen und Jasmin täglich aufgefrischt. Überflüssiger Luxus, der letztlich vom Gast bezahlt werden muss? Wohl jeder hat für den Begriff Luxus seine individuelle Definition, die von den eigenen finanziellen Möglichkeiten diktiert wird. Dom Pérignon ist nun einmal teurer als Söhnlein Rheingold und Kaschmir als Polyester, der Concorde-Trip nach New York geradezu ein sinnliches Flugerlebnis, aber auch achtzehnmal höher im Preis als der enge Charter auf

gleicher Strecke. Luxus und höchster Hotelkomfort, wie auch hier präsentiert, ist alles andere als lebensnotwendig, schmeichelt aber ungemein der Seele und den Sinnen.

Ins Spa, die orientalische Oase der Ruhe, laden die Balinesen Dey und Sary zum Relaxen ein. Als Abschluss der Behandlungen werden ebenfalls duftende Blütenbäder bei Kerzenschein vorbereitet. Zum Programm gehören auch Anwendungen im europäischen Stil, Meerespackungen mit Mineralien, Salz aus dem Toten Meer, Aromatherapien, französische und schwedische Massagen.

Das Genuss-Paket aus dem Morgenland schließt Pool und Strand ein. Dienstbare Geister huschen mit Mineralwasser-Spray und Eistüchern heran und servieren auf Wunsch Fruchtcocktails in der Ananasschale. Panchos Tennisclub ist vorzüglich geführt. Während des Drill-Trainings rannte und rackerte ich, wo einst Stefan Edberg scheinbar mühelos seinen Sport mit Eleganz verbunden hat.

Es gibt noch ein paar Dinge, die man besser machen kann, wie die Außenanlage, die noch gedeihen muss. Auch etwas mehr Wärme in der kühlen Pracht-Lobby wäre empfehlenswert. Aber völlig ohne Tadel ist nur das Schloss im orientalischen Märchen.

THE RITZ-CARLTON DUBAI

P.O. Box 26525
Dubai, V.A.E.
Tel.: 00971-4-399 40 00
Fax: 00971-4-399 43 09
www.ritzcarlton.com
138 Zimmer und Suiten
Zimmer ab 204 Euro,
Suiten ab 318 Euro,
Packages sind günstiger

THE WESTERN CAPE

Hermanus

Auch wer die Reihen der deutschen Investoren im Hotelgeschäft sorgfältig abschreitet, findet kaum Mutige (oder trifft Verwegene besser?), die riskieren, außerhalb Europas zu operieren. Stefan Schörghuber ist einer dieser seltenen Spezies. Wer in Kapstadt die luxuriöse Wasserfront in Augenschein nimmt, findet gleich mehrere seiner neuen Projekte. So wächst gerade ein imposantes Grand Hotel, das dem ehrwürdigen *Mount Nelson* Konkurrenz machen soll.

Eine gute Autostunde westlich der Kap-Metropole schlängelt sich der vielleicht schönste Golfplatz des Kontinents wie ein grünes Samtband um Schörghubers *Arabella Western Cape Hotel & Spa*. Das Meer ist zwar sechs Kilometer entfernt, doch eine in Nebenarmen und Buchten verzweigte Lagune (die größte im Lande) öffnet sich weit wie ein Ozean.

Die Konstruktion des Hotels ist modern und in der Ausführung atemberaubend. Einer Kathedrale gleich der hohe Giebel. Die Gesamtausführung erfolgte mit Elementen des

schwarzen Kontinents: verschiedene Edelhölzer und Naturstein. Die 117 Zimmer und 28 Suiten sind der Weite des Landes angemessen, besonders geräumig. Für den, der es sich leisten kann, ist die Nord-Star-Suite mit großer Sauna im Badebereich die beste Empfehlung. Jay Jay, mein Butler, verkörpert die seltene Mischung von Unaufdringlichkeit und ständiger Verfügbarkeit, wenn er gebraucht wird. Er bucht für zwanzig Uhr (angenehm, nur eine Stunde Zeitunterschied zu Deutschland) das Dinner im *Première*, dem Restaurant mit einer der schönsten Speisekarten der Welt, aufgeteilt in »Prologue« mit den Vorspeisen, »Ouverture«, (warme Zwischengerichte), »Le Théâtre«, das sind die köstlichen Hauptgänge und »Deuxième Acte«, der süße Abschluss. Leider hatte das schöne Restaurant bei meinem Besuch auch die traurigste Dekoration, nicht eine einzige Blume im ganzen Raum – und das im Land der Blütenpracht. Die Gerichte, speziell die Saucen sind auf die Aromen und Eigenarten der Weine dieser Sonnenregion abgestimmt. Die Küche hat Sterne-Format und

Für Golfer in das
weite Land gesetzt:
das Schörghuber-Hotel
nahe Kapstadt

der brillante Sommelier präsentiert Weine mit kleinem Preis und großer Geschmacksfülle.

Der Golfplatz mit den herrlichen Ausblicken lenkt kurzzeitig vom hohen Anspruch ab, viel Sand und noch mehr Wasser, das überspielt oder haarscharf passiert werden muss. Das alles geschieht in einem Vogelschutzreservat mit seltenen Kranichen und Fischadlern. Golf-Verrückte interessiert von allem, was da fliegt, allerdings nur der Ball. Für Gefiedertes bleibt kein Blick.

Was bietet dieses Hotel, das Arabella in der Luxury Collection von Starwood vermarktet? Der Tag beginnt mit einem vorzüglichen Frühstücksbüfett und einem perfekten Früchteangebot. Das Housekeeping arbeitet tadellos, alles ist blitzblank. Natürlich hat auch dieses Sporthotel wie jedes neue Haus Kinderkrankheiten. Dem Wellnessbereich täte ein kluges Management gut, an den prächtigen Tennisplätzen fehlen die Sicht- und Windplanen, und mit Blumen hat man es auch in der Gartenanlage des riesigen Poolbereichs (mit künstlichen Wasserfällen) nicht so. Aber wie in der Natur wird es auch hier einmal üppig wuchern.

Für Abwechslung ist gesorgt. Packages mit dem Besuch des Schörghuber-eigenen Weinguts und restauriertem Herrschaftshaus »Blaauwklippen«, Safari-Fahrten in einem malariafreien Game Reserve oder im Hotel selber der Abend in *Cristobal's Cigar Club* oder in

der *Barnabas Bar*. Firmen oder Standesorganisationen, die einen ungewöhnlichen Tagungsort mit allen notwendigen Voraussetzungen suchen, finden ein exzellentes Konferenz-Zentrum und den gut funktionierenden Business-Bereich.

MOUNT NELSON HOTEL

Kapstadt

»The Pink Lady of South Africa« am Fuße des Tafelbergs trägt noch das Flair kolonialer Blütezeit

Stellen Sie besondere Ansprüche an Ihre Hotels in punkto Komfort und Lebensart, dann vertrauen Sie um Himmelswillen nicht Ranglisten und Bewertungen, die Leser amerikanischer Magazine erstellt haben. Damit würden Sie sehr häufig auf die Nase fallen, weil Anspruchslosigkeit auf dem Vormarsch ist. Ein besonders spektakuläres Beispiel hat sich mir in Afrikas südlichster Stadt aufgedrängt.

Das *Cape Grace Hotel*, im *Condé Nast Traveller* weltweiter Spitzenreiter 2000, schürte damit lustvoll die Vorfreude, der Besuch des Oldie-Hotels *Mount Nelson*, vor zwei Jahren mit einhundertstem Jubiläum, schien dagegen eine Pflichtübung. Es kam völlig anders. »Macht das denn einen Unterschied?«, fragte im *Cape-Grace*-Restaurant die ungeschulte Bedienung, als ich den viel zu jungen 99er Cabernet Sauvignon von Neil Ellis beanstandete, weil ich doch den 94er (wie auf der Karte ausgezeichnet) bestellt hatte. In der Atmosphäre eines Zweiter-Klasse-Wartesaals waren mittendrin zwei leere, wie zum Umzug vorbereitete Tische abgestellt, lief der Service oder was auch immer in diese Richtung versucht wurde, derart weiter. Nach Management-Wechsel ist das Hotel keine Empfehlung mehr.

Die »Pink Lady« *Mount Nelson* präsentierte dagegen den wahren Gourmet-Treff *Cape Colony* als eines der besten Hotelrestaurants auf dem ganzen Kontinent. In jeder Beziehung: Gute, appetitmachende Beratung, die vorzügliche Küche von Garth Stroebel, feine Musikuntermalung, Tischkultur, alles stimmte.

Eine Visitenkarte für die Gesamtleistung des Hotelservices, wie sich schnell herausstellte. Besonders freundlich das Concierge-Team, aber ebenso die Room-Maids. Da war es dann leicht zu ertragen, dass sich keiner der beiden (!) Direktoren des Hauses auch nur einmal zeigte, eine Fehlleistung übrigens, die für Orient-Express-Häuser nicht typisch ist.

Auf das »Nelly«, wie man in Cape Town sagt, wird der Gast bereits durch eine überaus würdige und majestische Auffahrt eingestimmt. Das Wahrzeichen des Hauses, der »Prince of Wales Archway« mit seinen 57 riesigen Palmen, wie schlanke Säulen, die den Himmel tragen, war 1924 zum Besuch des englischen Prinzen angelegt worden. Bei meinem Besuch spielt auch das Wetter mit. Nicht eine Wolke stört am Ankunftstag das satte Blau des Firmaments. Die Blumen des Parks verströmen ihren Duft, darunter die voluminösen Blüten der Mount-Nelson-Rose, die

MOUNT NELSON HOTEL

76 Orange Street
Cape Town 8001, South Africa
Tel.: 0027-21-4831 000
Fax: 0027-21-424 74 72
www.lhw.com
145 Zimmer, 56 Suiten
Zimmer von 456 bis 530 Euro,
Suiten von 688 bis 1088 Euro

leicht berühmteste Hotel Afrikas, seit 1899 ein Synonym für die Gastfreundschaft des Südens. Gegründet wurde das *Mount Nelson* übrigens als Hotel der Union-Castle-Dampfschifffahrtsgesellschaft.

Nicht nur der brillante Park, auch die 201 Zimmer und Suiten des Hotels bestechen durch Charme. Die unterschiedlich geschnittenen Wohneinheiten mit stark differierender Größe liegen im Haupthaus oder in verschiedenen historisch restaurierten Gebäuden entlang der Palmen-Auffahrt. Von allen Zimmern schaut man in den Garten oder auf den Tafelberg. Bei den zahlreichen Frischzellen-Kuren wurden alle Räume klimatisiert.

Ich wohnte in der 642, zweiter Stock der relativ jungen Dependance Greenpark. Das ist ein besonders schön gestaltetes Zimmer von der Größe herkömmlicher Junior-Suiten. Perfektes Bad: separate Dusche, die Toilette getrennt von der Nasszelle, was freilich im alten Trakt nicht möglich ist.

Viele Kleinigkeiten machen unter dem Strich die hohe Bewertung aus: Die Zeit für den abendlichen Turndown Service wird stets abgefragt, das Frühstücksbüfett wird von mehreren Köchen nachgelegt, am Nachmittag gibt es den besten Afternoon Tea außerhalb Londons. Der Fitnessbereich ist zwar klein, aber zwei ausgebildete Trainer stellen spezielle Gäste-Programme zusammen. Mitglied bei Leading Hotels of the World.

Vorzügliche Küche im Gourmet-Treff *Cape Colony*, beste Tischkultur, charmante Zimmer und Suiten sowie eine hervorragende Gesamtleistung des Hotelservice – im *Nelly* stimmt alles

extra zur 100-Jahrfeier des Hotels gezüchtet worden war. Gleich hinter der Anlage, so als gehöre er dazu, erhebt sich wuchtig als Sandsteinblock mit flachem Dach der Tafelberg.

Man sagt das gerne so leicht dahin, aber hier stimmt es wirklich: Untrennbar mit der Geschichte Kapstadts verbunden ist das viel-

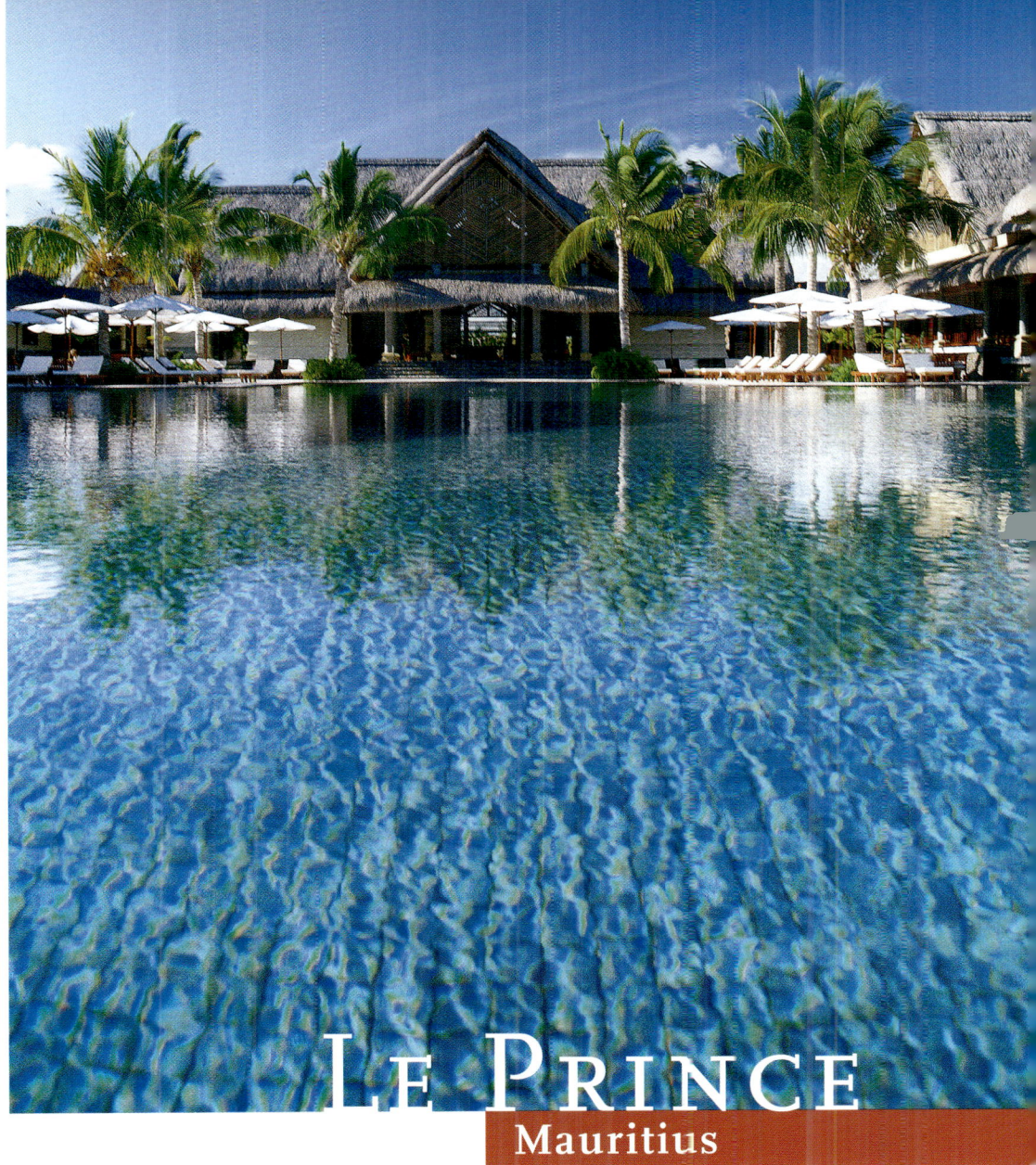

Wer auf seiner Veranda oder am Pool sitzt, erlebt das Gefühl der Naturverbundenheit besonders intensiv

LE PRINCE
Mauritius

Die Hotellerie hat inzwischen auch auf Mauritius einen hohen Standard erreicht. Neben den hier aufgeführten Spitzendomizilen gehören das *Royal Palm Hotel* (Grand Baie), und das *Oberoi* in Pointe aux Piments zu den empfehlenswerten Zielen. Warum ich Ihnen speziell *Le Prince* präsentieren möchte, hat einen ausschlaggebenden Grund: die Möglichkeit auf der Lagune zu schweben, wie es einst nur in Polynesien (Bora Bora & Co) möglich war.

Die landestypischen Bungalows stehen auf Stelzen im Wasser. Wer auf der Veranda sitzt, erlebt das Gefühl der Naturverbundenheit

Edelhölzer und luxuriöse Einrichtungsdetails bestimmen das noble Raumdesign

in besonders intensiver Weise. Die meisten der 76 Junior-Suiten, zwölf Deluxe-Suiten und der Prinzessin-Suite sind in Gartenhäusern der tropischen Anlage verteilt. Empfehlenswert ist dennoch, einen der deutlich teureren Stelzen-Bungalows zu ordern.

Geweckt wird man früh vom Konzert der Frösche. Fast unmerklich, ganz langsam kommt der Tag, legt erst Silberflitter, dann mit den ersten Sonnenstrahlen Goldstaub auf die Lagune. Farbenspiele, die zu einer völlig anderen Welt gehören, in die man eintritt, wenn man das offene lichtdurchflutete Foyer durchschritten hat. Die verträumte Melodie des Wasserspiels aus vier blütenkelchartigen Schalen im Zentrum der Halle, der Wind, der über den zuckerrohrgedeckten Dachstuhl haucht, bringen die Seele zum Schwingen. Das funkelnde Wasser des mächtigen Pools und tagsüber das flirrende Licht der Sonne, das einen Europäer geradezu blind machen kann, wie Paul Gauguin es einst für Tahiti beschrieben hat, sind von unwirklichem Zauber.

Das Hotel an der Nordküste von Mauritius, gerade mal 34 Kilometer von der Hauptstadt Port Louis entfernt, besticht darüber hinaus durch edles und aufwändiges Interieurdesign. Überall ist die Liebe zu edlen Hölzern, Naturmaterialien und Luxusdetails in höchster Vollendung erkennbar. Die Suiten verbinden Komfort und stilvolle Behaglichkeit in sanften,

beruhigenden Brauntönen. Manchmal begrenzen Lavastein-Mauern in den Boden eingelassene Jacuzzi-Wannen.

Das Programm ist so breit und abwechslungsreich, dass kaum jemand das Hotel verlassen mag. Das gilt besonders für die Genusspflege der Connaisseure in der zauberhaften Atmosphäre des Restaurants *L'Archipel*, wo die Fülle des Meeres (Fels-Hummer, Langusten, Juwelenbarsche und Thunfische) zu Köstlichkeiten verarbeitet werden. Für Romantik und Exotik pur sorgen die fünf auf dem Wasser schwimmenden winzigen Restaurant-Inselchen

Harmonie und friedvolle Atmosphäre anstelle von Prunk und Protz im offenen, lichtdurchfluteten Foyer

mit weißem Zeltdach und freiem Blick auf die Lagune. Die Mischung aus indischer, kreolischer und chinesischer Küche ist vorzüglich. Die Restaurants können am Morgen reserviert werden. Die Gäste erreichen sie über einen langen Steg, an dem sie aufgereiht sind.

Wochen müsste man bleiben, aber ich habe nur zwei Tage Zeit, um das Beauty- und Wellness-Angebot mit sanften Massagen und Meditationen beim Duft exotischer Aromen zu erleben. Selbst der Abschied ist irreal, ein Schweben mit Glücksgefühl und in Zufriedenheit.

LE PRINCE MAURITIUS

Choisy Road, Poste de Flacq
Maurit us
Tel.: 00230-413 91 00
Fax: 00230-413 91 29
www.princemaurice.com
76 Junior-Suiten, 12 Senior-Suiten,
1 Prinzessir -Suite
Zimmer ab 350 Euro, Stelzen-Bungalows
ab 800 Euro, Suiter ab 4500 Euro

Mauritius, diese Insel ist die reinste Versuchung. Kristall-klare Lagunen, farbige Korallen-riffe und fröhliche Menschen, die nur für die Liebe leben. Vom Paradies auf Erden ist allerdings schon zu viel gesprochen worden, gehen wir es also sachlich an.

Mauritius' Strände sind erst einmal Foto-schönheiten, die oft nicht halten, was sie ver-sprechen. Außerdem war das beste Hotel der Insel, *Le Saint Géran*, in die Jahre gekommen, musste total überholt werden.

Das Haus ist jetzt großartig, mehrere »Auszeiten« in den letzten Jahren und fünfzig Millionen Doller Investitionen haben sich gelohnt. Der Golfplatz (9 Loch) ist einer der schönsten im exotischen Rahmen. So kommt eine Kombination zustande, die als besondere Empfehlung für Golfer zu sehen ist, die nicht nur ihr Spiel im Sinn haben, sondern offen sind für tropische Eindrücke und Gourmetfreuden der kreolischen und französischen Richtung. Die Lage des besten Hotels auf der Insel ist bezaubernd. An der Nordküste züngelt eine schmale, lange Halbinsel ins hellblaue Wasser. Im Reihenhaus-Stil, um eine geschwungene La-gune, sind die Wohneinheiten angeordnet, geschickt versteckt in einem tropischen Garten.

Insgesamt 163 Zimmer und Suiten, alle großzügig geschnitten (65 bis 120 Quadrat-meter), wurden in den zweistöckigen Häusern mit roten Ziegeldächern knapp unter den Pal-menwipfeln eingerichtet. Die Bäder aus por-tugiesischem Granit sind modern, alle Balkone zum Meer oder zur Lagune ausgerichtet.

LE SAINT GÉRAN HOTEL
Mauritius

Der Duft und die Blütenpracht des idyllischen Tropengartens ziehen bis in die Lobby und die Suiten. Vom Spa-Pool (oben) hat man einen schönen Blick hinaus auf die Lagune

Der satte Ton eines chinesischen Gongs klingt nach. Neue Gäste kommen an. Im Handumdrehen versammeln sich ein halbes Dutzend fröhlicher Hotelangestellter, der General Manager und Besucher in bunten Strandkostümen vor dem Eingang, stimmen das Willkommenslied an. Club Med lässt grüßen. Erfrischungsdrinks mit tropischen Blüten werden gereicht. Damit lassen sich die Strapazen der Anreise leichter verdauen. Einen Concierge gibt es nicht, aber viele hilfreiche Hände Claire, eine hübsche Einheimische mit Hibiskusblüte im Haar, ist ein kleines Plappermaul, redet ohne Pause. Sie erzählt Geschichten aus der Geschichte der Insel. Beispielsweise wie das mit der teuersten Briefmarke der Welt war – die Story der Blauen Mauritius: Im Jahre 1847 sollte ein Uhrmacher als Aushilfs-Graveur eine Sendung von Einladungen zu einer rauschenden Ballnacht im Regierungspalast von Port Louis mit einer Freimarke frankieren. Statt wie damals bei solchen Anlässen üblich auf das hübsche Porträt der Queen Victoria »post paid« zu gravieren, brachte der Uhrmachermeister Barnard 500 tiefblaue »two pence«-Marken und 500 orangefarbene »one-penny« mit dem Aufdruck »post office« in Umlauf.

Übrigens soll es heute weltweit noch zwölf blaue und dreizehn orangefarbene dieser »Liebeskummer-Marken« geben, und die Druckplatte wird im British Museum in London wie die Kronjuwelen bewacht. Ja, die Liebe.

Zärtliche Gefühle beherrschen den Inselalltag bis in die Boutiquen.

Ich wohne in einer Junior-Suite, intern »Red Tailes Tropic Bird« genannt. Eine sehr geschmackvolle Wohnecke in leuchtend hellen Farben. Alle Suiten haben Vogelnamen an Stelle von Zimmernummern.

Unten in der tropischen Poolanlage werden Postkarten mit den Tieren von Mauritius und der tropischer Schwester Reunion angeboten. Blütenpracht und Pflanzen des Tropen-Eilandes erlebt der Gast im Park, der sich bis zum Strand ausdehnt.

Holzbrücken führen zur reetgedeckten Poolbar. Auf der Bühne nebenan steigt am Abend unter dem Stern des Südens das Musik- und Folklore-Festival. Sega ist angesagt, weit mehr als nur Unterhaltung. Sega, das ist Mauritius pur, Lust und Leid der besonders emotionalen Menschen.

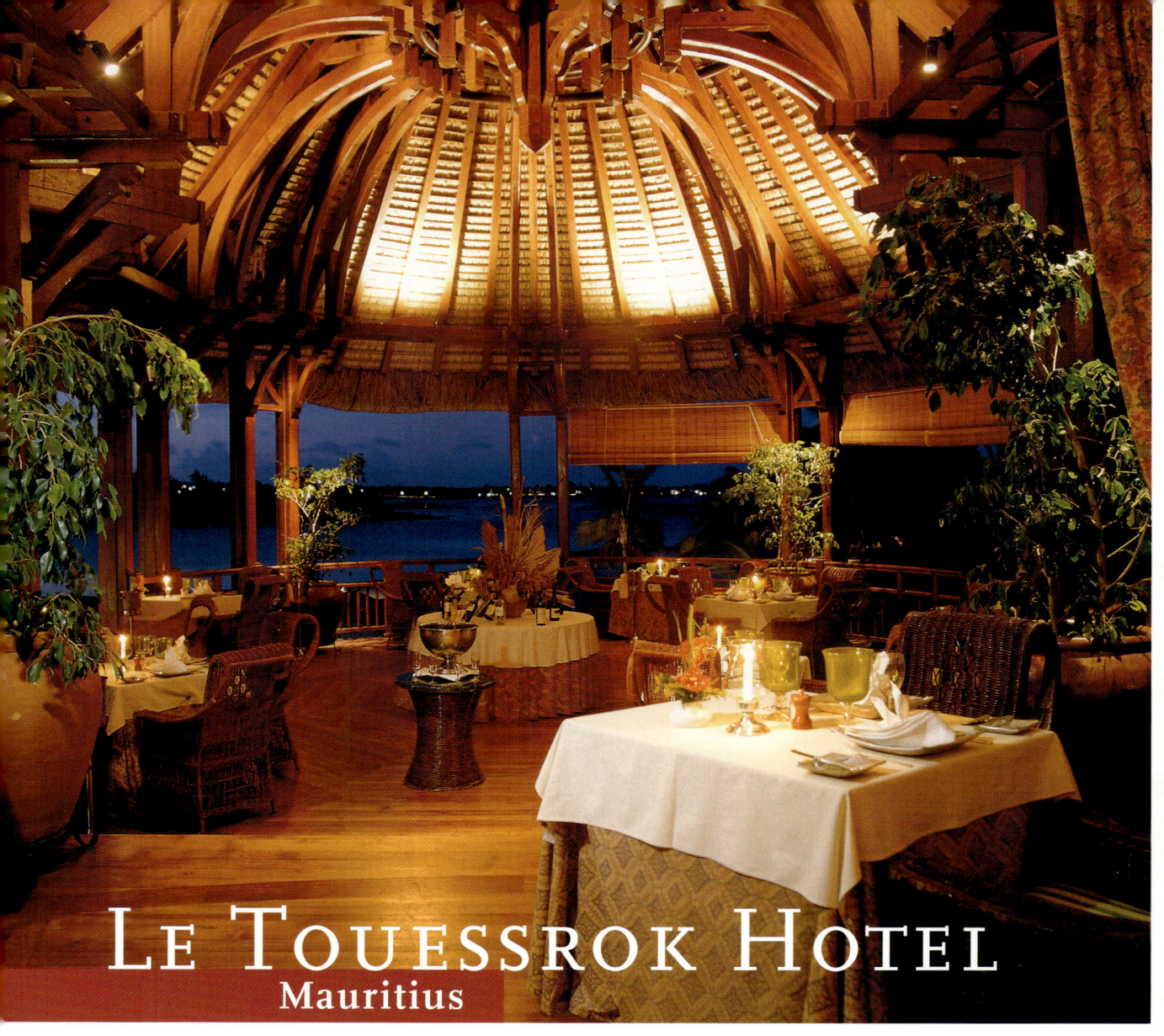

LE TOUESSROK HOTEL
Mauritius

Exakt eine Stunde nach Ankunft auf dem Flughafen bremst der rasende Taxifahrer mit quietschenden Reifen vor dem *Touessrok*, als Ferienhotel auf dem Weg zur neuen Nummer eins der Insel, weil es jünger, frischer und einen Tick sportlicher wirkt als das klassische Grandhotel *Saint Géran* und eine schönere Bühne ist als die stillen abgelegenen Mitbewerber.

Oft wird über den schönsten Blick aus dem Hotelfenster geplaudert, eines der eindruckvollsten Panoramabilder bieten die beiden Restaurants. Das Wasser hinter dem Korallenriff wechselt von Vergissmeinnicht- bis Nachtblau, wie der Abendhimmel.

Die angenehmste Ecke zum Wohnen ist die *York Suite*. Von jedem Fenster aus eine faszinierende Aussicht auf Lagune und vorge-

Das Gourmet-Restaurant *Les Paillotes* ist ein Höhepunkt kultivierten Essens auf Sterne-Niveau

LE TOUESSROK HOTEL

lagerte Inseln. Das schützende Korallenriff stellt einen unüberwindlichen Wall gegen die Haie dar, die in diesem Meer ihr größtes Revier weltweit haben. Das Riff hat aber auch Nachteile. Es sorgt dafür, dass Mauritius nur eine Fotoschönheit ist. Die Strände, die aus der Luft wie der blütenweiße Saum des Meeres wirken, sind von der Qualität her nur Mittelklasse. Barfuß laufen? Fehlanzeige! Die Korallenpartikel zerschneiden die Fußsohlen. Im Wasser überall unangenehme Seeigel-Kolonien, und schließlich ist Schwimmen kaum möglich, weil die Wasserhöhe gerade mal bis zum Oberschenkel reicht. Alles in allem also kein Vergleich mit Fidschi, Philippinen oder den Bahamas.

Die besonders großzügige Badelandschaft mit Verbindungskanälen und weiten Schwimmstrecken ist im *Touessrok* ein guter Ausgleich. Das internationale Publikum wird durch die Sprachbarriere und die recht hohen Preise gefiltert. Zahlreiche Geschäftsleute, überdurchschnittlich viele Mediziner. Die Deutschen liegen in der Spitzengruppe. Das Personal, nicht Ritz-Carlton oder Oriental getrimmt, sondern von einer ganz natürlichen Freundlichkeit, beherrscht ebenfalls zu großen Teilen die deutsche Sprache.

Der F&B-Bereich gehört zu den Vorzügen des Feriendomizils. Mit berauschendem Blick auf Pool und Ozean beginnt der Tag im *La Passerelle* mit einem morgendlichen Schlemmerbüfett, mit prächtigen exotischen Früchten und mild gewürzten Köstlichkeiten. Am Abend wird das Zusammenspiel der Aromen intensiver, schärfer. Im französischen Gourmet-

Restaurant *Les Paillotes* arbeitet die weiße Brigade auf Sterne-Niveau.

Zwei Inseln gehören zum *Touessrok*: eine vom Hotel bewirtschaftete, öffentliche und eine private Insel ohne Rummel mit totaler Ruhe. Optisch wirkt sie nicht exotisch, eher wie die schöne Seite von Mallorca: Pinien statt Palmen und Lava-Gestein im Wechsel mit Sandbuchten. Die Bewirtung bleibt der Hotelklasse treu, lange Tischdecken, edles Porzellan für leichte Grillgerichte, schöne Gläser.

Auf der touristisch weit mehr erschlossenen Ile aux Cerfs, der »Insel der Hirsche«, hat es nie wirklich derartige Geweihträger gegeben, nur riesige Schildkröten. Damals wie heute ist Robinson-Atmosphäre der feinen Art garantiert.

LE TOUESSROK HOTEL & ILE AUX CERFS

Trou D'Eau Douce, Mauritius
Tel.: 00230-419 24 51
Fax: 00230-419 20 25
www.hw.com/touessrok
159 Zimmer, 37 Junior-Suiten,
3 Suiten, 1 Royal-Suite
Zimmer von 289 bis 474 Euro,
Suiten von 420 bis 3260 Euro

FRÉGATE ISLAND PRIVATE RESORT

Seychellen

Natur in liebenswerter, schlichter Schönheit, aber mit höchstem Komfort kombiniert, beschert eines der letzten Robinson-Crusoe-Abenteuer auf einem drei Quadratkilometer großen Eiland. Umsäumt von einigen ordentlichen Sandstränden, zwei davon fein wie durch ein Teesieb gefiltert.

Das Paradies unserer Vorstellung wird auch durch Tiere festgemacht, die sonst nirgendwo mehr zu sehen sind – wie die blauschwarze Seychellen-Drossel mit weißen Flügeln, die vor der Terrasse auf den blattlosen Ästen eines Flamboyant-Baumes musiziert, die 160 mächtigsten Schildkröten der Welt und die prächtigsten Fregattvögel.

Geräumig und gemütlich zugleich – geschaffen durch die kreolisch-koloniale Kulturmischung und eine Priese asiatischen Interieurdesigns

Wenn das Resort ausgebucht ist, wohnen höchstens vierzig Gäste auf der Insel (die schönsten Villen sind die Nummer 1 und 3). Das alles ist dem Inhaber eigentlich noch zu viel. Er wollte das Paradies mit dem Anse-Victorin-Meeressaum ursprünglich ganz für sich allein oder sagen wir einmal zusammen mit ein bis zwei überirdisch schönen Engeln ...

Doch die staatlichen Auflagen für die Baugenehmigungen dieses (begrenzt) öffentlichen Ferienhotels führten schließlich zum Konzept, wie es einige Auserwählte genießen können. Die Villen und Anlagen sind natürlich nicht konkurrenzfähig mit der schöpferischen Perfektion der Natur, aber doch angenehm ergänzend.

Nach einigen Nachbesserungen (die erste Saison war katastrophal) präsentiert sich zumindest von Menschenhand geschaffene Exklusivität. Geräumige Wohnzimmer mit gemütlichem kreolisch-kolonialem Kulturmix, ebenso geräumige Schlafzimmer mit asiatischem Interieurdesign. Alles in allem scheint *Frégate* den *Aman Resorts* sorgfältig nachempfunden.

Den Gästen wird jeder Wunsch von den Augen abgelesen. Fangfrische Lobster garen auf dem Holzkohlegrill, der Tisch ist unter Palmen gedeckt, Windlichter flackern, und der Wind vom Meer trägt leise Musik über die Insel.

Natürlich hat jedes irdische Paradies ein paar Macken. So können Sie hier nicht wie im *Amanpulo* auf den Philippinen aus dem Schlafzimmer über den Sand ins Meer laufen, sondern Treppensteigen steht vor dem morgendlichen Bad im Ozean an. Dafür ist der Pool gleich neben der Terrasse in den Felsen gebaut. Zu jedem Gästehaus gehört ein Jacuzzi und ein göttlicher Ausblick.

Auf dem so genannten »Signal Rock«, einem über hundert Meter hohen Granitfelsen steht ein Pavillon zum Meditieren oder Träumen. Von hier überblickt der Inselbesitzer ein deutscher Firmenchef, sein Reich.

Schließlich sollten wir auch hier nicht über Preise reden, weil sie die Stimmung verderben. Nur soviel: Eine Woche zu zweit kostet exakt soviel wie ein Lupo von VW.

Sieben Strände hat die kleine Insel im Indischen Ozean sie gehören zu den schönsten der Welt

FRÉGATE ISLAND PRIVATE RESORT

Victoria Mahé
Seychellen
Tel.: 00248-32 45 45
Fax: 00248-32 44 99
www.fregate.com
16 Villen
Villa ab 1904 Euro

SONEVA FUSHI

Diese geheimnisvollen, oft nicht zu erreichenden oder käuflich zu erwerbenden, hochgradig begehrenswerten Dinge sind es, die von den wenigen Privilegierten lustvoll vorgeführt werden. Die Malediven, lange Zeit ohne jedes vernünftige Hotelangebot, wurden von finanziell potenten Vielreisenden gerne als Geheimtipp unter den Trauminseln genannt, diese wunderschönen, grünen Krümel im Meer, von weißem Sandsaum umrandet.

Man wohnte damals noch einfach wie die Insulaner, und *Cocoa Island*, von einem deutschen Fotografen im Süd-Male-Atoll erbaut, war die einzige Robinson-Unterkunft mit gewissem Komfort.

Auf die Malediven von heute übertragen, ist das alles vorbei, vergessen, völlig anders. Die tausend Inseln im Indischen Ozean, auf denen die Uhren anders gehen, haben inzwischen Luxus-Resorts ohne Ende. Das *Banyan Tree Resort* gehört dazu, das *Kanuhura Sun Resort & Spa* auf der Insel Lhaviyani, das *Four Seasons* und natürlich das *Soneva Fushi* auf Kunfunadhoo.

Dieses Eiland liegt in trennendem Abstand zur geschäftigen Hauptstadt. Das wird vom ersten Augenblick an deutlich, wenn das Wasserflugzeug die Gäste am Airport auf Malé abholt. Mit anderthalb Kilometern Länge ist die Insel eine der größten der Malediven. Das bedeutet viel Platz und ein echtes Naturerlebnis,

weil die 65 Villen mit genügend Freiraum voneinander im sattgrünen Blätterwald verteilt sind. Vor jedem der Häuschen stehen zwei Holzsessel und ein zum Tisch umgearbeiteter Baumstamm im Korallensand.

In den Ferienvillen der natürlichen Art wurde moderner Komfort installiert, eine Klimaanlage kühlt leise die Räume, ein blütenweißes Moskitonetz macht aus der riesigen Schlafstätte ein attraktives Himmelbett.

So hübsch gestaltet das Interieur auch ist, die Materialien sind immer natürlich und inseltypisch. Wandlampen aus Büffelhaut, Schränke hinter Bastmatten, und zu jeder Villa gehört ein Garten, der im puderweichen, weißen Sandstrand ausläuft. Das Betätigungsfeld

Wohnen, Speisen und Leben – alles direkt am puderweichen Sandstrand und im inseltypischen Stil

ist das Meer: Wassersport mit Surfbrett, Segelboot oder Katamaran und Tauchen in den herrlichen Unterwassergärten. Viel mehr spielt sich da freilich nicht ab, Golf, Tennis oder ein Fitness-Center fehlen. Harmonie mit dem begleitenden Partner ist also Voraussetzung für glückliche Tage in dem Resort, das zu den Small Luxury Hotels gehört.

Im Restaurant und an der Bar sitzt man direkt am Strand und genießt die Cross-over-Küche mit Ingwer-Teriyaki-Duft, frittierten Lorbeerblättern und dem fangfrischen Fisch in einer Mandelkruste mit herzhafter Senfsauce. Die maledivische Küche ist exotisch und fischreich, da harmonieren Zitronengras, Limonen und Kardamon besonders, und dazu gibt es gut gekühlten Weißwein aus dem Klimazonen-Keller. Die Leichtigkeit des Seins wird so sanft gestreichelt wie die Palmen wedeln im kühlenden Wind.

SONEVA FUSHI RESORT AND SPA

c/o Bunny Holdings EVI Ltd, 2nd Floor, 4/3 Building, Faamudheri Magu, Malé Malediven
Tel.: 00960-23 03 04
Fax: 00960-23 03 74
www.six-senses.com/soneva-fushi/
65 elegante Villen (48 bis 190 Quadratmeter)
Villa von 233 bis 3013 Euro

FOUR SEASONS KUDA HURAA
Malediven

Willkommen daheim im Four Seasons« wirbt die kanadische Gruppe weltweit. Das gilt auch für Hotels auf abgelegenen Atollen. Mitten in der Nacht erreichte ich das *Four Seasons Kuda Huraa* vom Male Airport aus mit einem Schnellboot. Kraftvolle Motoren sorgen für 29 Knoten und eine weiße Gischtspur im nachtschwarzen Wasser. Der Vollmond tauchte alles in kühles Licht.

Im Resort schläft schon alles bis auf die freundlichen Mitarbeiter an der Rezeption. Mein Overwater Bungalow steht auf Stelzen in der Lagune, dem *Bora Bora Hotel* nachempfunden, aber hundert Quadratmeter groß. Das Bad ist geräumig, der Ankleideraum großzügig.

Das leise Plätschern
des ruhigen Wassers
und der Gesang der
Vögel garantieren
absolute Entspannung
auf der Insel

243

Obwohl ich wenig formale Kleidung dabei habe, freue ich mich über die enorme Anzahl an Kleiderbügeln. Der Salon aus Teakholz hat ein großes Bett und eine Sonnenterrasse mit Stufen ins Meer.

Kein Wind geht, nur am Riff zeichnen sich kleine Schaumkronen im Mondschein ab. »Malediven exklusiv« ist ein wunderbares, wenn auch teures Abenteuer. Rund 800 Dollar sind an jedem Morgen mit dem Frühstück für zwei fällig.

Nach der morgendlichen Stärkung in seidenweicher Luft lädt Kuda Huraa mit weit geöffneten Armen zum Baden, Schwimmen und Tauchen ein. Doch neben dem Standard-Wassersport will die Hotelgruppe auf dem fünfhundert Meter langen und gerade mal hundert Meter breiten Eiland im Nordatoll wesentlich mehr bieten. *Four Seasons* steht nicht für Sonnengrill der einfachen Art. Allein das elegante Wohnen am und auf dem Wasser bietet optische und akustische Schönheit. Das leise Plätschern und der Gesang der Vögel pflegen die Entspannung.

Wer zusätzlich Unterhaltung sucht, kann in den perfekt ausgestatteten und von balinesischen Handwerkskünstlern verzierten Pfahlbauten die Elektronik mit einer Auswahl von 160 CDs und 120 Videofilmen füttern. Ich genieße bei leisen, populären Klassikklängen den Blick über den Ozean.

Alles, wirklich alles an Lebensmitteln muss auf den Inseln angeliefert werden. So kostet zwangsläufig ein Fläschchen Perrier in der Minibar sechs Dollar. Allerdings gehören

24 Stunden Room Service gehört auch in Land- oder Overwater-Bungalows zum Four-Seasons-Prinzip

zur Erstausstattung zwei 1,5-Literflaschen Mineralwasser. Die werden dann Tag um Tag frisch angeliefert. Auch auf der abgelegenen Insel gilt das Four-Seasons-Prinzip: 24 Stunden Room Service, auch für den kleinen Hunger zwischendurch. Feines Hummeromelett oder Kokoskuchen, Melonen- oder Ananassaft kommen in wenigen Minuten auf den Tisch. Für die Fahrt ins Zentrum stehen Golf-Buggys an der Landseite vor der Tür.

Die insgesamt 38 Overwater- und 68 Strand-Bungalows verstreuen die Gäste so auf der Insel, dass man sich eigentlich nur zum Frühstück oder zum Dinner trifft, wenn man das nicht auch in seinem privaten Haus genießen möchte. Trotz Strand und Meer wird der knapp 1300 Quadratmeter große Pool gern genutzt. Er ist der größte auf den Malediven und scheint durch den bündigen Abschluss unmittelbar ins Meer überzugehen.

Natürlich sind die Früchte des Meeres so frisch Hauptbestandteil der Nahrung. Doch im Open-Air-Restaurant *Baraa Baru* gibt es neben Fischen und Krustentieren, Thunfisch und Lobster auch köstliches indisches Curry, extra scharf.

Weil auf den Malediven eigentlich nur Kokosnüsse und Bananen wachsen, hat sich der englische Küchenchef hinter dem Haus einen Kräutergarten angelegt, in dem er Zitronengras, Oregano, Dill und Basilikum anbaut, aber auch Blattsalate und Tomaten züchtet.

Problematisch ist eigentlich nur in der streng islamischen Inselwelt der Alkohol-Nachschub. Weine und Champagner werden aus Singapur angeliefert und sind dementsprechend kalkuliert. Die strenge Religiosität zwingt dazu, dass nahtloses oder topless Bräunen nur auf dem nicht einsehbaren Sonnendeck möglich ist.

FOUR SEASONS RESORT MALDIVES AT KUDA HURAA

North Male Atoll
Malediven
Tel.: 00960-44 48 88
Fax: 00960-44 11 88
www.fourseasons.com/maledives
68 Bungalows und Villen,
38 Overwater-Bungalows
und Wasservillen
Villen ab 391 Euro (Beach Bungalow),
Overwater-Bungalow ab 698 Euro

WEITERE EMPFEHLUNGEN MIT KLEINEN SCHWÄCHEN

ÄGYPTEN

THE OBEROI SAHL HASHEESH
P.O. Box 117, Hurghada, Rotes Meer,
Ägypten
Tel.: 0020-65-44 07 77,
Fax: 002065-44 07 88
www.lhw.com/obhasheesh
86 Deluxe-Zimmer, 12 Grande-Suiten,
6 Royal-Suiten
Zimmer/Suiten von 280 bis 1300 Euro
Oberoi, immer noch ein großer Name
in der Luxushotellerie, Service aber nur
durchschnittlich

LE ROYAL MERIDIEN, KAIRO
Corniche El Nile, Garden City,
P.O. Box 2288, Kairo, Ägypten
Tel.: 0020-2-362 17 17,
Fax: 0020-2-362 19 27
www.lemeridienhotels.com
966 Zimmer
Zimmer ab 350 Euro
Der Deutsche Jürgen Bartels will das
Meridien in die Spitzengruppe führen, was
noch viel Arbeit machen wird; jüngstes
Hotel in der Region

ISRAEL

KING DAVID HOTEL, JERUSALEM
23 King David Street,
Jerusalem 94101, Israel
Tel.: 00972-2-620 88 88,
Fax: 00972-2-620 88 82
www.lhw.com/kingdavid
202 Zimmer, 35 Suiten
Zimmer von 370 bis 680 Euro,
Suiten von 550 bis 2400 Euro
Ein Ehrfurcht heischendes Stück
Hotelgeschichte, Flaggschiff der Dan-Ho-
tels; leider gewaltige Service-Mängel

VEREINIGTE ARABISCHE EMIRATE

BEACH ROTANA HOTEL, ABU DHABI
Tourist Club Area, P.O. Box 45200, Abu
Dhabi, Vereinigte Arabische Emirate
Tel.: 00971-2-644 30 00,
Fax: 00971-2-644 21 11
www.lhw.com/beachhotel
241 Zimmer, 13 Suiten
Zimmer von 190 bis 280 Euro,
Suiten von 460 bis 620 Euro
Leading Hotel, sehr ordentlich, aber
austauschbar

AL MAHA DESERT RESORT, DUBAI
Sheikh Zayed Road, Dubai,
Vereinigte Arabische Emirate
Tel.: 00971-4-303 42 22,
Fax: 00971-4-343 96 96
www.lhw.com/almaha
30 Suiten
Suiten ab 1240 Euro
Das Spezialitäten-Restaurant der Wüste;
wunderbar für ein oder zwei Tage, dann
beginnt die Langeweile

JEBEL ALI HOTEL & GOLF RESORT, DUBAI
P.O. Box 9255, Dubai,
Vereinigte Arabische Emirate
Tel.: 00971-4-883 60 00,
Fax: 00971-4-883 55 43
www.lhw.com/jebelali
527 Zimmer, 20 Suiten
Zimmer von 270 bis 640 Euro,
Suiten von 635 bis 1130 Euro
Das erste Resort in den Emiraten.
Heute hat das Leading Hotel die beste
Zeit hinter sich.

KENIA

NAIROBI SERENA HOTEL, NAIROBI
Kenyatta Avenue, P.O. Box 46302,
Nairobi, Kenia
Tel.: 00254-2-31 38 00,
Fax: 00254-2-72 51 84
www.lhw.com/nairobiser
183 Zimmer, 5 Businessmen's Suiten, eine
State-Suite, eine Executive-Suite
Zimmer ab 310 Euro,
Suiten ab 425 Euro
Efeuumranktes Hotel mit viel Geschichte;
inzwischen blättert der Lack

MAURITIUS

ROYAL PALM HOTEL, MAURITIUS
Grand Baie, Mauritius
Tel.: 00230-209 83 00
Fax: 00230-263 84 55
www.lhw.com
57 Zimmer, 26 Suiten, eine Royal-Suite
Zimmer von 480 bis 1090 Euro,
Suiten von 1400 bis 3800 Euro
Eines der besten Hotels auf Mauritius; ein
wenig einsam geht es allerdings zu

THE OBEROI MAURITIUS
Baie Aux Tortues, Pointe aux Piments,
Mauritius
Tel.: 00230-204 36 00,
Fax: 00230-204 36 25
www.lhw.com/oberoimaur
48 Zimmer, 28 Suiten
Zimmer von 360 bis 780 Euro,
Suiten von 525 bis 1860 Euro
Wie Royal Palm ein Leading Hotel. Klasse
mit kleinen Abstrichen

SEYCHELLEN

BANYAN TREE SEYCHELLEN
Anse Intendance, Mahé, Seychellen
Tel.: 00248-38 35 00 / 38 35 55,
Fax: 00248-38 36 00
www.banyantree.com
36 Villen
Villen von 1076 bis 3173 Euro
Jüngste Spitzengruppe, erstklassige
Ausstattung. Beachfrontpool-Villa
empfehlenswert

SÜDAFRIKA

THE WESTCLIFF, JOHANNESBURG
67 Jan Smuts Avenue, Westcliff,
Johannesburg, Südafrika
Tel.: 0027-11-646 24 00,
Fax: 0027-11-646 35 00
www.lhw.com/westcliff
80 Zimmer, 35 Suiten
Zimmer von 270 bis 320 Euro,
Suiten von 420 bis 1130 Euro
Deutlich besser geworden, Orient-
Express macht einen guten Job; Schwes-
terhotel von Mount Nelson; gutes Hotel
der erweiterten Spitzenklasse

THE PLETTENBERG, KAPPROVINZ
Look out Rocks, P.O. Box 719, Plettenberg
Bay 6600, Cape Province, Südafrika
Tel.: 0027-44-533 20 30,
Fax: 0027-44-533 20 74
www.relaischateaux.com
27 Zimmer, 13 Suiten
Zimmer von 140 bis 190 Euro,
Suiten von 200 bis 330 Euro
Ein schönes kleines Boutique-Hotel mit
herrlichem Blick; gehörte zum Kreis der
Besten; in letzter Zeit viel Kritik

GRANDE ROCHE, WESTERN CAPE
P.O. Box 6038, 7622 Paarl, Western Cape,
Südafrika
Tel.: 0027-21-863 27 27,
Fax: 0027-21-863 22 20
www.relaischateaux.com
5 Zimmer, 30 Suiten
Zimmer von 125 bis 150 Euro,
Suiten von 135 bis 280 Euro
Herz der Weinregion Südafrikas; eines der
schönsten Hotels im Lande

CAPE GRACE, KAPSTADT
West Quay, Victoria & Alfred Waterfront,
Kapstadt 8002, Südafrika
Tel.: 0027-21-410 71 00,
Fax: 0027-21-419 76 22
www.lhw.com/capegrace
110 Zimmer, 11 Suiten
Zimmer von 180 bis 290 Euro,
Suiten von 360 bis 680 Euro
Im Jahr 2000 das Top-Hotel bei *Condé
Nast Traveler*. Für mich die größte Ent-
täuschung bei den Checks

THE TABLE BAY HOTEL, KAPSTADT
Table Bay Quay 6, Victoria & Alfred
Waterfront, Kapstadt 8001, Südafrika
Tel.: 0027-21-406 50 00,
Fax: 0027-21-406 57 87
www.lhw.com/tablebay
311 Zimmer, 18 Suiten
Zimmer von 180 bis 290 Euro,
Suiten von 300 bis 1665 Euro
Das zweitbeste Hotel Kapstadts nach
dem Mount Nelson; keine Balkone, einige
Zimmer mit hässlichem Blick

THE ROYAL, DURBAN
267 Smith Street, Durban 4000,
KwaZulu, Natal, Südafrika
Tel.: 0027-31-304 03 31,
Fax: 0027-31-307 68 84
www.lhw.com/royaldurba
248 Zimmer, 24 Suiten
Zimmer von 100 bis 130 Euro,
Suiten ab 160 Euro
Leading Hotel, liebenswerter Service,
aber fehlerhaft im Service, mittelmäßige
Restaurants

THE PALACE, SUN CITY
P.O. Box 308, Sun City 0316, Südafrika
Tel.: 0027-14-557 30 00,
Fax: 0027-14-557 31 11
www.lhw.com/palacesun
322 Zimmer, 16 Suiten,
Zimmer von 220 bis 350 Euro,
Suiten von 340 bis 350 Euro
Sol Kerzners Hotel-Traum, Disneyland
für Erwachsene, viel Kitsch, aber auch
Komfort

SINGITA PRIVATE GAME RESERVE
P.O. Box 650881, Benmore 2010, Südafrika
Tel.: 0027-11-234 09 00,
Fax: 0027-11-234 05 35
www.relaischateaux.com
18 Suiten
Suiten ab 430 Euro
2001 das beste Ferienhotel der Welt
nach Meinung der Leser von *Condé Nast
Traveler*; unsinnige Wertung, aber Kompli-
ment für eine derart schöne Lodge im
Safari-Land

SIMBABWE

THE VICTORIA FALLS HOTEL, SIMBABWE
Mallet Drive, P.O. Box 10, Victoria Falls,
Simbabwe
Tel.: 00263-13-44764,
Fax: 00263-13-44253
www.lhw.com/victoria
171 Zimmer, 8 Suiten, eine Royal-Suite
Zimmer von 370 bis 470 Euro,
Suiten von 670 bis 930 Euro
Leading Hotel an einem der spektaku-
lärsten Naturereignisse des Kontinents

Die ultimativ besten Hotels in Asien

THE PENINSULA
Hongkong

Aushängeschild der Luxusklasse – 1934er-Rolls-Royce vor dem Grandhotel an der Salisbury Road

Grandioser Blick auf die Metropole von der *Deluxe Harbour View Suite* (oben) und dem Spa Pool

Die Höhepunkte in Hongkongs Szenario der Superlative setzen die Hotels. Keine Stadt der Welt hat ein ähnlich hochklassiges Angebot. Das *Peninsula* ist nicht nur Hotel an einem Reiseziel, sondern als Ziel allein ist es schon die Reise wert.

Pagen mit weißen Käppis und blitzsauberen goldverzierten Uniformen öffnen die Glastür zur Säulenhalle: »Willkommen in Ihrem Zuhause.« *The Pen*, wie Hongkongs ältestes Grandhotel von den Mitarbeitern und Reise-agenten genannt wird, ist fraglos einer der eindrucksvollsten Hotelbauten der Welt. Die Flügelkonstruktion mit dem Courtyard sowie die Vorfahrt unter dem überdachten Hauptportal wurden inzwischen unzählige Male kopiert. Kaum ein Hotel irgendwo auf den Kontinenten hat eine so aufregend schöne Halle, lichte, freundliche Flure, wobei es gelang, den alten und neuen Trakt (1994 gebaut) ohne optischen Bruch zu verbinden. Und die Wartehalle unter dem Heliport auf dem Dach ist ein Schmuckstück von Flugmuseum.

Selbst die kleinsten Gästezimmer haben noch vierzig Quadratmeter und eine gleichermaßen gemütliche wie stilvolle Ausstattung. Auf Knopfdruck am Nachttisch gleiten die Vorhänge zur Seite und geben den Blick frei auf Hongkongs aufregendes Stadtbild und den Hafen.

Doch die ganze Optik, so imponierend sie auch ist, bietet lediglich den Rahmen für ein großartiges Service-Programm, das nur mit ganz wenigen Hotels vergleichbar ist.

Verantwortlich für das Flaggschiff der Peninsula-Gruppe mit seinen 300 Zimmern und Suiten sowie der Service-Brigade (drei Angestellte pro Zimmer) ist der Schweizer Peter Borer, der mit seinem Team eine nahezu hundertprozentige Gästezufriedenheit erreicht. Die Auslastung des Hotels lag immer um die neunzig Prozent. Doch mit der Asienkrise kriselte es auch in den vorzüglichen Hotels der Metropole Hongkong. Im *Peninsula* halbierte sich die Belegungszahl. Das hatte vorübergehend den Vorteil für den Gast, dass er erstmals über eine Preisreduzierung verhandeln konnte.

Das klassische Grandhotel an der Salisbury Road, in dem bereits nach der Eröffnung im Jahr 1928 die betuchten Zugreisenden abstiegen, war in Tagen wirtschaftlicher Schwierigkeiten noch am stabilsten. Langsam ging es wieder aufwärts.

Die Restaurants, das stilvoll, schöne *Gaddi's, The Verandah* mit asiatischer Küche und das *Felix*, von Philippe Starck designt, sind wie

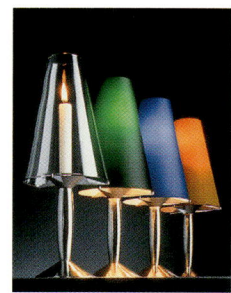

Unverwechselbare Details in der prachtvollen Lobby (oben) und in dem von Philippe Starck entworfenen *Felix*

eh und je zumeist ausgebucht. Wer sich die Übernachtung in der allerhöchsten Preisklasse nicht leisten kann oder mag, will zumindest einmal den Tee in der unverwechselbaren Hotelhalle genossen haben.

Nachmittags um vier verwehen die Töne von »Time to say goodby« in der Lobby. Um die Tische drängen sich die Gäste mit den Einkaufstüten der Edelmarken Gucci, Dior, Vuitton – der Krise zum Trotz. Teelöffel klingen an zarten Porzellantassen, Kellner servieren diskret und schnell Tee, Drinks und gewaltige Kuchenportionen. Die Lobby ist wie eine gesellschaftlicher Treffpunkt Asiens.

Von der Sonnenterrasse aus genießen derweil die Hausgäste den unbeschreiblichen Blick auf das Panorama. Auch hier oben bietet der Service Besonderes. Ein Beistelltisch wird gedeckt, auf einem Tablett steht Eiswasser, liegen feuchte Handtücher, ein Magazin und Sonnenschutzcreme Faktor 15, kostenlos, versteht sich.

THE PENINSULA HONGKONG

Salisbury Road
Kowloon, Hongkong
Tel.: 00852-2910 2888
Fax: 00852-2722 4170
www.lhw.com/peninsuhkg
246 Zimmer, 54 Suiten
Zimmer von 425 bis 695 Euro,
Suiten von 795 bis 5537 Euro

Wie im *Oriental*, der zweiten Hotel-Legende in Asien, werden Stammgäste mit Namen angesprochen, man kennt sich. Es gibt kein Hotel auf der Welt, wo die Mitarbeiter so lange bleiben, oft dreißig und mehr Jahre nicht wechseln, obwohl die neuen Luxushäuser gewiß gute Angebote machen. Hundert Bedienstete tragen mit Stolz die silberne Peninsula-Nadel für mehr als 25 Jahre Dienst im Nobelhaus.

Funktionell und lichte, stilvoll eingerichtete neue Zimmer von außergewöhnlicher Größe erwarten den Gast

ISLAND SHANGRI-LA
Hongkong

Süße Träume wünscht die zierliche Zimmermaid, die einst aus Thailand zum Arbeiten nach Hongkong kam, legt die gefalteten Hände vor die Brust und schlägt die Augen nieder. Das Schlafgemach im *Island Shangri-La* ist angenehm vorbereitet. Duftende Sträußchen auf dem kühlen Kopfkissen, und die drückende Tropenschwüle bleibt dank der geräuschlosen Klimaanlage ausgesperrt.

Asiens sanfte Anmut wird in den Hotels der Superlative zelebriert: im *Peninsula*, dem Traditionshaus, im früheren *Regent*, dem jetzigen *InterContinental*, oder im *Mandarin Orien-*

tal. Ein Hotel und mit ihm die gesamte gleichnamige Gruppe wird in der Aufzählung der Besten oft vergessen: *Shangri-La*.

Das *Island Shangri-La* ist das zurzeit höchstbewertete Haus in Hongkong, natürlich auch, weil das *Peninsula* ein winziges Zwischentief einlegte, das *Regent* nach Verkauf abstieg und *Ritz-Carlton* in der Sechs-Millionen-Metropole einer ungewissen Zukunft entgegensteuert.

Knapp fünf Jahre nach der Rückgabe der ehemaligen britischen Kronkolonie an die Chinesen sind in Hongkong die Träume zurückgekehrt, hat gleichzeitig der Rhythmus des Er-

Die Träume sind zurückgekehrt in Hongkong: Dinieren im *Summer Palace* (oben), prachtvolles Ambiente in der *Lobster Bar*, Empfang in der mächtigen Halle der Lobby (rechte Seite)

folgs das hämmernde Stakkato wiedergefunden nach einer kurzen Weile der Unsicherheit. *Shangri-La*, zu den acht besten Hotelgruppen (von 4000) weltweit zählend, schrieb eine der Erfolgsstories auf der Insel. 37 Hotels gehören heute zur Kette, alle im asiatischen Raum. 1971 war mit dem *Shangri-La Singapur* das erste eröffnet worden, mehr ein Lust- denn ein Profit-Objekt der gigantischen Handelsgruppe des malaysischen Kaufmanns Robert Kuok. Ganz zu Beginn führte noch Westin das Hotel, erst 1978 wurde die eigene Management-Gesellschaft gegründet.

Nachdem lange Zeit eine Expansion außerhalb der angestammten Region nachdrücklich abgelehnt wurde, wechselt jetzt die Strategie. Mit dem neuen und stets optimistischen Chef Giovanni Angelini bricht die Hotelgesellschaft auf, auch Europa und Amerika zu erobern. Er ist sich sicher, dass man auf *Shangri-La*, was ins Deutsche übertragen in etwa »die Suche nach dem verlorenen Paradies« ausdrückt, geradezu wartet.

Besonderen Wert legt die Gruppe auf einen vorzüglichen F&B-Bereich (Essen und Trinken). Das Gourmet-Restaurant im *Island Shangri-La* mit dem traumhaften Panoramablick auf die schlanken Wolkenkratzer und das wuselige Stadtzentrum hat die zurzeit wohl beste Küche von Hongkong im Seafood-Restaurant mit chinesischen, japanischen und

56 Stockwerke:
Das Flaggschiff von
Shangri-La wächst in
den Himmel

Island Shangri-La

Pacific Place, Supreme Court Road
Central, Hongkong
Tel.: 00852-2877 3838
Fax: 00852-2521 8742
www.shangri-la.com
565 Zimmer und Suiten
Zimmer ab 500 Euro,
Suiten ab 750 Euro

In der Bibliothek
servieren gut trainierte
Kellner zwischen
dunklen Marmorsäulen
den Tee

französischen Gerichten. Von hier aus gingen Dim Sum, die delikaten asiatischen Schmankerl, um die Welt.

In Hongkong wird Dim Sum als Snack zwischen zwei Mahlzeiten geschätzt, aber man baut sie auch als Vorspeise in das Menü ein oder isst sich mit einem Dutzend satt. Die Füllung der in Form von Päckchen, Täschchen und Röllchen servierten Mini-Gerichte besteht vorzugsweise aus Hackfleisch, Meeresfrüchten und Gemüse.

Im *Island Shangri-La* (56 Stockwerke hoch und 565 extra geräumige Zimmer und Suiten) wird der Gast im blühenden Garten der Lobby begrüßt. Pflanzen, Bäume, Blumen machen den Empfangsbereich, hoch wie eine Kathedrale, so außergewöhnlich. In der Bibliothek servieren gut trainierte Kellner zwischen schwarzen Marmorsäulen den Tee in edlem Porzellan. Zum Orchideenduft klingen sanfte Melodien durch den Raum, wirklich ein Zipfel des verlorenen Paradieses.

THE ORIENTAL
Bangkok

Der Weg zum berühmtesten Hotel der Welt ist die Straße zum Wasser, zum Chao Phraya, dem Lebensfluss Bangkoks, an dessen Ufern seit weit mehr als einem Jahrhundert das *Oriental* steht. Das *Oriental* einfach »Hotel« zu nennen, beschreibt es nicht wirklich, Mythos, Legende, Trutzburg häufig verkommener Service-Qualität, auch Bühne für die tägliche große Show – das alles trifft es viel eher.

An diesem äußerlich eher unspektakulären Flaggschiff einer ganzen Branche kam und kommt keiner vorbei, der eine Antenne für die feine Lebensart im Hotel hat. Das als edles Gästehaus der thailändischen Königsfamilie genutzte *Oriental* feierte 2001 seinen 125. Geburtstag. Die »große alte Dame«, die vor dem Fest wieder einmal ein Face-Lifting für 36 Millionen Dollar erlebte (nur für einen Zimmertrakt), war die ganze Zeit über konkurrenzlos – ja, bis kurz vor der Jahrtausendwende ein jugendlich forscher Herausforderer exakt gegenüber am anderen Ufer des Stroms der Könige erstmals seine Gastfreundschaft anbot, das von mir ebenfalls sehr hoch bewertete *Peninsula*.

Beim Innenleben der »himmlischen Herberge« *Oriental*, beim ersten Blick in die Halle mit kupferfarbenen Holzleuchtern in der Form tropfender Herzen, öffnet sich ein Paradies auf Zeit. Musiziert wird überall, ein Streichquartett in der Halle, in der Autorenlounge eine Pianistin am weißen Flügel, in der Bamboo-Bar eine schwarze Jazz-Sängerin.

Im *Oriental* hat jede Tageszeit ihre Faszination, doch am eindrucksvollsten ist die Stimmung zur blauen Stunde. In einem Feuerball verglüht die Abendsonne über dem goldenen Tempeldach und verzaubert mit gleißendem Funkeln selbst die schmutzigen Fluten des Menam Chao Phraya. »Fest der Götter« nennen die Thais die Sundowner-Stunde. Die Riverside-Terrasse ist mit Orchideen verziert. Windlichter flackern.

Mit der Halle der »himmlischen Herberge« öffnet sich ein Paradies auf Zeit

Zur selben Stunde werden im Gourmettempel *Normandie* die Kerzen angezündet, erklingt leise Kammermusik, Haydn und Bach, hält die geräuschlose Klimaanlage die schwüle Hitze der tropischen Nacht außen vor. Ausgerechnet hier wird das beste Wildgericht, das ich je in einem Hotel genossen habe, serviert, behutsam gebratenes Schneehuhn mit fünf verschiedenen gerösteten Pilzsorten. Allerdings sind auch die Preise Weltspitze.

Kein Mensch kann mehr erklären, warum Bangkok die »Stadt der Engel« oder nach anderer Überlieferung »der Wald der Affen« sein soll. Himmlische Wesen sucht man in der Sieben-Millionen-Metropole (zweimal so groß wie Berlin) gewiss vergebens. Die Stadt ist brodelnd, heiß, feucht, lärmend, geschäftig: Schmelztiegel und zugleich Aufbruch signalisierend. Man mag sie oder man hasst sie, oder man pendelt, so wie ich, in seiner Ansicht.

Die besondere Empfehlung: von der thailändischen Königsfamilie als Gästehaus genutzt

Ebenso geht es der Zielgruppe im Fünf-Sterne-Bereich mit den beiden Hotels, die unterschiedlicher kaum sein können.

Das *Oriental* jedenfalls bietet polierte koloniale Pracht mit Baldachin-Betten aus goldverziertem Edelholz und seit 33 Jahren mit dem Deutschen Kurt Wachtveitl als Regisseur, der die Lebenskultur täglich neu inszeniert.

Doch den wirklichen Unterschied dieses Hotels, das zwölfmal die Jahres-Rangliste von Institutional Investor anführte und nie schlechter als mit Platz vier in der Welt abschloss, macht gegenüber vielen anderen Häusern, die sich auch als »gut« bezeichnen, der Service am Gast aus. Während der Wirtschaftsflaute in Asien und den Problemen speziell in Thailand wurde das *Oriental* verstärkt das eigentliche Ziel für Hotel-Enthusiasten auf Asien-Reise.

Einmalig und auch in Zukunft kaum zu übertreffen, bleibt das *Oriental Spa*, ein Platz des Relaxens und paradiesischer Stimmung. Auch das gehört zu einer himmlischen Herberge.

THE ORIENTAL BANGKOK

48 Oriental Avenue
Bangkok 10500, Thailand
Tel.: 0066-2-659 90 00
Fax: 0066-2-659 90 00
www.lhw.com/orientalbk
360 Zimmer, 35 Suiten
Zimmer von 280 bis 350 Euro,
Suiten von 425 bis 2230 Euro

Weltspitze, was die Leistung und auch den Preis betrifft – der Gourmettempel *Normandie*

THE PENINSULA
Bangkok

From a better Point of View«, wirbt das *Peninsula* in Bangkok und freut sich, den Gästen den wesentlich schöneren Blick auf die Stadt mit dem *Oriental* als Blickfang auf der gegenüber liegenden Flussseite anbieten zu können. Doch die lehmige Wasserstraße voller Leben verbindet mehr als dass sie trennt. Der Fluss, Schnellstraße, Markt-, Wasch- und Badeplatz für Anlieger, sorgt vom grauen Morgen bis zum glutroten Farbenspiel am Abend für die Kulisse der beiden Hotel-Welten.

Während im *Oriental* höchster Luxus in exotischer Pracht zelebriert wird, mit perfekt geschulten Butler- und Kellner-Brigaden, mit

180 adretten Köchen und einer Security-Garde, die stets das beruhigende Gefühl von Geborgenheit vermittelt, geht es im *Peninsula* hemdsärmeliger (Shorts sind in der Halle erlaubt), auch lärmender und jugendlicher zu, lange nicht so stilvoll, aber auch niemals steif.

Die 370 *Pen*-Gästeräume mit einem besonders hohen Anteil an Suiten sind der eigentliche Grund dafür, warum man überhaupt von einer Alternative zum Mythos *Oriental* sprechen kann. Auch zwei Jahre nach der Eröffnung hält das *Peninsula* die Preise niedrig, offeriert im Suitenbereich das weltweit beste Preis-Leistungsverhältnis in dieser Klasse. So zahlen Reisende für eine so genannte *Corner*

Die Peninsula-Boote auf dem Chao Phraya, dem Lebensfluss der Stadt, fahren im Pendeldienst

Das eher nüchterne Restaurant *Cilantro* (oben) und *Mei Jiang* (links), das die besten kantonesischen Spezialitäten der Stadt serviert

Suite mit bis auf den Fußboden heruntergezogenen Fenstern, gleichermaßen funktioneller wie luxuriöser Ausstattung und Bädern der Extraklasse einen Paketpreis pro Nacht von 185 Dollar, einschließlich Limousinentransfer vom Flughafen und einem opulenten Frühstück für Zwei.

An Annehmlichkeiten bietet das *Peninsula* so viel, dass man das Hotel überhaupt nicht verlassen müsste: das Fitnesscenter, der riesige Pool mit Sonnendeck, die Schönheitsfarm,

Die euro-asiatische Küche des *Jesters* (links) ist leicht und experimentell. Im Suitenbereich findet sich im *Peninsula* das weltweit beste Preis-Leistungsverhältnis

Tennisplatz und für den, der die Vogelperspektive erleben möchte, den Helikopterservice vom Dach.

Ob das freilich die allzeit fühlbare Lebensqualität, die Stimmung, den Duft, die Musik, den liebenswerten Service, schlicht den mit allen Sinnen erlebten Genuss des *Oriental* ausgleichen kann, muss jeder für sich selbst entscheiden.

Das Restaurant-Angebot des *Peninsula* hat längst nicht die Hochklassigkeit des *Oriental*-Restaurants *Normandie*, ist aber durchaus reizvoll: das *Jesters* mit Pazifik-Küche und *Mei Jiang* mit den besten kantonesischen Spezialitäten in der Stadt.

Ein echter Nachteil ist natürlich das Ambiente der großen Speisesäle mit schlichter Mensa-Eleganz, da kann man sich nur auf die Peking-Ente in Maiscrepe gerollt und die anderen Spezialitäten konzentrieren.

Die Küche freilich ist exzellent. Von den Spezialitäten auf feinem Porzellan können europäische Restaurants nur träumen.

Der Chef des Hauses, der Ire Ian Coughlan, der seinen Hochzeitstag gegenüber im *Normandie* feiert, freut sich über die Möglichkeit des gegenseitigen Genussaustausches. Rund um die Uhr kreuzen die Shuttle-Ferries zwischen den Anlegestellen der beiden Hotels. Am Abend sind die *Peninsula*-Boote romantisch mit Lichtern nachgezeichnet.

Das *Peninsula*, das von der Optik des schlanken Turmbaus ebenso gut nach Dallas oder Miami verpflanzbar ist, überzeugt mit perfekten Zimmern, die noch vorzüglicher und moderner als gegenüber eingerichtet sind und einem erstklassigen Preis-Leistungsverhältnis, auch bei den Suiten. Die Terrassen-Suiten im 36. und 37. Stock mit 200 Quadratmetern und mehr kosten zwischen 1100 und 1800 Dollar. *Duplex* ist das vielleicht komfortabelste Angebot in Bangkok, eine Zimmerflucht über mehrere Stockwerke mit derart großen Terrassen, dass der Gast das Gefühl hat, in einem riesigen eigenen Palast zu leben.

THE PENINSULA BANGKOK

333 Charoennakorn Road, Klongsan
Bangkok 10600 Thailand
Tel.: 0066-2-861 28 88
Fax: 0066-2-861 11 12
www.lhw.com/penbangkok
304 Zimmer, 65 Suiten
Zimmer von 225 bis 265 Euro,
Suiten von 310 bis 3500 Euro

AMANPURI
Phuket

Abendhimmel über Phuket. Die sinkende Sonne spielt mit Purpur, Orange und tiefem Blau. Über die wie eine Mondsichel geformte Sandbucht tanzen die letzten Strahlen, verzaubern die ebenmäßigen Kokospalmen zu dunklen Säulen, die sich im Silberflitter des völlig ruhigen Wassers spiegeln. Die vierzig Pavillons mit kunstvollen Tempeldächern im nördlichen Thai-Stil kleben wie Schwalbennester am Hang, von uralten Bäumen überragt und behütet. Es ist die Stunde der Andacht, vor allem jetzt wird das Ferienresort *Amanpuri* seinem poetischen Namen gerecht: »Platz des Friedens«, so die Übersetzung, auf der Insel des stillen Glücks.

Von irgendwoher treiben Vivaldi-Klänge herüber. Ein gertenschlankes Mädchen, ganz in weiße Seide gekleidet, mit leuchtend roten

Die strenge Symmetrie verstärkt den Eindruck von einer tempelähnlichen Anlage – ein Tempel der Genüsse

Blüten im Haar, serviert Champagner in edlem Kristall, verbeugt sich leicht, faltet die Hände zum Gruß. Der Service ist asiatische Perfektion mit einem sanftem Lächeln.

Das *Amanpuri* an der Pansea Beach bietet eine herrliche Zeit, »einen Zipfel des Himmels«, wie Adrian Zecha, der Erbauer des kleinen, sehr persönlichen Hotels es nannte. Das hat seinen Preis. Das teuerste Hotel Thailands macht keinen Hehl daraus, in welcher Schicht es seine Gäste sucht. Es offeriert höchsten Luxus, ohne sich dessen zu schämen.

Bei der Ausstattung wurde nirgendwo Rücksicht auf Kosten genommen. Kein Rotstift eines peniblen Erbsenzählers störte die Planung. Der Fußboden im Bungalow ist aus dunklem Mahagoni, die Badewanne tief versenkt. Aus dem Schlaf- und Ankleidezimmer führen große Schiebetüren zum privaten Sonnendeck, einem offenen Pavillon, den der Planet auf allen Stationen des täglichen Rundlaufs erreicht. Zimmermädchen haben schon früh am Morgen Liegematten ausgebreitet und einen Früchtekorb mit exotischen Genüssen auf-

zum Pool mit den sorgfältig ausgerichteten weißen Liegen.

Die strenge Symmetrie der Anlage, die den Eindruck des Tempelhaften verstärkt, wird aufgelockert durch die vielen Palmen, die man überall erhalten hat. Es gibt einen privaten Strand, einen Swimmingpool mit Wettkampfmaßen, zwei Tennisplätze, ein thailändisches, ein italienisches Restaurant und Terrassen-Service. Für die Gäste stehen Katamaran und Surfbretter bereit, ebenso ein mächtiges Boot mit weißen Segeln sowie eine Sieben-Meter-Jacht fürs Hochseefischen.

Die Pavillons sind alle unterschiedlich gestaltet. Zu den schönsten zählt zweifellos die Villa Nummer 7. Zentrales Element ist die großzügige, langgestreckte Terrasse mit einem 25 Meter langen, dunkel gekachelten Pool, dazu der 180-Grad-Blick auf puderweiße Sandstrände und glasklares Wasser.

Zumindest einmal während des Aufenthalts im *Amanpuri* ist ein Spaziergang zum nahen Kloster Pflicht, eines von 25 000 im »Land der weißen Elefanten«, wie Thailand genannt wird. Vor einem kleinen Tempel mit vergoldetem Eingang und goldrot verziertem Dach stellt ein Thai-Mädchen Blumen in eine große blaue Vase. Sie lächelt glücklich. Weit und breit keine Siedlung, keine Touristen, Stille und Harmonie. Inselfriede ist ein Geschenk der Götter.

Ein Platz des Friedens ist das Ferienresort auf Phuket mit seinen Pavillons, den kunstvollen Dächern und stillen Gärten

gestellt. Verbunden sind die Geschosse mit verwinkelten Treppen, was so ganz nebenbei, die bösen Geister vertreiben soll. Die können sich, so sagen Buddhisten und Hindus, nur in einer geraden Linie bewegen.

Vermarktet wurde das göttliche Domizil auf menschlicher Erde lange Zeit von der kleinen, feinen Hotel-Gruppe des Deutschen Georg Rafael – bis zum Verkauf an Mandarin Oriental. Jetzt sind die Aman Resorts auf sich gestellt.

Lediglich die Moskitos erinnern unangenehm dreist daran, dass auch die schönsten Flecken nur Vorgärten des Himmels sind. Der vom tiefen Glücksgefühl genährte Gedanke vom Paradies kommt im Inselzauber Thailands doch stets zurück. Treppen mit eingefassten Kokospalmen führen hinunter zur Lobby und

---

AMANPURI

Pansea Beach
Phuket Island, Thailand
Tel.: 0066-76-32 43 33
Fax: 0066-76-32 41 00
www.amanresorts.com
27 Superior Garden Pavillons,
30 Villen (im Privatbesitz)
Garden Pavillon von 447 bis 559 Euro,
Villa Home (Meerblick, sechs
Schlafzimmer) von 1132 bis 6120 Euro

CHIVA SOM

Thailand

Wo Thailands
Herrscher residierten,
beginnt mit dem ersten
Tag die königliche
Entspannung

Wenn der Berliner Bauspezialist und Investor Dietrich Garski das unfreudvolle Ergebnis zahlloser Geschäftsessen auf angenehme Weise korrigieren will, quält er sich nicht mit herkömmlichen Hungerphasen, sondern bucht sich ein in den »Hafen des Lebens«, wie *Chiva Som* ins Deutsche übersetzt heißt. Dieses international anerkannte Health-Resort liegt in Hua Hin, dem ältesten thailändischen Seebad. Dabei handelt es sich nicht um einen kargen, nach Sportschule riechenden Wellness Club, sondern um eines der schönsten asiatischen Luxushotels mit erfolgreich kombinierten Fitness-, Schönheits- und Gesundheitsprogrammen und Kurbetrieb in angenehmster Form. Mit lautlosen Elektrowagen werden die Gäste zu ihren Tempeln gefahren, nicht ganz direkt, sondern nach dem hier üblichen ärztlichen Check und einem großen Glas Mineralwasser als Erfrischung. Das allerdings ist schon sehr gesund ...

Wo früher Thailands Herrscher residierten, beginnt mit dem ersten Tag die königliche Entspannung. Dafür sorgt zum einen der Rahmen mit asiatischer Architektur, Spiritualität und fernöstlicher Heilkunst. Das wird vor luxuriöser Kulisse mit Terracotta, Marmor, Sandelholz und Bambus mit klinischer Sorgfalt gehandelt. Die Interiors der 57 Gästepavillons in

Im vielleicht besten Spa Asiens wird Fitness, Schönheits- und Relaxprogramm auf angenehmste Weise kombiniert

den tropischen Gartenanlagen halten ebenfalls eine feine Balance. Die herkömmliche thailändische Bauweise mischt sich mit westlichen Luxus-Standards.

Das Angebot an therapeutischen, kosmetischen und stressreduzierenden Maßnahmen ist ohne jegliche Übertreibung als gigantisch zu bezeichnen! Eine komplette Auflistung würde den Rahmen einer Reportage schlicht sprengen, deshalb nur einige Beispiele: Unter den »Treatment-Möglichkeiten« besonders hervorzuheben ist die Thai-Massage, die wahlweise unter freiem Himmel oder in den klimatisierten Spa-Räumen genossen werden kann. Im Gegensatz zur Schwedischen Massage (ebenfalls im Angebot des *Chiva Som*), die den Körper eher streichelt, handelt es sich bei der Thai-Massage um die Kunst, einerseits Reflexpunkte des Körpers und den Knochenbau zu belasten und zu dehnen, müde Muskeln zum Leben zu erwecken und gleichzeitig ein Gefühl von totaler Entspannung und »aufrechtem« Sein zu vermitteln. Die Masseurinnen des *Chiva Som* sind Meisterinnen ihres Fachs, denn sie haben ihre Ausbildung überwiegend in den Tempeln ihrer Heimat erhalten. Die Massage ist in Thailand ein wichtiger Teil der buddhistischen Philosophie. Und so setzen sich die Massagemöglichkeiten unter Wasser wie über Wasser

fort: im aromatisierten Tub oder im wassersprudelnden »Niagara«-Becken, das seinem schäumenden Namen alle Ehre macht.

Hungergefühl gibt es nicht. Viele ausgewogene kleine Gerichte werden prächtig präsentiert. Die Küche ist exzellent, ernährungstechnisch wertvoll, aber kalorienarm.

Am Abschiedstag fühlt sich der Gast nicht nur rank und schlank, entschlackt und fit, sondern ganz einfach glücklich. Beim letzten Rundgang durch den tropischen, chinesischen Park mit Wasserfällen, Seen, Brücken und duftender Blütenpracht vertieft sich das selbstauferlegte Versprechen, bald wieder in den »Hafen des Lebens« zurückzukehren.

CHIVA SOM

73/4 Petchkasem Road
Hua Hin, Prachuab Khirikham
77110 Thailand
Tel.: 0066-32-53 65 36
Fax: 0066-32-51 11 54
www.chivasom.net
57 Wohneinheiten, davon 33 Ocean View
Rooms, 7 Suiten, 17 Pavillonzimmer
Zimmer ab 337 Euro,
Suiten ab 577 Euro

RAFFLES HOTEL
Singapur

Mit einem letzten Drink und ein paar Wehmutstränen der Stammgäste wurde 1989 das vorläufige Ende des berühmtesten Hotels der östlichen Halbkugel beklagt. Während seiner Glanzzeit, als Singapur noch britische Kolonie war, diente die noble Herberge als Treffpunkt aller, die in Südostasien Rang und Namen hatten. Aus und vorbei? Zwei Jahre später wurde das Paradehotel Asiens wiedereröffnet. Aufwändig erweitert präsentiert es sich der Öffentlichkeit im neuen Glanz.

Umgerechnet rund achtzig Millionen Euro haben die Renovierungsarbeiten verschlungen. Geblieben ist die strahlend weiße Fassade im viktorianischen Stil, neu geschaffen wurde das modernste Interieur eines Geschäftshotels, das dennoch die große Vergangenheit lebendig hält. Denn im Blick auf die Einrichtung und Ausstattung des gesamten *Raffles* und seiner Suiten, Restaurants, Hallen und Gänge wurden »die Uhren in die goldenen ersten drei Jahrzehnte des Jahrhunderts zurückgedreht«, so der Präsident und Chairman der Gruppe, der aus dem Hotel hervorging, Richard Helfer. Nirgends wurde dabei an Aufwand für Komfort und exklusive Qualität gespart.

Das *Raffles* hat keine Hotelzimmer mehr, sondern nur noch Suiten, insgesamt 103, jede

271

für sich individuell gestaltet. Das elegante Mobiliar, die Orientteppiche und der Bodenbelag aus Teak, Marmor und Kacheln verleihen Wärme und Atmosphäre. Alle Räume besitzen neben der Klimaanlage auch Ventilatoren, um dem Gast die rechte Atmosphäre eines »luftigen und erfrischenden Wohnens« zu verleihen.

Im alten Stil kann sich der Gast auch die Ankunft und Vorfahrt im *Raffles* wünschen, in einem echten, wenn auch neuen »London Cab«, mit dem neuen alten Monogramm des *Raffles* auf den Türen (das übrigens für das renovierte *Raffles* aus den dreißiger Jahren wiederentdeckt wurde).

Vielfalt in der Gastronomie wird besonders gepflegt. Die insgesamt zwölf Restaurants und Bars bieten zusammen Platz für 1486 Gäste. Traditionsreichste Restaurants sind der *Raffles Grill* und der *Tiffin Room*, während die schon legendäre *Writers Bar* die Erinnerung an große Schriftsteller und Autoren im *Raffles* lebendig hält; ihre Namen zieren auch etliche Türen der noblen Suiten des Hotels. *Doc Cheng's*, das Restaurant mit der Gründer-Geschichte eines Mediziners und Connaisseurs, bekam einen Ableger im Hamburger *Vier Jahreszeiten*, das auch zur Gruppe gehört. Der Publikumserfolg ist groß.

Ein paar Stationen der Hotelgeschichte zum Verstehen- und Liebenlernen: Drei armenische Brüder hatten 1886 ein kleines Früh-

stückscafé vergrößert und mit ein paar Fremdenzimmern zu einem winzigen Hotel ausgebaut. Sie gaben dem Haus den Namen des ersten englischen Gouverneurs der Insel, Sir Stamford Raffles. Beim zweiten Umbau bekam das Hotel schon seine berühmten hohen Zimmer, luftige Veranden und große Flügelventilatoren an der Decke. Der Wandschmuck war außergewöhnlich wertvoll, schwere Teppiche und elegante Blumengestecke schufen eine Atmosphäre voller Luxus. Schon 1905 wurde Singapurs beste Adresse in der Londoner Gesellschaft das »Savoy des Ostens« genannt.

Somerset Maughams Ausspruch, »*Raffles* steht für all das Märchenhafte des exotischen Ostens«, liest der Gast auf jeder Streichholz-

schachtel. Einmal durch den Garten vor den weißen viktorianischen Kolonialbauten schlendern, unter alten Bäumen den Five o'clock Tea genießen oder sich zum Dinner bei Kerzenlicht einschreiben lassen. Und dann spät am Abend – so habe ich es gemacht – unter dem tropischen Sternenhimmel, umgeben von filigranen Kokoswedeln und behäbigen Bananenblättern, ein paar Gin Slings genießen und über Somerset Maughams Geschichten plaudern. Das alles vermittelt die Faszination. Heute wie damals.

Raffles Grill (links)
gehört zu den
traditionsreichsten
Restaurants. Namen
großer Schriftsteller
zieren die noblen
Suiten

RAFFLES HOTEL

1 Beach Road
Singapur 189673
Tel.: 0065-337 13 86
Fax: 0065-339 76 50
www.raffles.com
103 Suiten
Suiten von 412 bis 2536 Euro

THE RITZ-CARLTON

Von der Lage her kaum zu schlagen: mitten im Business-Zentrum mit herrlichem Blick auf Bucht und Hafen – gerade auch bei Nacht

In der Galerie der Millenia-Ausstellung hängt eine Plakette, die nun wirklich außergewöhnlich ist: »The World sexiest Bathrooms«, von einem asiatischen Travel-Magazin verliehen. Wann, die Frage muss ja erlaubt sein, wann ist ein Bad sexy?

Kevin Roche, der Designer des großartig ausgestatteten Hotels, das 1996, damals noch von Ritz-Carlton-Gründer und Hotel-Philosoph Horst Schulze, eingeweiht wurde, zeigt es jedem Gast auf dem ersten Blick: Das Bad-Ambiente entspricht einem stilvollen Wohnzimmer mit Blumenpracht; Materialkombinationen von Holz, Marmor, Granit, in den Boden eingelassene Jacuzzi-Wannen und großzügige Fensterpartien (die man in Bädern nicht so oft sieht) machen die »Wet rooms« zu etwas wirklich Besonderem.

Vom Fenster aus den Sonnenuntergang der Marina oder der City erleben, macht den Badespaß in der Wanne zusätzlich einmalig. Dabei werden vom Bade-Butler Drinks und Köstlichkeiten serviert oder auf Wunsch ein Aroma-Spektakel vorbereitet.

Singapur wird als Reiseziel immer populärer, als Business-Destination wichtiger, dementsprechend sind Zimmer und Suiten wie perfekte, moderne Büros ausgestattet, die Technik

»The World sexiest Bathroom« hat ein asiatisches Travel-Magazin im *Ritz-Carlton Singapur* entdeckt

jedoch versteckt und verkleidet. Wer nicht will, muss keine Arbeitsatmosphäre in den klassisch-eleganten Räumen erkennen.

Die Metropole mit dem Löwenzeichen ist hotelmäßig fast so gut besetzt wie Hongkong. Neben dem *Ritz-Carlton* natürlich das *Raffles* und weitere wie das *Duxton Hotel*, das *Fullerton* oder das *Beaufort Hotel & Conference Centre*.

Von der Lage her ist das *Ritz-Carlton* kaum zu schlagen, mitten im Business- und Kulturzentrum und mit dem herrlichen Blick auf die Bucht und den Hafen (ganze fünfzehn Minuten vom Changi-International Airport entfernt).

610 extrem geräumige Zimmer, Junior- und Luxus-Suiten und die Ritz-Carlton Presidential Suite offerieren den unglaublichsten Wohnkomfort. Hundert Räume bieten den Club-Service (gegen Aufpreis) und damit rund um die Uhr Köstlichkeiten und Drinks.

Abwechslung pflegt den Appetit. Der *Summer Pavilion, Greenhouse, The Lobby Lounge, Snappers* binden den Gast an das Hotel. Ex-Präsident Horst Schulze kann kaum etwas überraschen. Vom Fitness Center & Spa, von den heißen und kalten Whirlpools drinnen und draußen allerdings zeigte er sich extrem beeindruckt. Und die Gäste sind begeistert. Auch weil man zum Shopping die riesige Hotelanlage nicht verlassen muss. Exzellente Geschäfte sind unter dem gemeinsamen Dach.

Nüchtern und doch spektakulär reckt sich der RC-Bau mit seinen 29 Etagen in den Himmel von Singapur

THE RITZ-CARLTON SINGAPUR

7 Raffles Avenue
Singapur 039799
Tel.: 0065-337 88 88
Fax: 0065-338 00 01
www.ritzcarlton.com
610 Zimmer und Suiten
Zimmer ab 500 Euro

THE PENINSULA
Manila

Chauffeur Geoff (seit 25 Jahren ohne Strafzettel) öffnet mit weißen Handschuhen die Wagentür. Ein Hoteldiener in weißer perfekt sitzender Uniform bemächtigt sich unauffällig meiner Koffer. Im Entree hinter der Glastür präsentiert sich koloniale Pracht. Ich bin im *Peninsula Manila*, in zentraler Lage der Stadt Makati, am Schnittpunkt des Finanzdistrikts und des Shopping-Bereichs.

In den letzten zwanzig Jahren wurden gleich zweimal jeweils fünfzig Millionen Dollar für Renovierungs- und Erweiterungsarbeiten investiert. Dabei entstanden die empfehlenswertesten neuen Zimmer für Business-Reisende im *Ayala Tower*.

Die imposante
Treppe verbindet die
berühmte Lobby mit
der glasumschlossenen
eleganten Bar-Lounge
Conservatory

Obwohl das Hotel auch ein aufwändig ausgestattetes Business-Zentrum mit 24-Stunden-Sekretärinnen-Service hat, wurden diese besonderen »Arbeitszimmer« mit modernster Technik ausgestattet. Wer also des Jobs wegen in Manila ist und vorübergehend völlig eingebunden, kann sich im Delikatessen-Shop des Hotels mit Köstlichkeiten eindecken und zum Arbeiten in sein komfortables Büro auf Zeit zurückziehen.

Nach erfolgreichem Abschluss bietet sich eine Feier im *Old Manila*, dem besten Restaurant der Stadt, an. Sechs asiatische Küchen von vietnamesisch bis philippinisch sind unter einem Dach vereint, spiegeln sich in der umfassenden Karte.

Großzügige Fenster-
flächen und warme
Dekorationen finden
sich nicht nur in der
repräsentativen
Präsidenten-Suite

Anders als im *Pen Hongkong* ist das Ambiente in den Zimmern und Suiten heller, leichter gehalten und stets mit optimalen Fensterflächen und warmen Dekorationen versehen.

Im Hotel-Business geht nichts mehr ohne Spa, Wellness, Fitnessprogramm. Das Spitzenhotel im besten Viertel Manilas ist auch da perfekt eingerichtet mit Gym, Jacuzzi, Massage-Bereich, Swimmingpool und Gesundheitszentrum.

So wie die Inseln des philippinischen Archipels bunten Flecken gleich im Meer liegen, so bunt beeinflusst ist ihre Kunst und Kultur. Kaum ein anderes asiatisches Land hatte einen so bewegten und fremdbestimmten Verlauf der Geschichte wie die Philippinen.

Diese verschiedenen ausländischen Einflüsse verschmolzen mit eigenen Elementen, und es entwickelte sich eine kulturelle Mischform von ganz eigenem Reiz. Völkerkundlich gesehen ist der Stoff, aus dem die philippinische Kultur gewebt ist, ein sehr farbiges Gebilde. Dies alles spiegelt sich in der Gestaltung des Hotels mit der phantastisch hohen Halle, die der wichtigste Treffpunkt des Landes ist. Auf der Empore lassen Musiker in weißen Uniformen zum Afternoon Tea die Donauwellen im Dreiviertel-Takt rollen. Der Service ist vergleichbar mit dem des gleichnamigen Schwesterhotels in Hongkong, und auch die überdachte Auffahrt gleicht dessen gigantischem Portal. Allerdings steht in Manila eine Reihe schwarzer Mercedes-Limousinen, wo in Hongkong die Rolls-Royce-Parade beeindruckt.

THE PENINSULA MANILA

Corner of Ayala and Makati Avenues
1226 Makati City, Metro Manila, Philippinen
Tel.: 0063-2-887 28 88
Fax: 0063-2-815 48 25
www.lhw.com/penmanila
457 Zimmer, 43 Suiten
Zimmer von 275 bis 436 Euro,
Suiten von 515 bis 3100 Euro

AMANPULO
Pamalican Island

Ein Tempel für Gäste, ausgestattet im Stil der Aman-Resorts

In der Nacht hatte es geregnet, besser gesagt, wie aus Kübeln geschüttet. Schlussakkord der Regenzeit mit wilden Stürmen, die mit dem Oktober zu Ende geht. Die winzige Insel Pamalican, dünn und lang wie eine Haarnadel in der türkisfarbenen Lagune liegend, wirkt frisch geduscht. Die Sonne hat die letzten Wolkenfetzen weggebrannt und die Temperatur auf die üblichen dreißig Grad gebracht.

Der »Hausleguan«, der jeden Morgen aus dem Buschwerk hinter dem Strand kommt, döst auf seinem Lieblingsplatz, der untersten Steinstufe zur Terrasse, und genießt die Wärme. Ich nenne ihn Pulo. Warum? Nun, weil dieses Resort Amanpulo heißt (Insel des Frie-

281

dens) und er wahrscheinlich schon hier lebte, bevor die einstöckigen Casitas mit den flachen, roten Ziegeldächern an den Strand oder auf Stelzen an den Berghang gebaut wurden. Auch nach Fertigstellung der vierzig weiträumig auf der Insel verstreuten Gästehäusern und des Hotel-Zentrums rund um die Pool-Landschaft, ist die Philippinen-Insel immer noch ein Platz der Stille in einer grellen, lauten Zeit. Selbst der Wind bewegt die Palmenwipfel ein bisschen behutsamer als anderswo, und das Spiel der Wellen bleibt hinter dem schützenden Korallenriff nahezu geräuschlos.

Nichts stört, kein anderer Mensch ist zur frühen Stunde am Strand zu sehen. Der Sand ist fein und weiß wie Mehl, die Konturen und Ränder scheinen mit einer Prise Koriander getönt. Es ist ein Morgen wie zu Beginn der Schöpfungsgeschichte. Das klare, saubere Wasser wirkt unberührt. Lichtes Türkis wechselt vom Ufer weg hinaus zur Sulu-See ins Tintenblau. Rundum erheben sich kleine und kleinste Inseln aus dem Meer.

Um sechs Uhr in der Früh waren wir in Manila abgeflogen. Der kleine Flughüpfer nach Pamalican mit einer elfsitzigen Propellermaschine dauerte genau eine Stunde. Dann rollte das giftgrüne Fluggerät auf einem Betonband hinter dem *Amanpulo* aus. Gleich an der Landebahn sind Elektro-Autos aufgestellt und bereits mit der Nummer des jeweiligen Gästehauses versehen. Wohin man auch fährt, spätestens nach einigen Minuten wird irgendwo Strand gesichtet.

Im Gegensatz zu den Steilküsten einiger überflogener Eilande, mit Formen wie Dali einst seine zerfließenden Uhren als Zeitzeichen malte, ist Pamalican rundum vom Saum des Sandstreifens eingefasst.

Adrian Zecha, der Indonesier, der mit dem *Amanpuri* in Phuket (Thailand) den Aufbau der Aman-Resorts an den schönsten Plätzen Asiens begann, bekam die Philippinen-Insel von einer der wohlhabendsten Familien Manilas angeboten. Er ließ die Gästehäuser nach bewährtem Muster mit schönen, geräumigen Bädern und erstklassigen Holzarbeiten ausstaffieren. Eine großzügige Terrasse und ein Sonnen-Domizil am Strand gehören dazu, wobei alle Liegen, Sonnenschirme und Möbel aus-

Exklusivität des Resorts zeigt sich in unverkrampfter Naturverbundenheit: Hölzer als wichtigstes Ausstattungsmaterial

schließlich in edlem Naturweiß gehalten sind. Die Exklusivität des Resorts zeigt sich nicht mit Glamour und schicken Abendgesellschaften, wie sie die Gäste im *Amanpuri* pflegen, sondern in der völlig natürlichen und unverkrampften Naturverbundenheit. Kilometerweite Einsamkeit haben hier einen höheren Stellenwert als Schick und Unterhaltung. Allerdings ist außer Glück am Strand, liebenswertem Service und reichlich Sport nicht viel Abwechslung auf der Insel. Nur wenn Sie genau das suchen, sind Sie im *Amanpulo* richtig.

»Hallo, Mister Heinz«, säuselte Jeannette und serviert geeisten Mangosaft. Sie lächelt dabei mit einer Anmut, die für Europäer so faszinierend ist. Es gehört zur Philosophie dieses Hotels, allen Gästen das Gefühl zu geben, besonders wichtig und willkommen zu sein. Da fühlen sich die Besucher ähnlich groß wie Kleinwüchsige, wenn sie beim Einstieg in die Concorde den Kopf einziehen müssen. »Mabuhay and a warm welcome.«

Der Abend kommt. Sonnenuntergänge sind an vielen schönen Plätzen des Tages Krö-

nung. Auf Pamalican in der totalen Stille mit einem Glas Champagner zu sitzen, zu erleben, wie die Palmen zu Scherenschnitten werden und die Sonne in Kodak-Farben verglüht, das ist so ungewöhnlich, weil in der Abendstille nicht einmal mehr die kanariengelben Vögel zu hören sind. Nur aus der Bar erklingen leise romantische Harfentöne, die der Wind zum Strand herüberträgt. Titel der Melodie: »Peaceful Journey.« Ein Motorboot ganz in der Ferne wirkt schon störend. Wie kann man es da nur in lauten Feriengebieten aushalten?

AMANPULO

Pamalican Island, Philippinen
Tel.: 0063-2-759 40 40
Fax: 0063-2-759 40 44
www.amanresorts.com
38 Casitas, 2 Villen
Casitas ab 519 Euro,
Nature und West Villa mit
privatem Beachclub ab 5075 Euro

Jeden Tag von der Natur neu in Szene gesetzt: das verheißungsvolle Blau des Meeres und eine Abend-stimmung zum Träumen

MATAHARI BEACH

Bali

Exotische Blütensträucher und stolze Mangroven weisen den Weg im Abendlicht zum *Matahari* oder wie es offiziell heißt, *Matahari Beach Resort & Spa* auf Bali. Das kleine Privathotel, das zur aller ersten Garnitur auf der Insel gehört, wie *Amandari, Amankila* und *Four Seasons* liegt eingetaucht in einer Optik aus Orchideen, Frangipani, Jasmin und Farnen. Die Luft ist von exotischem Blütenduft erfüllt.

Mit nur sechzehn ebenerdigen Pavillons, alle durch kunstvolle Holzschnitzereien und detailversessene Steinmetz-Arbeiten edel und aufwändig gestaltet, ist es das kleinste Domizil der Fünf-Sterne-Plus-Kategorie und eines der drei besten Wellness-Resorts im indonesischen Inselstaat der sanften Anmut. Wellness, das ist Wohlfühlurlaub für Körper und Seele, vor allem im Herbst und Winter. Körperlich fit sein und beseelt vom wonnigen Glücksgefühl, ein erstrebenswerter Zustand. Doch der Weg dahin ist nicht ganz einfach, in den *Matahari*-Programmen aber voller Lebensfreude. Dieser Trend lockte Model Kate Moss in den balinesischen Traum, und auch Richard Gere badete unter freiem Himmel vor dem gigantischen Bergmassiv.

Matahari, mitten im Barat-Nationalpark und direkt am Meer gelegen, ist eine eigene leise Welt, zum Sichselberfinden. Kein lautes Geräusch stört. »Es ist schön, mit jemandem schweigen zu können«, sagte einst Kurt Tucholsky. Hier werden Pärchen dazu animiert.

Auch wer das Programm im *Parwati Spa* absolviert, muss auf nichts verzichten. Kein Gast wird gedrängt, die luftig leichte Diät zu wählen, keiner muss die empfohlenen Übungen durchstehen.

Der Unterschied zwischen Traum und Wirklichkeit verwischt so leicht, und nach einer ganzheitlichen Sukha-Massage, die die Energiezentren des Körpers öffnet, sind Gourmetfreuden angesagt. Ich folge den köstlichen Gerüchen auf die Terrasse des Restaurants, in dem die Zutaten der leichten balinesischen Kü-

che aus umliegenden Dörfern verarbeitet werden. Alles ist außergewöhnlich frisch. Fische und Meeresfrüchte werden mehrmals am Tag angeliefert, also aus dem Meer direkt auf die feinen Porzellanteller. Der Chef mixt internationale leichte Gerichte und balinesische Kost: Red Snapper im Gemüsebett, Merlan und Dorade gegrillt mit den Aromakräutern der Insel. Hummer-Ragout mit Mango und Palmenherzen.

Der Hoteldirektor hat, um das Geschmackserlebnis perfekt begleiten zu können, einen Weinkeller mit 120 verschiedenen Lagen angelegt. Es ist schon verrückt, in der seidenweichen Luft am anderen Ende der Welt Spitzenkreszenzen aus Bordeaux serviert zu bekommen.

An der vom Tourismus fast noch unberührten Nordküste der »Insel der Götter« steigt jeder gern von seiner Wolke in die Traumkulis-

MATAHARI BEACH RESORT & SPA

P.O. Box 194
Pemuteran
Singaraja Bali
Tel.: 0062-3629 23 12
Fax: 0062-3629 23 3
www.matahari-beach-resort.com
Zimmer mit Garden View, Panorma View,
Deluxe und Super Deuxe
Zimmer von 188 bis 237 Euro,
Deluxe von 296 bis 519 Euro

Küche, Sammeln von weggeworfenem Touristen-Müll).

Sport, Natur, Auftanken und Kraft schöpfen durch Relaxen dominieren in dem schönen Boutique-Resort. Am Abend kommen Kultur und Folklore hinzu, einfühlsame Erlebnisse der besonderen Art. »Om Swastiastu« – »Herzlich Willkommen auf Bali.«

Im *Matahari* werden Gäste zu Optimisten, für die das Leben kein Problem, sondern bereits die Lösung ist.

Geschnitzte Säulen, kunstvoll verzierte Gästebetten – balinesisches Ambiente im *Matahari*

se des paradiesischen Gartens. Der Wasserpavillon ist den königlichen Wasserpalästen von Bali nachempfunden.

Vor dem Hotelstrand liegt die unbewohnte Insel Menjangan, deren türkisfarbene Küste sich ideal zum Schnorcheln und Tauchen eignet. Der balinesische Traum setzt sich nämlich unter Wasser fort, in der aufregenden Welt der Javasee. Keine zweihundert Meter weit draußen im Meer gibt es ein zehn Kilometer langes Riff, das der reizvollen tropischen Unterwasserfauna Schutz bietet. In der Nähe des Eilandes Menjangan liegt eines von wenigen noch unberührten und damit intakten Tauchrevieren der Welt, der Unterwasser-Nationalpark Bali Barat. Die Möglichkeit, Menjangan und die Tauchgründe anzusteuern, ist der Dank der Regierung für intensiven Umweltschutz im Resort (Klärung der Abwässer, Fett-Trenner in der

AMANDARI
Bali

Der Duft der Beeren, Litschis, der wilden Ananas, Mangos und der Zierblüten, die die Früchteteller schmücken, erfüllt den holzgetäfelten Raum. Das barfüßige Mädchen mit der langen weißen Bluse und dem Silberbund verbeugt sich, legt mit einer flüchtigen Bewegung den langen, schwarzen Haarzopf mit eingeflochtener Frangipani-Blüte über die Schulter vor die Brust und lächelt sanft. »Willkommen im Amandari.« Sie verkörpert in diesem Augenblick vollends den Namen des Ortes. Amandari heißt in der Sprache Balis »friedlicher Engel«.

Das *Amandari* ist kein Strandresort, wie manchmal irrtümlich angenommen wird, es liegt im Herzen Balis, im Örtchen Kedewatan bei Ubud. In den dreißiger Jahren schrieb Vicky Baum hier ihren Roman *Liebe und Tod auf Bali*.

Das lichtdurchflutete Luxushotel in Form eines balinesischen Dorfes hat dreißig Bungalows, manche mit einem eigenen Pool. Von der Hotelhalle, die nach allen Seiten offen gebaut ist und wie ein Tempel aussieht, erreicht man über einen gepflasterten Pfad die Duplex- oder Terrassen-Suiten hinter Blütenzauber und Palmen-Wipfeln. Die zweistöckige Pagode, dezent und stilvoll ausgestattet, wirkt überirdisch schön. Weltlich stabil die Materialien. Aus Paras, dem Vulkangestein Balis, sind die Grundmauern gefertigt, elfenbeinfarbener Marmor

Zauberhaftes Bali. Amandari heißt »friedlicher Engel«, und der Gast ist von Sanftmut und Grazie umgeben

aus Java ziert den Fußboden, eine Konstruktion aus Bambus trägt das Dach. Etliche Elemente wurden aus dem *Amanpuri* übernommen, das als erstes Tempel-Resort weltweit für Aufmerksamkeit sorgte. Allerdings gibt es im *Amandari* auch gravierende Unterschiede. Die Polstermöbel sind weiß bezogen, die Stühle aus geflochtenem Bast handgearbeitet. Von der Terrasse gleitet der Blick über sattgrüne Reisfelder, stufenförmig in den Hang gebaut. Ein Palmenwald von kerzengeraden Kokospalmen rahmt das Bild.

Ins Schlafzimmer hinauf führt eine Wendeltreppe. Frangipani-Blüte oder Oleander duften auf dem Kopfkissen. Die Wände des wohlduftenden Schlafgemachs bestehen aus Teakholz mit eingearbeiteten, in zarten Farben gemalten Bildern. Immer wieder sind es himmlische Darstellungen. Von draußen trägt der Wind die Töne des Gamelan-Orchesters heran, das vor dem kleinen Tempel am Pool aufspielt. Eine Szene, die auch *Amanpuri*-Gäste kennen. Das Konzert der Tropennacht aus Melodien, wie von einem Engelschor gesummt, und dem

Geläut vielstimmiger Glocken begleitet, klingt heiter und melancholisch zugleich. Da werden die wildesten Terminhetzer zum Nichtstun animiert.

Leicht ist es wahrlich nicht, das Resort auf der »Insel der Götter« zu beschreiben, ohne in klischeehafte Schwärmerei zu verfallen. Die Unwirklichkeit beherrscht die Zeit des Aufenthalts. Außerhalb der kulturellen Hauptstadt und Künstlerkolonie Ubud, die wie der Horst eines Greifvogels über der Schlucht des Ayung-Flusses in den Fels gebaut ist, liegt diese vom indonesischen Hotelexperten Adrian Zecha kunstvoll angelegte Oase. Lassen Sie es mich blumig sagen: Es gelang, so etwas wie das Vorzimmer zum Nirvana zu schaffen. Alle Erfahrungen aus vielen Weltreisen und die ganz speziellen, die er mit seinen ersten Ferienresorts der Extraklasse sammelte, sind hier eingeflossen.

Zu den sinnlichen Wahrnehmungen kommen die alltäglichen Freuden: Küche und Kunst, Folklore und Faulenzen, Glamour und Glück. Und wenn man den Tag für Ausflüge zu den heiligen Wasserfällen und Vulkanen, zu den rituellen Festivals und zum Genießen der in Seide gepackten Atmosphäre nutzt, kann man auch noch bei einbrechender Dunkelheit

unter Flutlicht Tennis spielen und sich in der Abendluft bewegen.

Ein persönlich zugewiesener Butler arrangiert einem das Leben, seine Elfen fügen der weisen Übersicht mit Sanftmut Grazie hinzu.

In den Garten-Pavillons fehlt es nirgendwo an Funktionalität und höchstem Komfort. Die reich verzierten Betten sind mit feinstem Leinen bezogen, und ins Wasser der Patio-Bäder werden immer frische Orchideen gestreut. Bei der Ankunft des Gastes steht Champagner im wuchtigen Eis-Kühler aus Sterlingsilber. Im Restaurant werden dem Gast zu günstigen Preisen Inselköstlichkeiten und auf Wunsch internationale Küche serviert.

AMANDARI

Kedewatan, Ubud
Bali, Indonesien
Tel.: 0062-361-97 53 33
Fax: 0062-361-97 53 35
www.amanresorts.com
30 Terrassen- und Duplex-Pavillons mit
Außenbädern, sechs mit privaten Pools
Pavillons ab 1000 Euro

Auf der »Insel der Götter« scheint die Atmosphäre wie in Seide gepackt. Auf edle Hölzer baut die stimmungsvolle Architektur

FOUR SEASONS
RESORT JIMBARAN BAY
Bali

Wir Glücklichen, die den neuen Tag weitgehend sorgenfrei begrüßen können, wenn das erste Licht noch sanft, milchig weiß ins Zimmer fällt, gehen lustvoll ins Morgen-Theater, erleben das erste Spektakel der frühen Stunde. Wir schieben die Fensterfront wie einen Bühnenvorhang komplett zur Seite und genießen das schöne Bild. Noch ist das Meer eine blaugrüne Fläche, aber schon beleben tausende Stimmen die Stille: heiseres Bellen von irgendwoher, flötensüßes Zwitschern, Krötengequake.

Wir sind auf Bali, der Insel der Götter und der Seligen, inzwischen stark vermarktet, aber immer noch liebenswert und die Reise wert. Four Seasons, vielleicht die beste, in jedem Fall aber eine der drei besten Hotelgruppen der Welt, hat auf der Insel mit Asiens sanftem Zauber zwei Domizile. Das Hotel *at Saryam* liegt

im grünen Tal des heiligen Ayung-Flusses und ist so unverwechselbar wie das *Amankila* am Wasser oder das *Amandari* in Ubud (ein magischer Name).

Der Investor aus Singapur, der auch das Four Seasons in Mailand gebaut hat, verwirklichte seinen Bali-Traum ebenfalls am Wasser, direkt an der Bay. Das ist unser Hotel *Four Seasons Resort Bali at Jimbaran Bay*. Auch hier setzte der englische Architekt John Heah die Stimmung der Insel bautechnisch um: Schwebende Tempel, schwingende Teakholz-Brücken, der Alltag wird zum Roman.

Die Anlage von exotischem Reiz und fremdartiger Romantik schmiegt sich an den Hang der Halbinsel Bukit, an der Südspitze der Insel. Die insgesamt 147 Villen mit 200 bis

600 Quadratmetern Wohnfläche liegen verstreut in den sanften Terrassen und bieten einen herrlichen Blick auf die Bucht, das Meer und auf Balis heiligen Berg, Mount Agung. Der internationale Flughafen liegt keine 15 Minuten entfernt, und die große Sorge, dass die startenden und landenden Maschinen die Ruhe stören könnten, ist tatsächlich unbegründet.

Der Gast steht hier noch im Mittelpunkt der Bemühungen. Kaum habe ich die kunstvoll bearbeiteten Steintore des Resorts durchschritten, werden frisch gepresste, eisgekühlte Fruchtsäfte gereicht und erfrischende Dufttü-cher angeboten. Besonders angenehm: Der Check-in ist bis auf die Unterschrift vorbereitet, dann geht es gleich im Elektro-Auto zur Villa.

Anzug aus und den bereitliegenden handgewebten leichten Baumwoll-Hausmantel angezogen. Der Hoteldirektor, der mich persönlich hierher gefahren hat, betätigt inzwischen den CD-Player und schaltet die sanfte Klimaanlage ein. Vorzüglich die Ausstattung der Bäder. Die Badewanne steht völlig frei, die große Dusche ist geräumig, Doppelwaschtisch und WC sind separat. Ich habe einen Teich mit Lotuspflanzen vor der Villa, verfolge den Flug einer

Royal Spa Suite,
wo Körper und Geist
wieder auftanken
können und die Seele
baumeln kann

Libelle, genieße die Atmosphäre der Ruhe und Gelassenheit und die üppige Tropenpracht drum herum.

Im *Taman Wantilan Restaurant* des Resorts genießt der Gast mit Blick auf die Jimbaran Bay feinste Cuisine: Die Speisekarte bietet das Beste aus den Küchen Asiens und darüber hinaus. Im Restaurant *Pantai Jimbaran* diniere ich im Freien. Eine vorzügliche Auswahl an Meeresfrüchten wird an der Tischen in den offenen Pavillons direkt am Strand oder unter freiem Himmel unter Baumkronen gereicht.

The Pool Terrace Cafe serviert Mittag- und Abendessen oder auch nur Snacks. Auf der Speisekarte finden sich regionale indonesische Spezialitäten. Für einen Cocktail oder eine kleine Zwischenmahlzeit ist *The Terrace Bar and Lounge* der ideale Ort, an dem jeden Abend ein Pianist aufspielt. Hier werden auf dem einer italienischen Piazza ähnlichen Hof Morning und Afternoon Tea ebenso gereicht wie ein besonders leichtes Mittagsmenü. Wer lieber zurückgezogen speisen möchte, kann rund um die Uhr den Zimmerservice in Anspruch nehmen. Kein Problem, es dauert nie länger als fünfzehn Minuten bis der Service eintrifft.

**FOUR SEASONS RESORT BALI
AT JIMBARAN BAY**

Denpasar 80361
Bali, Indonesien
Tel.: 0062-361-70 10 10
Fax: 0062-361-70 10 20
www.fourseasons.com/jimbaranbay
147 Villen
Villen ab 600 Euro

PELANGI BEACH RESORT
Malaysia

Eine fröhliche Kinderschar umzingelt uns. Braune Mandelaugen strahlen, als wir der Handbewegung eines kleinen, alten Mannes folgen und von der asphaltierten Straße über das Reisfeld gehen. Die Wasserbüffel nehmen überhaupt keine Notiz von der farbenfrohen Karawane, die da vorbeizieht: Frauen in langen, engen Röcken balancieren geschickt große Teller auf dem Kopf. Unter einen Arm ein Stoffbündel geklemmt, in der anderen Hand einen Wasserkessel, meistern sie mühelos alle Unebenheiten des moorigen Erdbodens. Die Männer haben lange Holzlatten geschultert.

»Ich heiße Sharigah«, sagt das bildhübsche Mädchen, das aus dem strohgedeckten Haus tritt, und drückt uns sanft die Hand. Sie

und die ganze Familie arbeiten im Ferienresort *Pelangi* am Chenang Beach Pelangi in Langkawi, die Übersetzung des Namens bedeutet »Regenbogen«. Das Resort, ganz aus dunklen Tropenhölzern gebaut, gehört fraglos zu den interessantesten der Welt, allerdings nicht in den Kreis der Strandhotels, obwohl es direkt am Strand liegt. Das flache Wasser lädt jedoch nicht zum Baden ein. Es ist unappetitlich braun, was auf den schlammigen Boden zurückzuführen ist. Benutzen Sie darum lieber die herrliche Badelandschaft mit Whirlpool auf der Anlage und nehmen Sie das Hotel, als das es sich selber sieht: »The Sports Lovers Resort.«

Pelangi wurde 1989 zwischen den höchsten Palmenwipfeln des Landes ganz im traditionellen Stil eines malaysischen Dorfes ge-

Kein Strandhotel, aber viel Wasser – Teiche, Kanäle und Pools – prägt die Optik des Sports Lovers Resort

baut. 350 Wohneinheiten sind in ein- und zweistöckigen Holzhäusern untergebracht. Zehn Commonwealth-Bungalows stellen die Ausstattungsspitze dar, in zwanzig weiteren sind Suiten eingerichtet, die übrigen Appartements, alle großzügig ausgebaut, liegen in den Chalets, die sich um künstliche Seen, an gemauerten Wasserwegen und unter blühenden Bäumen verstecken. Das Haupthaus in offener Bauweise, duftend wie ein Gewürzmarkt, hat keine Gäste-Wohnungen, sondern nur Rezeption, Lobby-Lounge und Restaurants. Die Dekoration der Räume wurde ausschließlich in warmen Pastellfarben durchgeführt.

Das Resortleben unterscheidet sich nicht gravierend von ähnlichen Anlagen in Thailand und auf Ferieninseln im asiatischen Großraum.

Für sportlich Ambitionierte ist das 1993 eröffnete *Pangkor Laut Resort* an der Royal Bay ebenfalls eine exzellente Empfehlung. 175 luxuriöse Villen-Unterkünfte im Garten, am Strand und auf Stelzen in der Bucht bieten Fünf-Sterne-Plus-Komfort wie hier im *Pelangi Resort*.

Nach Relaxen und Sport (Golf, Tennis, Fitness-Center) machten wir uns mit einem Landrover auf den Weg, um Landschaften und Sagen zu finden, die hier eng miteinander verwebt sind. Mitten im Urwald liegt ein Süßwassersee, tiefgrün und nach Schwefel riechend. Der Legende zufolge wurde Prinzessin Telani erst nach einem Bad im kühlen Nass schwanger; und da die Malaysier abergläubisch sind,

machen sich noch heute Scharen jungverheirateter Frauen in den Dschungel auf, um im »See der schwangeren Mädchen« zu schwimmen.

Das *Pelangi Resort* ist mit individuellen Klimaanlagen ausgestattet, was in diesen Breiten erwähnenswert ist. Im obersten Preisbereich liegen die 130 Quadratmeter großen Commonwealth Bungalows. Alle Gäste genießen VIP-Service. Die mittlere Kategorie stellen die Kedah Bungalows dar, die den Vorzug haben, einen großartigen Blick aufs Meer zu bieten (Blocks 11 und 13). Am preisgünstigsten sind die Räume in Langkawi Bungalows (Block 14, 15 und 19). Auch sie erreichen noch die Maße einer großzügigen Wohnung.

Nur am Rande vermerkt sein sollen die aufwändigen Konferenzräume des Resorts. Aber wer fährt schon zum Tagen nach Malaysia?

PELANGI BEACH RESORT

Pantai Cherang
07000 Pulau Langkawi
Kedah Darul Aman, Malaysia
Tel.: 00604-952 88 38
Fax: 00604-952 88 99
www.langkawi-hotels.com/pelangi
328 Zimmer, davon 22 Suiten
Zimmer von 160 bis 190 Euro,
Suiten von 180 bis 520 Euro

RAJVILAS
Jaipur

Die Oberoi-Gruppe und Banyan Tree, zwei in Asien operierende Ketten, drängen in den Bereich der absoluten Spitzenklasse. Gerade Oberoi hat eine Reihe von ungewöhnlichen Domizilen auf Bali, Lombok und speziell in Indien, wo Oberoi Hotels in der Vielzahl und der Klasse absolut unschlagbar sind. Das jüngste Oberoi Hotel in dem historisch so eindrucksvollen und geheimnisvollen Land ist *Rajvilas* in Jaipur, Rajasthan.

Eine Flugstunde liegen zwischen Delhi und Jaipur, diesem Ort, der wie kein zweiter klassische Indien-Visionen weckt: sagenhafte Maharadscha-Paläste, Rajputen, wie die Herrscher Indiens genannt wurden, die sich an besonderen Tagen in Gold aufwiegen ließen.

Der Blick vom Marmor-Bauwerk zum Horizont scheint unendlich, so unendlich wie die Liebe des Maharadschas zu seiner Lieblingsfrau, die er »Auserwählte des Palastes« nannte, an dem etwa 20 000 Arbeiter mehr als zwan-

Im Reich der Maharadschas den Zauber und die Geheimnisse Indiens erleben

zig Jahre geschuftet hatten. Außerhalb der roten Sandsteinmauer, die damals die Anlage abschirmte, war und ist Indien ohrenbetäubend laut und schrill. Hinter der Mauer bleibt die hektische Welt ausgesperrt und ebenso im historischen Innenraum der Stadt. Das gilt auch für das grandiose, nach traditionellen Vorbildern aus dem 18. Jahrhundert erbaute *Rajvilas Hotel*. Alles wurde so sorgfältig kopiert, dass kein Unterschied zum Original festzustellen ist.

Die Steinmetz-Arbeiten und die detailperfekte Wandmalerei, auch die Gestaltung der Außenfassade wurden nach überlieferten Techniken von Hand ausgeführt. Die Fassade des Hotels wurde nach genau festgelegten Abständen viermal mit dem speziellen rötlichen Kalkputz bearbeitet, der Jaipur einst den Namen Pink-City eintrug. In der untergehenden Sonne erglüht der warm schimmernde Rot-Ton zu Rotgold.

Die 54 Deluxe-Zimmer, die vierzehn Luxuszelte mit prächtigem eingearbeiteten Himmel und die drei großzügigen Villen mit eigenem Pool passen exakt in die Einzigartigkeit dieses indischen Resorts, das 1997 erbaut wurde. Bei so viel Atmosphäre muss man dennoch nicht auf modernsten Komfort wie eine leise individuell regulierbare Klimaanlage, Sat-TV oder Hifi-Anlage in allen Räumen verzichten. Im Hauptgebäude sind kunstvolle Möbel und vier Meter hohe Messinggitter angebracht. Im prunkvollen Restaurant mit riesigen Kristalllüstern werden die traditionellen indischen Spezialitäten serviert.

Gründer- und Besitzerfamilie Oberoi ist eine gewaltig verzweigte Dynastie. Selbst bei Michael Käfer in München arbeitet ein Oberoi-Spross, und der General Manager dieses Leading Hotels of the World ist Vikram Oberoi, und der pflegt die Familientradition.

So fühlt man sich während des Aufenthalts wie ein Maharadscha des 21. Jahrhunderts, genieße in meinem riesigen fast fünfzig Quadratmeter großen Luxuszelt den frischen Obstsalat, exotisch parfümiert, der vom Butler

dienstbeflissen anstelle des Weckrufes zusammen mit der Morgenzeitung serviert wird.

Sich verwöhnen lassen im Marmor Spa, das unvergessliche Dinner im goldenen Abendlicht genießen, Spaziergänge im prächtigen Mogulgarten mit Palmen Pools, Springbrunnen, eine Traumkulisse wie aus Tausendundeiner Nacht, das alles macht das Erlebnis unvergesslich. Der sanfte Wind trägt die melancholischen Klänge einer Shehnai, der landestypischen Flöte, übers Land. Das Gefühl für Indien und ein Hotel, das passt.

RAJVILAS OBEROI RESORT

Goner Road
Jaipur 303012
Rajasthan, Indien
Tel.: 0091-141-68 01 01
Fax: 0091-141-68 02 02
www.lhw.com/rajvilas
54 Zimmer, 14 Luxuszelte, 3 Villen
Zimmer von 400 bis 510 Euro,
Suiten von 856 bis 1710 Euro

HOTEL OKURA
Tokio

Ein duftendes Kränzlein aus leuchtend weißen Blüten liegt als Gutenachtgruß auf dem Kopfkissen, Ausdruck liebenswerter asiatischer Gastfreundschaft. Fremden gegenüber eine Herzlichkeit, die in Asien Tradition hat. Und ganz besonders im *Okura*, dieser fernöstlichen Hotel-Legende.

Mächtige Mauern und erstklassige Detail-Qualität bei zurückhaltender Ausstattung sind für den eiligen Gast die ersten Eindrücke. Das Haupthaus stammt aus einer Zeit, als noch nicht für das Ende der Abschreibungsperiode, sondern für die Ewigkeit gebaut wurde. Obwohl das *Okura* zu den Traditionshäusern gehört und in den Jahren errichtet wurde, als man noch nicht diese spezielle Fundamenttechnik entwickelt hatte, die Erdbebensicherheit im häufig bewegten Land garantiert, gab es bisher noch nie den geringsten Schaden an diesem Hotel. Auch das spricht für die Bauqualität.

Das *Okura* liegt im Herzen Tokios gegenüber der amerikanischen Botschaft und gilt als Japans Business-Hotel Nummer eins, obwohl inzwischen das *Park Hyatt*, das *Four Seasons* und auch das aufgefrischte *Imperial* heftig Konkurrenz machen. Der Executive-Service-Bereich ist das private internationale Kommunikationszentrum. Mit der Dependence jenseits einer wenig belebten Straße hat das Hotel 1010 Zimmer, davon 153 sehr geschmackvoll renovierte Suiten und elf japanische Räume. Hier bedecken Tatami (Binsenmatten) die Böden im traditionellen Ryokan-Stil.

Diese japanischen Wohnräume (in der gleichen Preisklasse wie die westlichen) sind kaum möbliert, wirken in ihrer stilvollen Stren-

ge dennoch nicht karg. Die Gäste sitzen auf flachen Kissen. Wo möglich, wird die Natur einbezogen, liebevoll gepflegte Sträucher, Büsche und Bambus. Stammgäste lassen die Teezeremonie, für die es zusätzlich im Hotel einen eigenen Raum gibt, im Zimmer zelebrieren. Entstanden ist dieses Ritual im 16. Jahrhundert, und es entstammt dem Zen-Buddhismus. Die Tee-Meisterin im traditionellen Kimono bereitet nach festen Regeln den starken grünen Tee. Grünes Teepulver wird dabei mit dem Bambuslöffel in die Schale gefüllt, siedendes Wasser mit der Kelle aus dem Kessel geschöpft und das Getränk mit einem Bambusbesen schaumig geschlagen.

In Japan ist alles anders und das Okura ein Hoteltempel der Ästhetik. Darin unterscheidet sich das Haus von den vielen großen westlichen Hotels in der Millionen-Metropole. Vieles wurde europäisch ausgebügelt, aber Etli-

Stilvolle Strenge und zeitlose Ästhetik erwarten den Gast im Hotel Okura, das zu den Leading Hotels of the World gehört

HOTEL OKURA

2-10-4 Toranomon, Minato-ku
Tokio, 105-0001 Japan
Tel.: 0081-3-3582 0111
Fax: 0081-3-3582 3707
www.lhw.com/okuratokyo
857 Zimmer, 153 Suiten
Zimmer von 273 bis 436 Euro,
Suiten von 512 bis 1700 Euro

ches den alten Traditionen gemäß belassen. Als ich das Hotel vor zwölf Jahren zum ersten Mal besuchte, fehlte meine Zahnbürste. Ich kaufte eine neue, und die war am nächsten Tag wieder verschwunden. Erst da entdeckte ich sie – es waren mittlerweile drei Zahnbürsten – jungfräulich in Zellophan verpackt. Inzwischen wird dieser Service immer noch geboten, allerdings lässt man bei Europäern die mitgebrachte in das vorgesehene Glas stellen.

Das ist eine Konzession. In vielen anderen Bereichen gilt: Ohne Verständnis für Sprachen und Sitten haben es Individualreisende in den feinen Hotels des Landes schwer. Der Service ist fast perfekt, man hilft, wo es nur möglich ist. Doch der Service erwartet auch, dass Gaijins (die Besucher aus dem Ausland), die ehernen Regeln des Landes (und des Traditionshotels) beachten. Mit dem hohen Übernachtungspreis kauft sich keiner frei.

Extrem groß ist das Business-Programm des Hotels. Allein 35 Tagungs- und Konferenzräume, dazu Dolmetscherinnen und Büromaschinen-Verleih stehen zur Verfügung. Für Gäste, die nicht in das Vergnügungsviertel Roppongi oder in die überfüllten Einkaufszentren wollen, gibt es zwei Shopping-Arkaden mit ordentlichen Preisen und acht Restaurants. Darunter sind Sushi- und Sashimi-Lokale sowie Restaurants mit französischer, chinesischer und europäischer Küche. Empfehlenswert ist bei schönem Wetter die Terrasse. Für nächtliche Unterhaltung wird in vier Bars gesorgt.

WEITERE EMPFEHLUNGEN MIT KLEINEN SCHWÄCHEN

HONGKONG

KOWLOON SHANGRI-LA, HONG-KONG
64 Mody Road, Tsimshatsui East,
Kowloon, Hongkong
Tel.: 00852-2721 2111,
Fax: 00852-2723 8686
www.shangri-la.com
725 Zimmer und Suiten
Zimmer ab 400 Euro
Schlecht geführtes Hotel, aber toller Blick
auf die Skyline Hongkongs

MANDARIN ORIENTAL, HONGKONG
5 Connaught Road, Central, Hongkong
Tel.: 00852-2522 0111,
Fax: 00852-2810 6190
www.lhw.com/mandhkg
486 Zimmer, 55 Suiten
Zimmer von 461 bis 850 Euro
Sehr guter F&B-Bereich, erstklassige Küche, aber viel zu teuer

HOTEL INTER-CONTINENTAL HONGKONG
18 Salisbury Road, Kowloon, Hongkong
Tel.: 00852-2721 1211,
Fax: 00852-2739 4546
www.intercontinental.com
514 Zimmer, 92 Suiten
Zimmer ab 300 Euro
Einst als das beste Hotel der Welt gefeiert
– damals noch Regent, heute Interconti-Durchschnitt

GRAND STANFORD INTERCONTINENTAL, HONGKONG
70 Mody Road, Tsim Sha Tsui East,
Kowloon, Hongkong
Tel.: 00852-2721 5161,
Fax: 00852-2732 2233
www.intercontinental.com
419 Zimmer, 135 Club-Zimmer,
25 luxuriöse Suiten
Zimmer ab 300 Euro
Das zweite Haus der Kette, aber ohne
besondere Atmosphäre

THE RITZ-CARLTON HONGKONG
3 Connaught Road Central, Hongkong
Tel.: 00852-2877 6666,
Fax: 00852-2537 4733
www.ritzcarlton.com
216 Zimmer, davon 29 Suiten und
24 Ritz-Carlton-Clubzimmer
Zimmer ab 250 Euro
Guter Service, aber als Hotel verbaut

SINGAPUR

SHANGRI-LA, SINGAPUR
22 Orange Grove Road, Singapur 258350
Tel.: 0065-737 3644,
Fax: 0065-737 32 57/733 10 29
www.shangrila.com
760 Zimmer und Suiten
Zimmer ab 260 Euro
Eines der größten Hotels der Kette,
Qualität nicht konstant

THE ORIENTAL, SINGAPUR
5 Raffles Avenue, Marina Square,
Singapur 039797
Tel.: 0065-338 00 66,
Fax: 0065-339 95 37
www.lhw.com/orientalsg
464 Zimmer, 60 Suiten
Preise auf Anfrage
Nach dem Oriental in Bangkok ein Top-Haus der Gruppe, gute Küche

MARINA MANDARIN, SINGAPUR
6 Raffles Boulevard, Marina Square,
Singapur 039594
Tel.: 0065-845 1001,
Fax: 0065-845 1001
www.lhw.com/marmansing
575 Zimmer, davon 28 Suiten
Zimmer von 438 bis 553 Euro,
Suiten von 703 bis 3458 Euro
Interessante Lage, schöner Blick, durchschnittliches Restaurant

THAILAND

THE DUSIT THANI, BANGKOK
Rama IV Road, Bangkok 10500, Thailand
Tel.: 0066-2-236 0450/9,
Fax: 0066-2-236 6400
www.lhw.com/dusitthani
385 Zimmer, 115 Suiten
Zimmer von 220 bis 300 Euro
Suiten von 370 bis 575 Euro
Traditionshaus, Dusit machten einen guten Job, aber in der Klasse nicht mit dem
Oriental vergleichbar

GRAND HYATT ERAWAN, BANGKOK
494 Rajdamri Road, Bangkok 10330,
Thailand
Tel.: 0066-2-2541 234,
Fax: 0066-2-254 6308
www.hyatt.com
387 Zimmer, davon 41 Suiten
Zimmer ab 250 Euro
Interessantes Haus, gute Ausstattung,
aber zu kleine Zimmer

HÔTEL PLAZA ATHÉNÉE, BANGKOK
Wireless Road, Bangkok 10330, Thailand
Tel.: 0066-2-650 8800,
Fax: 0066-2-650 8500
www.lhw.com/atheneebkk
354 Zimmer, 28 Suiten
Zimmer von 250 bis 320 Euro,
Suiten von 470 bis 2535 Euro
Eleganter Außenseiter, aufwändig geführt

THE SUKHOTHAI, BANGKOK
13/3 South Sathorn Road,
Bangkok 10120, Thailand
Tel.: 0066-2-287 0222,
Fax: 0066-2-287 4980
www.lhw.com/sukhothai
146 Zimmer, 78 Suiten
Zimmer von 299 bis 355 Euro,
Suiten von 450 bis 2300 Euro
Kleines Domizil, Leading Hotel, aber
weniger bekannt

DUSIT RESORT AND POLO CLUB

1349 Petchkasem Road, Cha-Am Petchburi
76120, Thailand
Tel.: 0066-32-52 00 09,
Fax: 0066-32-52 02 96
www.lhw.com/dusitpolo
270 Zimmer, 38 Suiten
Zimmer von 145 bis 230 Euro,
Suiten von 290 bis 1310 Euro
Dusit-Standard, sportlich ausgerichtet

LE ROYAL MÉRIDIEN BAAN TAHLING NGAM

295 Moo 3, Taling Ngam Beach,
Koh Samui, Suratthani 84140, Thailand
Tel.: 0066-77-42 30 19/22,
Fax: 0066-77-42 32 20
www.lhw.com/lrmbaan
40 Luxuszimmer, 2 Suiten,
31 Strand- und Klippen-Villen
Zimmer von 345 bis 460 Euro,
Suiten von 634 bis 3458 Euro
Eines der besten Méridien-Hotels; Koh Samui
ist bildschön, aber nicht hochklassig

SANTIBURI DUSIT RESORT, KOH SAMUI/SURATTHANI

12/12 Moo 1 Tambol Mae Nam, Koh Samui,
Surattahni 84330, Thailand
Tel.: 0066-77-42 50 31,
Fax: 0066-77-42 50 40
www.lhw.com/santiburi
57 Villen, 12 Appartements, 2 Suiten
Zimmer von 430 bis 580 Euro,
Suiten von 660 bis 1140 Euro
Siehe Koh-Samui-Bewertung

BANYAN TREE PHUKET

33 Moo 4, Srisoonthorn Road, Cherngtalay,
Amphur Talang, Phuket 83110, Thailand
Tel.: 0066-76-32 43 74,
Fax: 0066-76-32 43 75
www.lhw.com/banyanphuket
109 Villen,
Preise auf Anfrage
Banyan Tree hat sich in Kürze ganz oben
positioniert, aber noch nicht alle Service-
Probleme ausgeräumt

DUSIT LAGUNA RESORT HOTEL

390 Srisoontorn Road,
Cherngtalay District, Amphur Talang
Phuket 83110, Thailand
Tel.: 0066-76-32 43 24,
Fax: 0066-76-32 41 74
www.lhw.com/dusitphuke
213 Zimmer, 12 Landmark-Suiten,
1 Princess-Suite
Zimmer von 335 bis 380 Euro,
Landmark ab 520 Euro,
Princess ab 880 Euro
Schöner Blick aus dem Fenster; ein Lea-
ding Hotel der besseren Art

LE ROYAL MÉRIDIEN, PHUKET YACHT CLUB

Nai Harn Beach, Phuket 83130, Thailand
Tel.: 0066-76-38 11 56,
Fax: 0066-76-38 11 64
www.lhw.com/lrmphuket
100 Zimmer, 10 Suiten
Zimmer von 285 bis 575 Euro,
Suiten von 515 bis 2190 Euro
Nach dem Amanpuri die Nr. 2 auf Phuket

THE REGENT CHIANG MAI RESORT & SPA

Mai Rim-Samoeng Old Rod, Mai Rim,
Chiang Mia, 50180 Thailand
Tel.: 0066 53-29 81 81,
Fax: 0066 53-29 81 89
www.regenthotels.com
64 Pavilion-Suiten, 16 Residence-Suiten
Suiten ab 250 Euro
Bester Wellness-Bereich, man spürt aber,
dass gespart wird

INDIEN

THE TAJ MAHAL HOTEL, MUMBAI

Apollo Bunder, Mumbai 400 001, Indien
Tel.: 0091-22-202 33 66,
Fax: 0091-22-287 27 11
www.lhw.com/tajmahalmu
582 Zimmer, davon 49 Suiten
Zimmer von 371 bis 565 Euro,
Suiten von 622 bis 1866 Euro
Flaggschiff der Taj Mahal Hotels,
Probleme wie alle indischen Top-Häuser

OBEROI GRAND CALCUTTA

15 Jawaharlal Nehru Road,
Calcutta, 700 013 Indien
Tel.: 0091-33-249 2323,
Fax: 0091-33-249 3229
www.lhw.com/oberoicalc
207 Zimmer, 6 Suiten
Zimmer von 265 bis 380 Euro,
Suiten von 680 bis 795 Euro
Wie ein Familienhotel geführt, aber
auch mit den Problemen, die damit
verbunden sind

TAJ BENGAL, CALCUTTA

34 B, Belvedere Road, Alipore,
Calcutta, 700 027, Indien
Tel.: 0091-33-223 39 39,
Fax: 0091-33-223 17 66
www.lhw.com/tajbengal
219 Zimmer, 12 Suiten
Zimmer von 250 bis 375 Euro,
Suiten von 360 bis 800 Euro
Märchenhaftes Ambiente, aber übliche
Indien-Abstriche

THE LEELA PALACE, GOA, KEMPINSKI RESORT

Mobor, Cavelossim Village, Salcette,
Goa 403732, Indien
Tel.: 0091-832-87 12 34,
Fax: 0091-832-87 13 52
www.lhw.com/leelapalac
74 Lagoon-Suiten, 4 Lagoon-Deluxe-Sui-
ten, 54 Pavilion-Zimmer,
4 Royal-Villen, eine Präsidenten-Suite
Zimmer von 290 bis 405 Euro,
Suiten von 460 bis 1730 Euro
Ein schlimmes Hotel – nur als Warnung:
das am schlechtesten geführte Kempins-
ki-Hotel, Sauberkeit ist eine Schwachstelle

THE OBEROI, NEW DELHI

Dr. Zakir Hussain Marg,
New Delhi 110003, Indien
Tel.: 0091-11-436 30 30,
Fax: 0091-11-436 04 84
www.lhw.com/oberoinewd
256 Zimmer, 31 Suiten
Zimmer von 340 bis 435 Euro,
Suiten von 662 bis 1730 Euro
Beliebtes Businesshotel, aufwändiger
Service

THE TAJ MAHAL HOTEL, NEW DELHI

Number One Mansingh Road,
New Delhi 110 011, Indien
Tel.: 0091-11-302 61 62,
Fax: 0091-11-302 60 70
www.lhw.com/tajmahalnd
272 Zimmer, 27 Suiten
Zimmer von 320 bis 395 Euro,
Suiten von 750 bis 920 Euro
Leading Hotel – Pracht und Prunk auf den
ersten Blick; wer genau hinsieht, erkennt
den Renovierungsstau

CHINA

THE PALACE HOTEL, BEIJING

8 Goldfish Land, Wangfujing,
Beijing 100006, China
Tel.: 0086-10-6559 2888,
Fax: 0086-10-6512 9050
478 Zimmer, 52 Suiten
Zimmer von 339 bis 475 Euro,
Suiten von 486 bis 4355 Euro
Bestes Hotel in Peking; gehört zur Penin-
sula Gruppe, solide geführt

GRAND HOTEL BEIJING

35 East Chang An Avenue,
Beijing 100006, China
Tel.: 0086-10-6513 7788,
Fax: 0086-10-6513 0048
www.lhw.com/grandbeiji
218 Zimmer und Suiten
Zimmer von 320 bis 345 Euro,
Suiten von 460 bis 3110 Euro
Zentrales Grandhotel, Business-Treffpunkt

OKURA GARDEN HOTEL SHANGHAI

58 Maoming Nan Lu,
Shanghai 200020, China
Tel.: 0086-21-6415 1111,
Fax: 0086-21-6415 8866
www.lhw.com/okurashang
478 Zimmer, 22 Suiten
Zimmer von 285 bis 535 Euro,
Suiten von 635 bis 3460 Euro
Erreicht die Klasse des Okura Hotels in
Tokio

THE RITZ-CARLTON SHANGHAI

Shanghai Centre, 1376 Nanjing Xi Lu,
Shanghai 200040, China
Tel.: 0086-21-6279 8888,
Fax: 0086-21-6279 8887
www.ritzcarlton.com
572 Zimmer, davon 454 Luxuszimmer,
40 Ritz-Carlton-Clubzimmer,
32 Junior-Suiten, 42 großzügige Suiten
und 4 Ritz-Carlton-Suiten
Zimmer von 239 bis 434 Euro,
Ritz-Carlton-Suite ab 4341 Euro
Kein echtes Ritz-Carlton vom Bautechni-
schen her; aber guter Service, erstklassige
Teestube

INDONESIEN

THE RITZ-CARLTON BALI

Jalan Karang Mas Sijahtera, Jimbaran,
Bali 80364, Indonesien
Tel.: 0062-361-70 22 22,
Fax: 0062-361-70 15 55
www.lhw.com/rcbali
323 Zimmer, davon 16 Suiten, 36 Villen
Zimmer von 271 bis 407 Euro,
Suiten von 446 bis 1357 Euro,
Villen von 678 bis 2715 Euro
Großartige Gästepflege, liebenswürdige
Atmosphäre, schöne Villen

AMANKILA, BALI

Manggis, Bali, Indonesien
Tel.: 0062-363-41333,
Fax: 0062 363-41555
www.amanresorts.com
35 Suiten,
Suiten ab 622 Euro,
Superior-Suite, Amanaila-Suite mit 2
Schlafzimmern ab 1923 Euro
Eines von drei kleinen Aman-Resorts auf
Bali – hochklassig

AMANUSA, BALI

P.O. Box 33, Nusa Dua, Bali, Indonesien
Tel.: 0062-361-77 23 33,
Fax: 0062-361-77 23 35
www.amanresorts.com
35 Suiten
Suiten ab 622 Euro (Superior-Suite),
Amanusa-Suite ab 1074 Euro
Hier hat Adrian Zecher nicht genau hinge-
sehen; Ungereimtheiten in der Gästebe-
treuung

OBEROI, LOMBOK

Medana Beach, P.O. Box 1096, Mataram,
83001, Lombok, N.T.B., Indonesien
Tel. 0062-370-63 84 44,
Fax: 0062-370-63 24 96
www.oberoihotels.com
30 Pavillons, 20 Villen
Pavillons von 226 bis 282 Euro,
Villen von 339 bis 850 Euro
Traumhafte Overwater-Atmosphäre wie in
der Südsee. Probleme mit der Sauberkeit,
Service aber liebenswerter

JAPAN

FOUR SEASONS TOKIO
10-8 Sekiguchi 2-chome, Bunkyo-ku,
Tokyo 112-8667, Japan
Tel.: 0081-3-3943 2222,
Fax: 0081-3-3943 2300
www.lhw.com/fstokyo
236 Zimmer, 47 Suiten
Zimmer von 341 bis 426 Euro,
Suiten von 554 bis 1704 Euro
Die neue Generation. Küche auf Sterne-
Niveau

IMPERIAL HOTEL TOKIO
1-1 Uchisaiwai-cho 1 chome,
Chiyoda-ku, Tokio 100-8558, Japan
Tel.: 0081-3-3504 1111,
Fax: 0081-3-3581 9146
www.lhw.com/imptkyo
1057 Zimmer, davon 66 Suiten
Zimmer von 290 bis 525 Euro,
Suiten von 516 bis 6890 Euro
Riesenkasten, sehr unpersönlich. An der
Bar warten die Schwalben

PARK HYATT TOKIO
3-7-1-2 Nishi-Shinjuku, Shinjuku-Ku,
Tokio 163-1055, Japan
Tel.: 0081-3-5322 1234,
Fax: 0081-3-5322 1288
www.tokyo/hyatt.com
178 Zimmer und Suiten
Zimmer von 427 bis 523 Euro,
Suiten von 820 bis 4365 Euro
Es wirkt kleiner und persönlicher, als es tat-
sächlich ist; eines der besten Park-Hyatts

THE WINDSOR HOTEL TOYA
Shimizu Abutacho Abutagun, Hokkaido
049-5722, Japan
Tel.: 0081-142-73 1111,
Fax: 0081-142-73 1157
www.lhw.com/windtoya
378 Zimmer, 20 Suiten
Zimmer von 261 bis 436 Euro,
Suiten von 698 bis 2182 Euro
Zwar ein Leading Hotel, aber kein über-
zeugender Gesamteindruck

HOTEL NEW OTANI, OSAKA
1-4-1 Shiromi, Chuo-ku,
Osaka 540 8578, Japan
Tel.: 0081-6-6941 1111,
Fax: 0081-6-6941 9769
www.lhw.com/otaniosaka
487 Zimmer, 53 Suiten
Zimmer von 247 bis 315 Euro,
Suiten von 469 bis 3242 Euro
Eines der beliebtesten Business-Hotels im
Lande

SÜDKOREA

SHILLA SEOUL, KOREA
202, 2-Ga Jangchung-Dong, Chung-Ku,
Seoul, Korea 100-392
Tel.: 0082-2-2233 3131,
Fax: 0082-2-2233 5073
www.lhw.com/shilla
471 Zimmer, 35 Suiten
Zimmer von 322 bis 530 Euro,
Suiten von 543 bis 6780 Euro
Aufgefrischter Klassiker, großer Tagungs-
bereich

MALAYSIA

HOTEL ISTANA, KUALA LUMPUR
73 Jalan Raja chulan,
50200 Kuala Lumpur, Malaysia
Tel.: 0060-3-2141 9988,
Fax: 0060-3-2144 0111
www.www.lhw.com/istana
443 Zimmer, 73 Suiten
Zimmer von 170 bis 210 Euro,
Suiten von 260 bis 1745 Euro
Sport und Fitnessmöglichkeiten gut, be-
scheidende Qualität in den Restaurants

THE DATAI, LANGKAWI
Jalan Teluk Datai, 07000,
Langkawi, Malaysia
Tel.: 0060-4-959 25 00,
Fax: 0060-4-959 26 00
www.lhw.com/datai
98 Zimmer, 12 Suiten
Zimmer von 400 bis 725 Euro,
Suiten von 650 bis 2340 Euro
Idyllisches Resort am Rande des Regen-
waldes; ein Leading Small Hotel

MUTIARA BEACH RESORT PENANG MALAYSIA
No 1 Jalan Teluk Bahang,
11050 Penang, Malaysia
Tel.: 0060-4-886 88 88,
Fax: 0060-4-885 28 29
www.lhw.com/pmutiara
353 Zimmer, 85 Suiten und Junior-Suiten
Zimmer von 152 bis 224 Euro,
Suiten von 410 bis 2550 Euro
Leading Hotel. Sehr gute Ferienatmosphäre
auf den Terrassen zum Meer; alle Zimmer
mit Balkon

Die ultimativ besten Hotels im Pazifik, in Australien und Neuseeland

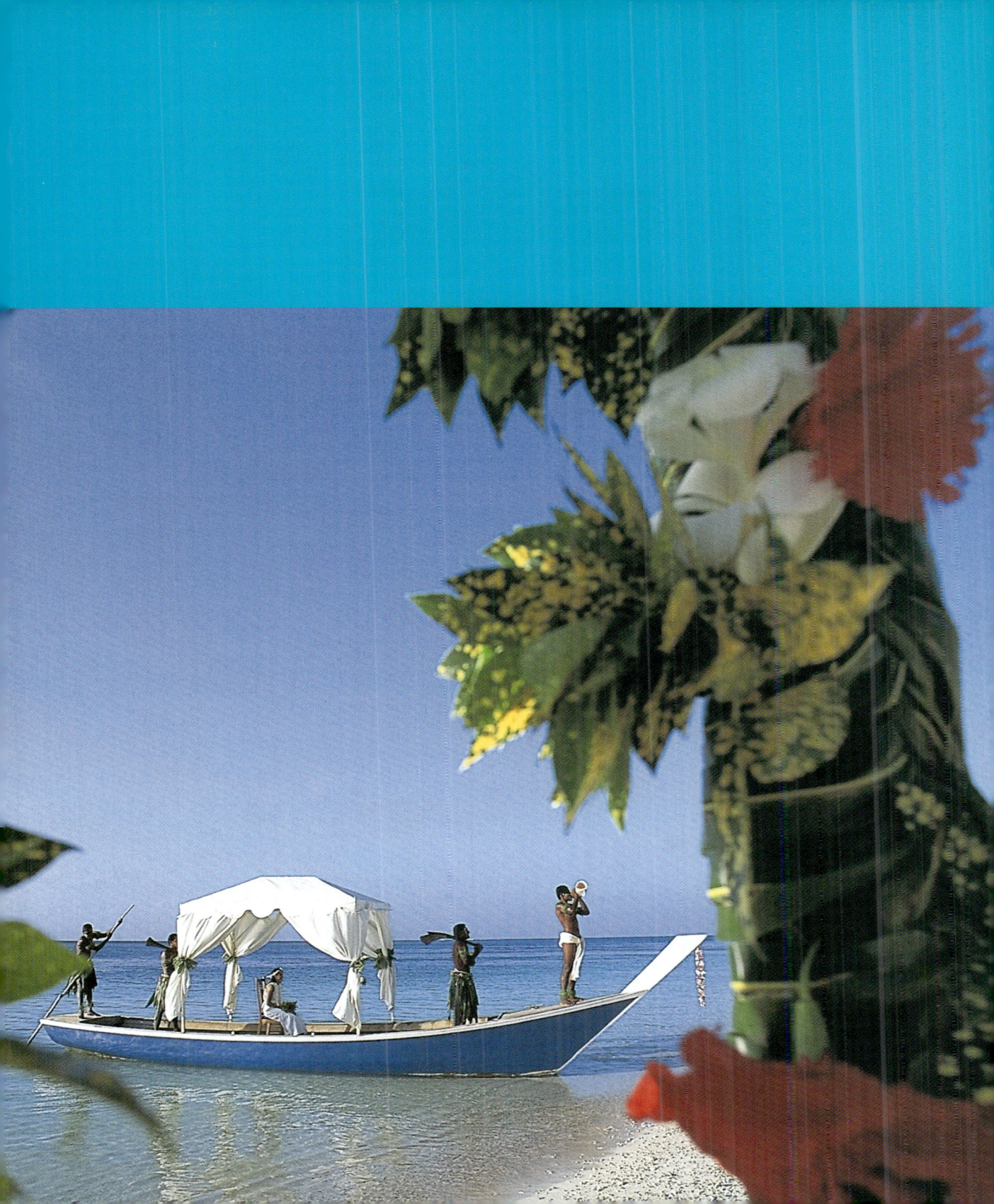

MAUNA KEA BEACH HOTEL
Hawaii

Die beste Sandbucht der Hawaii-Inseln und ein prächtiger Pool-Garten zeichnen das *Mauna Kea* aus

Mit zartem Schmelz klingt das Lied der Cazimere-Brüder zur Ukuele. Sie besingen den immer noch aktiven Vulkan Mauna Kea auf Big Island, der großen Insel im Hawaii Archipel. In seinem von Lavabergen abgegrenzten Regenschatten, wo so gut wie nie ein Tropfen fällt, liegt das Strandresort, das seinen Namen dem Vulkan entliehen hat. *Mauna Kea*, eines der meist ausgezeichneten Hotels der Erde, schon 1960 erbaut, aber sowohl vom baulichen wie von der einst erdachten Philosophie immer noch frisch, mehr noch, absolute Spitze.

Im *Mauna Kea* ist nicht vieles wie anderswo. Die Unterschiede gab es vom ersten Tag an. Laurence D. Rockefeller hat den Standort einst im Alleingang ausgewählt. Mit dem Hubschrauber flog er über sämtliche Hawaii-Inseln und fand an der menschenleeren Kohala-Küste den richtigen Platz für sein Urlaubsdomizil. Das war 1960.

Trotz zahlreicher Wechsel der Besitzer und der Management-Gesellschaften entwickelte sich das Hotel zum Ferienstammquartier der Kennedys, Rothschilds, der Flicks und von halb Hollywood. Familie Rockefeller hat sich gerade verabschiedet, da meldet sich für den nächsten Tag Luciano Pavarotti an, zum Relaxen beim Wellenrauschen unter Palmen. Neue Gäste werden mit Leis, Kränzen aus frischen Blüten, im Vorgarten des Hotels begrüßt.

Zu den Besonderheiten gehört die Kunstsammlung die Haus und Park ziert. Dieser Edelschmuck (1600 Exponate) ist so berühmt, dass Gäste oder Kreuzfahrer wie durch ein Museum geführt werden. Auch Zimmer und Sui-

ten sind mit wertvollen Details ausgestattet. *The Art of Mauna Kea* gibt es als 180-Seiten-Katalog. Polynesische, indische, melanesische und japanische Werke wie die lebensgroßen, hölzernen Pferde aus der Edo-Periode (17. Jahrhundert) schmücken die Räume und die gesamte Anlage. Thailändische Drachendarstellungen zieren die Treppen. Selbst im großzügig angelegten Tennisclub wurden Plastiken und Bronzearbeiten aufgestellt. Der Versicherungswert beträgt rund 50 Millionen Dollar.

Aus dem in Amerika oft schon überdimensionalen Rahmen fallen die angesprochenen Sportmöglichkeiten.

An der breiten Sandbucht, der schönsten auf Big Island, werden sämtliche Wassersportarten angeboten. Wären die anderen Attraktionen nicht da, könnte der phantasievolle Trent-Jones-Golfplatz allein schon genügend Gäste anziehen, um das Hotel zu füllen. Das dritte Loch zählt zu den schwierigsten in den Vereinigten Staaten, weil der Ball über Klippen und Wasser der Bucht geschlagen werden muss. Die Grüns umschließen das Hotel und liegen eingebettet zwischen Lavahügeln. Passionierte Golfspieler erleben einen Platz von nicht zu übertreffender landschaftlicher Schönheit mit exotischer Vegetation.

Dreizehn Allwetter-Tennisplätzen stehen in allen US-Tennis-Ranglisten immer in der Spitze. Sie haben einen einzigen Nachteil. Beim freien Blick auf das türkisfarbene Wasser wird man zu oft abgelenkt.

Im Gartenrestaurant steigt am Abend das Fest der Insulaner, das »LUAU«: Die traditionelle Essenszubereitung, nämlich das mit fettem Fisch und Kräutern eingebundene Schwein, abgedeckt mit süßen Kartoffeln und Bananen, im Erdofen geröstet, wird hier nur noch für die Fotografen durchgeführt.

Viel appetitlicher und natürlich auf den Geschmack der Besucher abgestimmt sind Papa'i, Krabbenbeine in einer scharfen Sauce, Pip Koala, das sind in Teriyaki Sauce marinierte Rippchen, Mo'a Mea Ka Laiki Lo-Loa, ge-

Laurence D. Rockefeller hat den Standort an der menschenleeren Kohala-Küste einst alleine ausgewählt, heute ist das Hotel immer noch eine Top-Adresse mit vielen Stammgästen

schmortes Huhn mit frischem Ingwer und Pilzen, oder ganz einfache Pipi Palai, das sind die großen Steaks von der Parker-Ranch. Als Nachspeise empfiehlt sich Me'a Ono Hei'i Hala-Kahiki, ein Pudding aus Papaya- und Ananas-Mus. In insgesamt fünf verschiedenen Restaurants werden die Gäste verwöhnt.

Die 310 Zimmer und Suiten sind in hellen, freundlichen Farben eingerichtet. Pastellfarbene Korbmöbel dominieren. Schönste Dekoration ist stets der freie Blick aufs Meer.

MAUNA KEA BEACH HOTEL

61-100 Mauna Kea, Beach Dr.
Kohala Coast, Hawaii, 96743
Tel.: 001-808-882 72 22
Fax: 001-808-880 31 12
www.PrinceResortsHawaii.com
310 Zimmer und Suiten
Zimmer von 410 bis 1600 Euro

KAHALA MANDARIN ORIENTAL
Hawaii

Der immerwährende Menschheitstraum von sanfter Glückseligkeit der Südsee dient als Appetitmacher für den Markenartikel Hawaii, der nach der Formel tropische Inselszenerie plus amerikanische Ferienperfektion produziert wird. Die sieben großen Inseln des Archipels, Oahu mit der Hauptstadt Honolulu, Hawaii (Big Island), Maui, Molokai, Kauai, Lanai und Niihau, die 1778 vom »ersten Touristen« James Cook zu Ehren des vierten Earl of Sandwich »Sandwich-Inseln« getauft wurden, erlebten eine schwindelerregende Karriere im Tourismus, als die Düsenflugzeuge Hawaiis Entfernung zur amerikanischen Westküste auf fünf und nach Japan auf sechs Stunden schrumpfen ließ.

Ein paar Meilen nördlich von Honolulus Minivulkan Diamond Head hat sich der US-Trubel gelegt. In einer stillen Bucht hinter Farnen, Palmen und Orchideen versteckt, steht das *Kahala Hotel*, heute Mandarin Oriental (vorher Hilton), gebaut von der hawaiianischen Königsfamilie Kamehameha.

Delphine tauchen in einer silbernen Lagune und angeln für Erinnerungsfotos die Badehandtücher der Gäste. Von der Steilwand prasselt ein Wasserfall in die Tiefe. Zur Rückseite ist das Gebäude von einem gepflegten Golfplatz begrenzt. Am kilometerlangen Sandstrand spaziert man fast allein. Hier ist rein gar nichts mehr von der beängstigenden Enge Waikikis zu spüren. Das Gebäude des *Kahala* ist ein recht simpler Block mit vorgestelltem gerüstartigem Zierwerk aus Stahlträgern. 1964 war das Hotel mit großem Medien-Echo eröffnet worden. Die Inneneinrichtung sowie die Gartenanlagen galten damals als kaum noch zu

KAHALA MANDARIN ORIENTAL

5000 Kahala Avenue
Honolulu, Hawaii 6816-5498
Tel.: 001-808-739 88 88
Fax: 001-808-739 88 00
www.lhw.com/kahalamo
338 Zimmer mit Garten-, Berg-, Ozean-
und Lagunen-Blick, 33 Suiten
Zimmer von 350 bis 780 Euro,
Suiten von 667 bis 4600 Euro

überbieten. Angesichts der aktuellen bombastischen Phantasie-Resorts, auch auf Hawaii, gehört das Strandhotel an dem historischen Ort zu den kleineren Anlagen.

Um die Optik der 338 extra großen Zimmer und 33 Residential-Suiten in der Spitze zu halten, war eine umfassende Renovierung längst fällig. Allein für die ersten 120 Wohneinheiten mit der großzügigen Halle und Shopping-Zeile im Publikumsbereich wurden 25 Millionen Dollar bereitgestellt. Mandarin Oriental investierte weiter, um den hohen Standard der Gruppe zu garantieren. Heute gehört das Haus zu den meist ausgezeichneten der internationalen Ferienhotellerie.

Tropisches Ambiente zum Relaxen – am Pool und an der weiten ruhigen Lagune

Wer sich auf Gourmet-Genüsse konzentrieren will und nicht auf eine Dinner-Show oder, besser gesagt, auf ein Show-Dinner, hat eine erstklassige Möglichkeit im Hotel. Das *Hoku's* bietet eine gleichbleibend großartige Küche. Es zählt zum goldenen Dutzend der Top-Adressen unter Millionen Speiselokalen in allen US-Staaten und wurde erneut mit dem Five Star Award bedacht. Zum köstlichen Hummer, zum Mahi-Mahi-Fisch oder zum Mango-Soufflé seufzt leise, nie aufdringlich oder störend die Ukulele, und es erklingen die alten Lieder, die Hawaii verklären.

Romantik pur schuf der deutsche Chef Jan Goessing mit der Veranda. Die Gäste erfreuen sich am tropischen Ambiente und dem Blick auf die Lagune.

Neu ist das Fitness-Center, das den Wassersport und die Golf-Möglichkeit vor der Zimmertür ergänzt, brandneu das für mehrere Millionen Dollar neu ausgestattete Spa.

Eines gilt es freilich zu beachten: Auf Hawaii gilt noch etwas mehr, was überall Gültigkeit hat – Sie wissen schon: Es ist immer ein bisschen teurer, einen besonderen Geschmack zu haben.

GRAND WAILEA RESORT
Maui

Angelegt ist das Resort wie die Filmkulisse für eine Südsee-Story made in Hollywood

aui no kai oi.« Maui ist die schönste, steht auf einem Sticker, den der Souvenir-Verkäufer am Flughafen anbietet. Die Auswahl der Postkartenfotos ist mit einem Bild des zackigen deutschen Hauptmanns Henri Berger bereichert, das mit seinem preußischen Musikcorps während der Weltausstellung 1872 in Paris aufgenommen wurde. Was der mit Hawaii zu tun hat? König Kamehameha V. engagierte ihn in die Südsee. Berger gründete die Königlich-Hawaiianische Kapelle und komponierte die meisten der Aloha-Südsee-Melodien, auch die Nationalhymne.

»Maui no kai oi«, sagte sich auch der japanische Milliardär Takeshi Sekuguchi, Präsident der TSA International Ltd und einst einer der fünf reichsten Männer der Welt. Wie in der sechziger Jahren Laurence D. Rockefeller, der das *Mauna Kea* baute, so ist auch er die sechs großen Hawaii-Inseln abgefahren, um den idealen Standort für das zu seiner Zeit absolut teuerste Ferienhotel der Welt zu finden. An der Wailea-Küste Mauis vollzog er in einem kargen Gelände ein Stückchen Schöpfungsgeschichte. Nach einem sorgfältig ausgetüftelten Generalstabsplan wurden Kanäle, Teiche, Wasserfälle angelegt und mit einer Million Hibiskusblüten, Jasmin, Tiarées und Frangipani, mit Farnen und Bäumen ein Bühnenbild gezaubert, das exakt dem entspricht, was die Amerikaner unter Südseeparadies verstehen. Darin »ver-

Ein Zipfel vom Paradies auf Erden – nicht nur im großzügig und luxuriös konzipierten Spa- und Wellness-Bereich

steckte« man die Wohnflügel mit 787 Zimmern und Suiten, Pools, Restaurants und sogar eine Hochzeitskapelle, in der polynesische Traditionsmusik über Hifi-Anlagen zur Andacht anregt.

Auf 618 Millionen Dollar ohne Nachbesserungsarbeiten belief sich schließlich die Kostenaufstellung. Für diesen Preis (inzwischen über eine Milliarde Dollar) wurden edelste Hölzer, feinster italienischer Marmor und teuerste Rohseide verarbeitet. Selbst die Standardzimmer bekamen Bäder von Größe und Ausstattung, wie man sie in Europa nur aus den Hochpreis-Suiten kennt. Superlative über Superlative mussten es sein: die längsten künstlich angelegten Wasserstraßen, das teuerste japanische Restaurant der Welt, die größte Badeabteilung und die personalintensivste Schönheitsfarm. Und drum herum dampfender Südsee-Dschungel, Blütenpracht und Riesenfarne zwischen 500 000 handgesetzten Palmen.

Manche Hotels mögen mit Kunstwerken protzen, im *Grand Wailea Resort*, das von Hyatt eröffnet und gemanagt wurde, bis der Besitzer die Verträge kündigte, wendete Takeshi Sekuguchi gleich mehr als dreißig Millionen Dollar auf. Allein neun Skulpturen von Fernando Botero zieren die Phantasiehalle.

Die Balkone der Zimmer und Suiten sind so angelegt, dass der Blick unverstellt über den Pazifik gleiten kann. 15 000 der riesigen Wale, die in den Wintermonaten ganz nahe an den Kliffs vorüberziehen, die den Namen »geriffelte Smaragde« tragen, bieten ein einmaliges Schauspiel. Sie stellen die Flossen hoch, wuchten ihre gewaltigen Leiber aus dem Wasser, was jedes Mal mit einem Aufschrei der zahlreichen Betrachter begleitet wird. Da stehen die Besucher an den Fenstern und auf den Aussichtsfelsen und beobachten fasziniert und gebannt das unbekümmerte Fontänenspiel der Riesensäuger. Natur wie am Morgen der Schöpfung.

Die hawaiianisch dekorierten Zimmer und Suiten verfügen über Balkone mit freiem Blick auf den Pazifik

Das *Grand Wailea Resort* ist nicht jedermanns Sache, kann es aufgrund seiner Konzeption gar nicht sein. Es ist groß, zu amerikanisch, zu lebhaft. Doch auch bei kritischer Bewertung muss das Hotel als eines der spektakulärsten auf der Welt und von der Qualität her zu den kaum überbietbaren gerechnet werden.

Neben großartigen Zimmern und Suiten, einem erstklassigen Food-&Beverage-Bereich und hawaiianischen Elementen rundet der größte Heilbadebetrieb, den es auf einer Insel in den Weltmeeren gibt, das Angebot ab.

**GRAND WAILEA
RESORT HOTEL & SPA**

3850 Wailea Alanui
Wailea, Maui, Hawaii 96753
Tel.: 001-808-875 12 34
Fax: 001-808-702 91 77
www.grandwailea.com
787 außergewöhnliche Appartements,
davon 53 Suiten
Appartements ab 457 Euro

Abendunterhaltung mit Südsee-Tänzen und Folklore gehören zum täglichen Programm

HOTEL BORA BORA

Franz.-Polynesien

H inter dem Schaumstreifen des Korallenriffs wird ein Strandring aus Weißgold im türkisfarbenen Wasser sichtbar, und mittendrin ragt ein Zentralvulkan mit dramatischen Zacken in den Himmel. Bora Bora gehört zu den betörendsten Naturbildern, die der Pazifik bietet. Die beiden schwarzen Basalttürme, die aus dem bergigen Farnwald ihre mächtigen Schultern emporstemmen, sind im oberen Bereich abgeplattet. Das hat der Insel den Namen gegeben. Man landet auf einer leuchtenden Korallenkalk-Rollbahn, die auf das Riff gebaut wurde. Unter Kokospalmen am Rande des Flugfeldes warten die Zubringerboote im Lagunenbecken. Von hier werden die Besucher in dreißigminütiger Fahrt auf die Hauptinsel gebracht.

Besonders schön ist die Natur in leuchtenden Farben in der Umgebung des Traditionshauses *Bora Bora Hotel* nahe dem Riff. Der Klassiker unter den Luxusresorts existiert nun fast vier Jahrzehnte, wurde aber ständig renoviert und jung gehalten.

Insgesamt 54 Bungalows oder Fares, wie sie hier in tahitischer Übersetzung heißen, sind um das Haupthaus mit Restaurant, Shop und Lobby gruppiert oder im tropischen Garten (ohne Meerblick) platziert. Einige stehen unmittelbar am feinen, weißen, allerdings schma-

Postkartenkitsch?
Südsee-Realität

Weiß ins lichte Grün gemischt ist. Am Abend spiegelt sich der Sonnenuntergang in der Lagune, Wolkenfetzen ziehen wie eingefärbte, zerpflückte Watte am Himmel entlang. Die dunklen Wedel einer schräg ins Meer hinausragenden Palme wirken wie ein Scherenschnitt. Postkartenkitsch? – Bora-Bora-Realität.

Die Taucherbasis, die dem Hotel angeschlossen ist, bietet jede Art von Wassersport, auch Fahrten zur allmorgendlichen Haifütterung im Riff wobei sich die träge gewordenen, vollgefressenen Raubfische von Menschenhand aus dem Wasser heben lassen. Leider haben auch Naturschauspiele einen hohen Preis.

Der große Hunger stellte sich ein, nachdem ich mit dem Fahrrad die 32 Kilometer Rundfahrt um die Insel geschafft hatte. Die Ausblicke von der Gürtelstraße, die das zauberhafte Eiland umschließt, sind überirdisch. Im Gourmet-Restaurant werde ich gleichermaßen mit Genüssen verwöhnt. Einheimische Produkte (Meeresfrüchte, süße Kartoffeln, frischer Fisch und Gewürze) bereitet die Brigade mit französischer Kochkunst zu. Auch wer sonst auf Süßes verzichtet, muss hier die Desserts mit der berühmten Vanille von Tahaa probieren. Außerdem ist es angenehm, etwas länger im offenen Restaurant unter dem hohen Pandanus-Dach oder auf der Terrasse zu sitzen. Zur Unterhaltung treten regelmäßig die besten Tanz- und Musikgruppen der Insel auf.

Overwater-Bungalows lassen am unmittelbarsten das Südsee-Feeling erleben

len Sandstrand. Hinzu kommen zwei Suiten und eine große Strandvilla. Fünfzehn so genannte Overwater-Bungalows schweben auf Holzpfählen in der Lagune. Diese Art zu wohnen, vermittelt am intensivsten das Südsee-Erlebnis. Den allerschönsten Platz bietet das Holzhaus mit dem Namen *Viti*. Es steht am weitesten im Türkis der Lagune. Alle Bauten haben Holztreppen ins warme, klare Wasser.

Wo sonst Abstriche an Sauberkeit, Komfort und Einrichtung in tropischen Gegenden gemacht werden müssen, ist hier alles vom Feinsten. Einrichtung im Kajütenstil, Originalgemälde an den Wänden, und zweimal am Tag werden die Räume mit frischen Blüten dekoriert. Von der Holzterrasse hat man den besten Blick auf die Lagune, die ständig ihre durchscheinenden Farbtöne wechselt: von Opal und Perlmutt bis Silber mit einem winzigen Schuss Türkis. Mantas, Meerestiere mit mächtigen Schwingen, und fliegende Fische ziehen vorbei. In der Ferne gleiten Boote mit weißen Segeln über die Naturbühne.

Morgens in aller Frühe, wenn die Sonne noch ohne Kraft ist, scheint die Lagune bleigrau, im Tagesverlauf wechselt der Ton zu Oliv und wird immer heller, bis schließlich kräftiges

HOTEL BORA BORA

Point Raititi, B.P. 1 Nunue
Bora Bora, Französisch Polynesien
Tel.: 00689-60 44 60
Fax: 00689-60 44 66
www.amanresort.com
55 luxuriöse Bungalows und Fares am Strand, über der Lagune und im Tropengarten
Bungalows von 330 bis 590 Euro

BORA BORA
LAGOON RESORT

Franz.-Polynesien

Pfahl-Bungalows in der geschützten Lagune von Bora Bora können zum Schaumbad für die Seele werden, weil das Wasser die Distanz zu den Problemen des Alltags schafft

So friedvoll und jungfräulich muss unsere Welt am ersten Tag der Schöpfung gewesen sein, eine Ewigkeit, bevor wir den Planeten befingert und entstellt haben, lange noch vor dem ersten Sündenfall. So und nicht anders muss unsere Welt ausgesehen haben: majestätisch, von göttlicher Perfektion wie Bora Bora, diese wohl proportionierte Inselschöne mit dem weißen Gürtel aus Korallen und dem sanften Wimpernschlag des Ozeans.

Bora Bora oder Pora Pora, wie das Inselparadies in der polynesischen Legende von Raiatea heißt, bedeutet ins Deutsche übertragen »die Erstgeborene«.

Wer auf der Holzterrasse seines Overwater-Bungalows im *Bora Bora Lagoon Resort* sitzt, in stiller Andacht auf das spiegelglatte Wasser schaut und sich dem Gefühl hingibt, auf der Lagune zu schweben, versteht den Namen nur zu gut. Das *Bora Bora Lagoon Resort*, das zu den

Leading Hotels of the World gehört, wurde 1993 eröffnet und kam vier Jahre später zu den Orient-Express Hotels. Die Management-Gesellschaft, die ihren Hotels weder Vorgaben noch Richtlinien gibt, überlässt die Führung des Resorts den Gestaltern des Traumdomizils am Ort. Die schaffen es sehr gut, sowohl in den achtzig Garten-, Strand- und Overwater-Bungalows als auch im Restaurant *Otemanu* Eleganz und Service-Qualität mit der Lässigkeit in Natur pur zu vermählen.

Das Farbenspiel des Wassers wird sowieso vom Himmel inszeniert. Die Töne wechseln von durchscheinendem Opal und Perlmutt bis Silber mit einem winzigen Schuss Türkis. In der Ferne gleiten Boote mit weißen Segeln. Ganz weit draußen, wo der Horizont die Lagune küsst, schwebt ein Dunstschleier über der Naturbühne.

Am Abend spiegelt sich der Sonnenuntergang in der Lagune, Wolkenfetzen ziehen wie

eingefärbte, zerpflückte Wattebausche am Himmel entlang. Die dunklen Wedel einer schräg ins Meer hinausragenden Palme wirken wie ein Scherenschnitt. Genießen wir einfach mal. Zumindest an diesem mystischen Ort mit den mächtigen Säulen der Götter, der geschwisterlichen Berge Pahia und Otemanu im Rücken, wo einst die stolzen Krieger am Vulkangestein »Mana« empfingen, den Zauber und

die beherrschende Kraft, die sie unsterblich machen sollte.

Ich höre schon diejenigen Einspruch nörgeln, die nicht das Talent haben, ungetrübtes Glück für den Moment genießen zu können. Auf der Lagune zu schweben, muss nicht bedeuten, zum anderen Zeitpunkt den Unrat zu übersehen, der sich am Hafenbecken ansammelt, wo die Zubringerboote ablegen, oder die

»Die Erstgeborene« bedeutet Bora Bora. Touristen haben die Insel gewiss verändert, doch der Mythos ist unvergänglich

hässlichen Bauruinen, die in der Natur verwittern. Gewiss muss man auch in der Lage sein, für Minuten vergessen zu können, dass Frankreichs schönste Tochter in der Südsee zugleich das teuerste Ferienland der Welt ist.

Das gilt vor allem für die Overwater-Villas, aber auch für die Restaurants. Im *Otemanu* sollte man dem Gast ausschließlich die Menüs ohne Preise geben, um die friedvolle Stimmung nicht zu trüben. Die lange Glasfront gibt den Blick frei auf die Lagune, die Lichterketten und den Sternenhimmel. Später wirbeln Feuertänzer, tanzen blütenbekränzte Inselschönheiten nach sanften tahitischen Weisen.

Ganze Überwasser-Dörfer erheben sich inzwischen aus den Lagunen, verbunden durch ein Labyrinth aus Stelzen und der gemeinsamen Verheißung Glückseligkeit. Und ebenso wie die Erwartungen stiegen, verfeinerte sich die Ausstattung.

Im *Bora Bora Lagoon Resort* werden die Räume zweimal am Tag mit frischen Hibiskusblüten dekoriert. Und zum Wohlfühlprogramm gehört auch der Riesenrochen, der abends vorbeischaut, ein zugeworfenes Algenplätzchen fängt und mit den kraftvollen Schwüngen seiner Rochenflügel davongleitet. Nebenan hat eine mächtige Muräne Quartier bezogen. Natur pur. Pfahl-Bungalows in den Wellen bieten ein Schaumbad für die Seele, weil das Wasser die Distanz zu Problemen und allen Alltagssorgen schafft.

BORA BORA LAGOON RESORT

Motu Toopua, BFP. 175 98730 Vaitape
Bora Bora, Französisch-Polynesien
Tel.: 00689-60 40 00
Fax: 00689-60 40 01
www.lhw.com/borabora
80 Garten-, Strand- und Überwasser-
Bungalows und Beach-Suiten
Bungalows von 435 bis 687 Euro

VATULELE
Fidschi

Etwa 35 Minuten rattert und röhrt das einmotorige Wasserflugzeug mit der knallbunten Schildkröte auf der Heckflosse, schiebt sich mühsam wie ein Turtle im losen Sand, um von Nadi nach *Vatulele* zu kommen. Die kleine Maschine bedient die Bilderbuch-Inseln Turtle Island, wo die Kulisse des Südsee-Films »Blaue Lagune« so unglaublich schön ist, dass kaum ein Betrachter die gequälte Handlung des Teeny-Streifens zur Kenntnis nimmt. Dichte Palmenwälder und Wasserfälle im Innern, endlose Sandstrände und türkisfarbenes Wasser in der Lagune hinter dem schützenden Riff prägen auch die Optik von Vatulele, das Eiland mit einem außergewöhnlichen Resort.

Auf Turtle Island, in der Yasawa-Gruppe, hatte der Australier Richard Evanson, der Erfinder des Kabelfernsehens, ein Resort mit achtzehn im Landesstil entworfenen »Bures«, Bungalows mit gediegener Einrichtung, gebaut. Weil dieses private Fleckchen oft auf Monate ausgebucht ist und eine Erweiterung nicht in Frage kommt, errichtete Australiens bekanntester TV-Produzent und Emmy-Award-Gewinner Henry Crawford zusammen mit dem Turtle-Island-Manager Martin Livingston auf der Nachbarinsel Vatulele eine ähnliche Anlage. Was die Lage und den Komfort angeht, setzten sie noch eins drauf: Whirlpool im Bad, Dom Pérignon im Kühlschrank und ein Wohnzimmer auf zwei Ebenen, und das alles ganze zwölfmal, zwölf Häuser im Farnwald mit eigenem, blütenweißem Sandstrand. Der große Schlaftrakt ist wie der ganze Innen- und Außenbereich mit edlem Marmor gefliest. Allein acht große Doppeltüren führen auf die Terrassen rundum. Auf einem gewaltigen Muschelstein mit Holzsockel als Tisch liegt ein Blumenmosaik als natürliche Decke. Täglich mit neuem Muster. Ein Glockenspiel, von Wind und den Vögeln in Gang gesetzt, klimpert das Lovestory-Thema. Manchmal, wenn die Klangstäbe in der verkehrten Folge anschlagen, ein wenig falsch. Gemütliche Sitzecken und zwei

perfekte Bäder runden das außergewöhnliche Hotel, das zur Small Luxury Gruppe gehört, ab.

Ein kleiner Sandweg führt am Rande des dichten Palmenwaldes entlang zum kilometerlangen Strand mit Sonnendächern und Liegen. Die Abstände zum Nachbarn sind so groß, dass jeder überzeugt sein kann, auf seiner »eigenen Insel« zu leben.

Bei Ankunft, Abreise und Inselhüpfen zwischendurch tragen starke Fidschi-Männer die Passagiere wie einst Christophorus auf der Schulter durch die warmen Fluten zum Wasserflugzeug, damit niemand die Schuhe ausziehen muss. Auf der Insel selber ist barfuß zu gehen gesellschaftsfähig. An der Rezeption wird für die Anmeldung ein Polaroid-Foto gemacht und an den Eingang gehängt, damit in *Vatulele Resort* jeder jeden sofort kennt.

Zur Cocktail-Stunde um sieben trifft sich die kleine Gästeschar im Haupthaus mit freiem Blick bis hinüber zu den Nachbarinseln. An einer langen Tafel wird gespeist. Wer mag. Ebenso kann ein Champagner-Dinner am Strand oder im Bungalow bestellt werden.

Da sitzen wir nun und träumen: keine Termine, keine Verpflichtungen. Nur warten auf das tägliche Erlebnis des Sonnenuntergangs bei einem Glas Champagner. Manchmal

Umarmt vom Naturparadies der Fidschis erheben sich die luxuriösen Villen nahe dem blüten-weißen Sandstrand

lässt man sich ablenken von handtellergroßen Schmetterlingen, die über Blumen und dem ständig wechselnden Farbenspiel der Lagune ihren Reigen tanzen.

Vom Nadi-Wasserflughafen, nahe dem International Airport, oder vom *Regent of Fiji* fliegen Sie mit dem Wasserflugzeug in knapp einer Stunde nach Vatulele. Dort gibt es derart großzügige Bungalows mit Sonnenterrassen, die so weit auseinander stehen, dass keiner etwas vom Nachbarn hört. So ist es völlig gleich welche Nummer Sie bekommen. Die Gäste können im Zentrum in ihrem so genannten Bures oder am Strand speisen. Der Pauschalpreis schließt Essen und alle Drinks ein.

Die Villen-Einrichtungen kombinieren den Landesstil mit moderner Eleganz

VATULELE ISLAND RESORT

Vatulele Island, Fiji
Sydney Office:
Tel.: 0061-29665 8700
Fax: 0061-29665 7833
www.slh.com/vatulele
18 luxuriöse Villen
Preise ab 1227 bis 1840 Euro

HAYMAN ISLAND RESORT

S eewärts rollen riesige Wogen aus der Weite des Meeres gegen die sechshundert Einzelriffe, Inseln und Inselchen. Zwischen Riff und Land leuchtet in allen Grüntönen bis hin zum schimmernden Blau völlig stilles Wasser, ideal zum Schwimmen, Segeln und Tauchen. Die Korallenstrände sind manchmal weiß, auch golden und ab und zu so pinkfarben wie auf den Bermudas.

Würden die sieben Weltwunder nach heutigen Kriterien noch einmal zusammengestellt, so gehörte das Great Barrier Reef mit Sicherheit dazu. Was die Natur in Jahrtausenden konstruiert hat, zählt zu den attraktivsten Sonnenzielen auf dem Erdball. Baumeister sind die Korallentiere, die mit einer äußeren becherähnlichen Schale aus Kalkstein an Felsen haften. Es ist ein empfindliches System und anfäl-

Die Pool-Landschaft nahe dem Korallenstrand scheint in den Ozean überzugehen

lig für Störungen. Zum Glück wirkte der Tourismus bis heute noch nicht negativ.

In dieser großartigen heilen Natur gibt es ein Domizil mit höchstem Luxus: das *Hayman Island Resort*.

Die Einstimmung auf das Außergewöhnliche beginnt bereits auf Hamilton Island, weit draußen im Riff, auf einer Insel, die den ausgebauten Flughafen hat, auf dem die Maschinen aus Sydney, Melbourne und Brisbane landen können. Ein kurzes Stück vom Rollfeld entfernt wartet am Bootssteg eine der beiden windschnittigen, weißen Hayman-Jachten »Sun Goddess« und »Sun Paradise«, um die Gäste zur Nachbarinsel hinüberzubringen. Eiskalter Champagner (inzwischen nur noch australischer), Händeschütteln, Fröhlichkeit, an Bord beginnt der Ferienspaß. Man braucht sich um nichts mehr zu kümmern, bis man in seinem Appartement ist. Die Zimmerschlüssel, beziehungsweise die kleinen Plastikkärtchen für die Türelektronik, verteilen die Hostessen bereits hier. Damit wird lästiges Warten an der Rezeption ausgeschlossen. Stilvoll geht es zu und dennoch naturverbunden, leger.

Das künstliche Tropenparadies mit einer halben Million gepflanzten Blumen, gepfleg-

tem Dschungel, mit Tümpeln und Teichen umschließt die Unterkünfte.

Erst 1989 wurde das 300 Millionen Dollar teure *Hayman Resort* in der jetzigen Form fertiggestellt und als Leading Hotel akzeptiert. Zu beiden Seiten des Haupthauses mit Rezeption, Concierge und Restaurants sind Ost- und Westflügel terrassenförmig angegliedert. Obwohl das Resort nur 203 Zimmer und Suiten plus elf Penthäuser hat, gibt es sechs Preisklassen (im oberen bis höchsten Bereich).

Die individuell gestalteten Zimmer wurden häufig in Wohn- und Design-Zeitschriften abgebildet, weil alles so perfekt aufeinander abgestimmt ist – bis hin zur Farbe der elektrisch ausfahrbaren Markisen über den Balkonen. Ein Blickfang sind die eleganten italienischen Liegen. In den elf Penthouse-Suiten wird stets ein Whirlpool offeriert. Für Wärme und Gemütlichkeit sorgen prächtige Blumenkompositionen, stets auf die Grundfarben der Einrichtung abgestimmt.

Das Management hat rechtzeitig erkannt, dass der Food-&Beverage-Bereich ebenso hohen Anteil an der besonderen Klasse eines Hotels hat wie die Ruhe auf der Anlage und die Gediegenheit der Ausstattung. Sechs Restaurants bietet

327

Hayman, das gibt es weltweit wohl kaum in einem zweiten Strandhotel: ein polynesisch-südsee-romantisches Domizil mit Ukulelenklängen und Blütenkranz-Schönen, ein asiatisches Spezialitäten-Restaurant mit ein bisschen was von jedem Fernostland. Die *Trattoria* mit karierten Tischdecken und der Open-Air-Terrasse unter Reben bietet die weitgehend bekannte Italienmischung von Pasta bis Pizza. Das *Coffee House*, ein achteckiger Glaspavillon mit einer Inneneinrichtung in zarten Bonbon-Tönen präsentiert ein komplettes Frühstücksbüfett mit fotogerecht sortierten Früchten. Wer in der legeren Umgebung tatsächlich einmal einen Seitensprung in einen klassischen französischen Gourmettempel unternehmen will, findet – erstaunlich ist das allemal – im *La Fontaine* die moderne Umsetzung der guten alten Grand Cuisine.

Ideal zum Schwimmen, Segeln und Tauchen – das stille Wasser des Great Barrier Reefs

HAYMAN ISLAND RESORT

Great Barrier Reef
Queensland 4801, Australien
Tel.: 0061-7-4940 1234
Fax: 0061-7-4940 1567
www.lhw.com/hayman
170 Zimmer, 33 Suiten, 11 Penthäuser
(1-3 Schlafzimmer)
Zimmer von 320 bis 496 Euro,
Suiten von 864 bis 960 Euro,
Penthäuser von 1090 bis 2115 Euro

Versteckt im üppigen
Grün der Nordinsel
Neuseelands sind die
fünfzig Chalets; dazu
die Traumstrände
entlang der Pazifik-
Küste der Coromandel
Peninsula

PUKA PARK LODGE
Neuseeland

Die Sonne zaubert ein flimmerndes Glitzerdreieck in Weiß und Silber auf die winzigen Wellen der Doubtless Bay im hohen Norden Neuseelands. Geographisch präzise an der oberen Westküste der Nordinsel, eine Tagestour von Auckland entfernt. Nicht weit davon steht verloren ein verwitterter Wegweiser vor dem Leuchtturm am Cape Reinga. Es ist ein heiliger Platz, der täglich von Hunderten von Touristen »entweiht« wird. Von hier aus sollen, nach der Mythologie der Ureinwohner, der Maoris, die Seelen der Verstorbenen die weite Reise ins ewige Glück antreten.

Die warme Luft duftet nach süßem Holz, und nur die winzigen schwarzen Raubtiere, die »Sandflys« – Mücken, die nicht stechen, sondern der menschlichen Haut mit einer winzigen Säge zu Leibe rücken –, sind lästig und erinnern schmerzhaft daran, dass irdische Gefilde auch am Ende der Welt, 21 000 Kilometer von zu Hause, mit kleinen Ärgernissen aufwarten. Der schlichtweg ideale Ausgangspunkt für eine Rundreise über die Nordinsel ist die *Puka Park Lodge* auf der Coromandel Peninsula. Sie ist unerwartet komfortabel, ja luxuriös. Der ehemalige Lufthansa-Kapitän Rainer Hoehn und seine Frau Angie schufen die Edel-Lodge mit den schönen Chalets in der Wildnis mit den Qualitätsrichtlinien von Top-Häusern in Europa. Der heutige Besitzer ist ebenfalls ein Deutscher, der Unternehmer Otto Hanhardt.

Nach einem 25-Minuten-Flug über tiefblaues Meer, über sattgrüne Dschungellandschaften und Bergrücken tauchen gegenüber einem Fjord die Zwillingsorte Tairua und Pauanui auf, ausgesprochene Fotoschönheiten. Mit saftigen Wiesen und bunten Häuschen glei-

chen sie aus der Luft einer Spielzeugstadt. Zum Anfliegen steuert Rainer das Flugzeug über den drei Kilometer langen Sandstrand und setzt auf der Grasbahn zur Landung an. Die Cessna parkt direkt hinter einem Bungalow. Es ist nicht das einzige Fluggerät. Wie die Vans hinter einem Hotel haben andere Gäste ihre Flieger auf dem Parkplatz hinter dem Chalet abgestellt.

Der Empfang in der *Puka Lodge* ist fröhlich, locker und herzlich, die Bautechnik wie die Atmosphäre überwältigend. Fünfzig Chalets mit Holzdecken, gemütlichen Zimmern, Deckenventilatoren sind mit eigens entworfenen Rattanmöbeln ausgestattet. Die bunten Bezugstoffe hat der Besitzer in seiner alten Heimat München gekauft, Dekorationen für Wände und Schränke bei seinen Reisen in aller Welt gesammelt. Das Haupthaus mit kleiner Rezeption,

PUKA PARK LODGE

Private Bag
Pauanui Beach 2850 Neuseeland
Tel.: 0064-78-61 80 38
Fax: 0064-78-64 81 12
www.ozeanienreisen.de
50 Chalets
Chalets von 130 bis 655 Euro

man in der Sonne oder lässt nach vorherigem Besichtigungsprogramm die Stationen einer Neuseeland-Rundreise noch einmal vorüberziehen.

Oft wird die *Puka Park Lodge* mit der ebenfalls in Neuseeland gebauten *Huka Lodge* verwechselt. Dieses Relais&Chateaux-Hideaway ist aus einem Zeltcamp am Waikato River entstanden, in der Nähe der Huka Falls im Zentrum der Nordinsel. Heute gehört die Anlage mit zwanzig exklusiven Zedernholz-Cottages ebenfalls zu den Spitzen-Lodges der Welt.

Die Edel-Lodge, umgeben von subtropischer Vegetation, kann sich leicht an den Qualitätskriterien der Top-Häuser in Europa messen lassen

dem Restaurant und der Bar wurde ebenfalls komplett aus duftendem Holz errichtet.

Das Restaurant bietet eine zweite Überraschung. An weiß gedeckten Tischen mit Blumenschmuck und Kerzen wird vorzüglicher Fisch serviert, der mit dem Hochseeboot an Land gebracht wurde, anschließend Hirschbraten mit Wachholderrahm. Es schmeckt großartig. Am nächsten Morgen starten die meisten Gäste zu Lande, zu Wasser und in der Luft, um die Gegend zu erkunden. Einige fahren mit der Motorjacht zum unbewohnten Slipper Island. Am Abend duftet das ganze Resort. Zehn mit Kräutern präparierte Langusten grillen auf Buchenholz. Dazu Salate und Kräuter. Köstliche Küche, Natur pur. Auch bei Gourmetfreuden gilt: Die *Puka Park Lodge* garantiert eine mit nichts vergleichbare Zeit. Hier im hohen Norden, im tropischen Teil Neuseelands träumt

WEITERE EMPFEHLUNGEN MIT KLEINEN SCHWÄCHEN

HAWAII

THE RITZ-CARLTON KAPALUA
One Ritz-Carlton Drive, Kapalua, Maui,
Hawaii 96761
Tel.: 008-08-669 62 00,
Fax: 008-08-669 15 66
www.ritzcarlton.com
548 Zimmer, davon 58 Suiten,
32 Ritz-Carlton-Clubzimmer,
5 Ritz-Carlton-Club-Suiten,
2 Präsidenten-Suiten
Zimmer ab 300 Euro
Eines der Top-Hotels der Gruppe, aber
keine Hawaii-Atmosphäre; Qualität im
Abschwung

POLYNESIEN

KIA ORA, MOOREA, POLYNESIEN
Kia Ora Village Rangiroa,
PO Box 4607 Papeete, Franz. Polynesien
Tel.: 00689-96 03 84,
Fax: 00689-96 04 93
www.hotelkiaora.com
Zimmer ab 600 Euro
Einst das Traum-Hideaway, zwischen-
zeitlich geschlossen. Investitionen sind
zwingend

MARAVU PLANTATION RESORT
Taveuni, P.A. Matei, Fiji Islands
Tel.: 00679-88 05 55,
Fax: 00679-88 06 00
www.maravu.com
10 Bungalows
Bungalows von 180 bis 240 Euro
Rustikal und gewollt naturbelassen;
ungeschulter Service

AUSTRALIEN

THE WINDSOR, MELBOURNE
103 Spring Street, Melbourne,
VIC 3000, Australien
Tel.: 0061-3-9633 6000,
Fax: 0061-3-9633 6001
www.slh.com/oberoiwindsor/
180 Zimmer und Suiten
Zimmer von 286 bis 357 Euro,
Suiten von 387 bis 1013 Euro
Ältestes Hotel (1883), von Oberoi
übernommen, ordentlicher Standard;
ungeschliffener Service

HYATT REGENCY COOLUM
P.O. Box 78, Warran Road, Coolum Beach,
Queensland 4573, Australien
Tel.: 0061-7-5446 1234,
Fax: 0061-7-5446 2957
www.coolum/hyatt.com
156 Studio-Suiten, 144 President's Villas,
18 Ambassadors Villas,
5 Ambassadors Residences
Suiten ab 350 Euro
Aufgefrischt, aber nicht mehr die Klasse
von einst; ideal für Sport-Fans

THE OBSERVATORY HOTEL, SYDNEY
89-113 Kent Street, Sydney N.S.W. 2000,
Australien
Tel.: 0061-2-9256 2222,
Fax: 0061-2-9256 2233
www.lhw.com/observator
79 Zimmer, 21 Suiten
Zimmer von 376 bis 602 Euro,
Suiten von 489 bis 1193
Eines der besseren Hotels von Sydney
(gehört zu den Orient-Express Hotels),
aber rustikale Bedienung

DOUBLE BAY HOTEL, SYDNEY

33 Cross Street Double Bay,
NSW 2018 Australien
Tel.: 00612-9362 4455,
Fax: 00612-9362 4744
www.hotelsavoy.com
140 Zimmer, davon 15 Suiten
Zimmer von 237 bis 1967 Euro
Einst ein Ritz-Carlton, heute Durchschnitts-
Hotel im teuersten Viertel; nicht mehr
empfehlenswert

ANGSANA, CAIRNS

1 Veivers Road, Palm Cove, Cairns,
Queensland 4879, Australien
Tel.: 0061-7-4055 3000,
Fax: 0061-7-4055 3090
www.slh.com/angsana
67 Suiten
Suiten von 196 bis 477 Euro
Ausgangspunkt für's Barrier Reef, schöner
Spa-Bereich; Essen am Besten mitbringen

THORNGROVE MANOR

Glenside Lane, Stirling, Adelaide, SA 5152
Tel.: 0061-8-8339 6748,
Fax: 0061-8-8370 9950
www.slh.com/thorngrove/
Zimmer von 312 Euro,
Suiten von 475 bis 833 Euro
Absolute Abgeschiedenheit, andere Gäste
sieht man kaum; Small Luxury Hotel

LAKE HOUSE, DAYLESFORD

King Street, Daylesford, VIC 3460
Tel.: 0061-3-5348 3329,
Fax: 0061-3-5348 3995
www.slh.com/lakehouse
33 Zimmer und Suiten
Zimmer von 166 Euro,
Suiten ab 291 Euro
Kleines Hotel für Genießer, beste Weinli-
ste in Australien;Small Luxury Hotel

CAPE LODGE

Caves Road, Margaret River WA6282
Tel.: 0061-8-9755 6311,
Fax: 0061-8-9755 6322
www.slh.com/capelodge
18 Zimmer und Suiten,
davon eine Hochzeitssuite
Zimmer von 145 bis 220 Euro
Traumhaft gelegen, aber mehr Privat-
Pension als Hotel; Koffer selber tragen

NEUSEELAND

HUKA LODGE, NEUSEELAND

Huka Falls Road, P.O. Box 95, Taupo
Tel.: 0064-7-378 5791,
Fax: 0064-7-378 0427
www.slh.com/hukalodge
20 Suiten
Suiten von 205 bis 580 Euro
Romantik pur in dem Haus, das zu den
Small Luxury Hotels gehört; ca. vier Stun-
den von Auckland

BLANKET BAY

Glenorchy Road, Glenorchy, Otago
Tel.: 0064-3-442 9442,
Fax: 0064-3-442 9441
www.slh.com/blanketbay
30 Zimmer und Suiten
Zimmer von 433 bis 825 Euro
Die Wildnis der Südalpen wurde eingefangen; prächtige Atmosphäre, aber wahrlich
kein Luxus

Die Top Ten der 4000 Hotelgruppen und Marketingvereinigungen

unter Berücksichtigung internationaler Guides, Bewertungen hochklassiger Zusammenschlüsse und persönlicher Erfahrungen von Heinz Horrmann

1
Four Seasons
Zentrale: Toronto, Kanada

2
Peninsula
Zentrale: Hongkong

3
Ritz-Carlton
Zentrale: Atlanta, USA

4
Mandarin Oriental
Zentrale: Hongkong

5
Orient-Express Hotels
Zentrale: London, Großbritannien

6
Rosewood
Zentrale: Dallas, USA

7
Aman Resorts
Zentrale: Singapur

8
The Luxury Collection und Starwood St. Regis Gruppe
Zentrale: New York, USA

9
Raffles
Zentrale: Singapur

10
Shangri-La
Zentrale: Hongkong

Die Top Ten
der Designer-Hotels

1
THE PENINSULA CHICAGO
108 E. Superior Street, Chicago, IL, USA
Tel.: 001-312-337 2888
Fax: 001-312-751 2888
www.peninsula.com
(Siehe Seite 141)

2
FOUR SEASONS HOTEL NEW YORK
57 East 57th Street, New York,
N.Y. 10022, USA
Tel.: 001-212-758 5700
Fax: 001-212-758 5711
www.fourseasons.com
(Siehe Seite 138)

3
HOTEL ARTS, BARCELONA
Carrer de la Marina, 19-21,
E-08005 Barcelona, Spanien
Tel.: 0034-93-221 1000
Fax: 0034-93-221 3045
www.ritzcarlton.com
(Siehe Seite 96)

4
THE RITZ-CARLTON WOLFSBURG
Stadtbrücke, D-38440 Wolfsburg
Tel.: 05361-60 7000
Fax: 05361-60 8000
www.ritzcarlton.com
(Siehe Seite 27)

5
ROYALTON, NEW YORK
44 West 44th Street, New York,
NY 10036, USA
Tel.: 001-212-869 4400
Fax: 001-212-869 8965
www.ianschragerhotels.com

6
MONDRIAN, LOS ANGELES
8440 Sunset Boulevard, West Hollywood,
CA 90069, USA
Tel.: 001-323-650 8999
Fax: 001-323-650 5215
www.ianschragerhotels.com

7
DELANO, MIAMI BEACH
1685 Collins Avenue, Miami Beach,
FL 33139, USA
Tel.: 001-305-672 2000
Fax: 001-305-532 0099
www.ianschragerhotels.com

8
HUDSON, NEW YORK
356 West, 58 Street, New York,
NY 10019, USA
Tel.: 001-212- 554 6000
Fax: 001-212-223 5054
www.ianschragerhotels.com

9
ST. MARTIN'S LANE, LONDON
45 St. Martin's Lane, London, England
WC2N 4HX
Tel.: 0044-20-7300 5500
Fax: 0044-20-7300 5501
www.ianschragerhotels.com

10
GRAND HYATT BERLIN
Marlene-Dietrich-Platz 2, D-10785 Berlin
Tel.: 030 2553 1234
Fax: 030-2553 1235
www.berlin.hyatt.com

Die Top Ten der Spa & Wellness-Hotels

1

CHIVA SOM, THAILAND
73/4 Petchkasem Road Hua Hin, Prachuab
Khiri Khan 77110, Thailand
Tel.: 006676-32-53 65 36
Fax: 006676-32-51 11 54
Internet: www.chivasom.net
(Siehe Seite 269)

2

THE ORIENTAL HOTEL, BANGKOK
48 Oriental Avenue, Bangkok 10500,
Thailand
Tel.: 0066-2-659 9000
Fax: 0066-2-659 0000
Internet: www.lhw.com/orientalbk
(Siehe Seite 258)

3

THE RITZ-CARLTON NAPLES
280 Vanderbilt Beach Road, Naples,
FL 34108, USA
Tel.: 001-941-598 3300
Fax: 001-941-598 6690
Internet: www.ritz-carton.com
(Siehe Seite 164)

4

ANANDA, INDIEN
The Palace, Estate, Narendra Nagar,
District Tehri-Garhwal,
Uttaranchal 249175, Indien
Tel.: 001378-27500
Fax: 001378-27550
www.anandaspa.com

5

BANYAN TREE MALDIVES
Vabbinfaru Island, North Malé Atoll,
Malediven
Tel.: 00960-443 147
Fax: 00960-443 843
www.banyantree.com

6

**CANYON RANCH IN THE
BERKSHIRES HEALTH RESORT,
LENOX**
165 Kemble Street, Lenox, MA 01240, USA
Tel.: 001-413-637-4100
Fax: 001-413-637-0057
www.canyonranch.com

7

**TURNBERRY ISLE
RESORT & CLUB, AVENTURA**
1999 W. Country Club Drive, Aventura,
N. Miami, FL 33180, USA
Tel.: 001-305-932 6200
Fax: 001-305-933 6560
www.turnberryisle.com
(Siehe Seite 168)

8

**MATAHARI BEACH RESORT & SPA,
BALI**
P.O. Box 194, Pemuteran, Singaraja, Bali
Tel.: 0062-3629 2312
Fax: 0062-3629 2313
www.matahari-beach-resort.com
(Siehe Seite 284)

9

HOTEL TRAUBE TONBACH
Tonbachstraße 237, D-72270 Baiersbronn-
Tonbach
Tel.: 0049-7442-4920
Fax: 0049-7442-492 692
Internet: www.traube-tonbach.de
(Siehe Seite 38)

10

HOTEL BAREISS IM SCHWARZWALD
Gärtenbühlweg 14, D-72270 Mitteltal
Tel.: 0049-7442-470
Fax: 0049-7442-473 20
Internet: www.bareiss.com
(Siehe Seite 40)

Die Top Ten
der kinderfreundlichsten Hotels

1

HOTEL BAREISS IM SCHWARZWALD
Gärtenbühlweg 14, D-72270 Mitteltal
Tel.: 0049-7442-470
Fax: 0049-7442-473 20
Internet: www.bareiss.com
(Siehe Seite 40)

2

**VICTORIA JUNGFRAU GRAND HOTEL
& SPA, INTERLAKEN**
CH-3800 Interlaken, Schweiz
Tel.: 0041-33-828 28 28
Fax: 0041-33-828 28 80
www.victoria-jungfrau.ch
(Siehe Seite 64)

3

THE RITZ-CARLTON NAPLES
280 Vanderbilt Beach Road, Naples,
FL 34108, USA
Tel.: 001-941-598 3300
Fax: 001-941-598-6690
www.ritzcarlton.com
(Siehe Seite 164)

4

THE RITZ-CARLTON HONGKONG
3 Connaught Road Central, Hongkong
Tel.: 00852-2877-6666
Fax: 00852-2537-4733

5

BEAU-RIVAGE PALACE
CH-1006 Lausanne, Schweiz
Tel.: 0041-21-613 3333
Fax: 0041-21-613 3334
(Siehe Seite 59)

6

**FOUR SEASONS SHARM EL SHEIK,
ÄGYPTEN**
Four Seasons Boulevard, P.O. Box 203,
Sharm El Sheik, Sinai Peninsula, Ägypten
Tel.: 0020-69-603 555
Fax: 0020-69-603 550

7

**HALF MOON GOLF, TENNIS &
BEACH CLUB JAMAICA**
P.O. Box 80, Montego Bay, Jamaica,
West Indies
Tel.: 001-876-953-2211
Fax: 001-876-953-2731
(Siehe Seite 176)

8

SAN ROQUE CLUB, ANDALUSIEN
E-11360 San Roque (Cadiz), Spanien
Tel.: 0034-956-613 068
Fax: 0034-956-613 092

9

SWISSÔTEL BERLIN
Augsburger Straße 14, D-10789 Berlin
Tel.: 030-220 100
Fax: 030-220 10 2222

10

**HAYMAN ISLAND RESORT,
AUSTRALIEN**
Great Barrier Reef, Queensland 4801,
Australien
Tel.: 0061-7-4940-1334
Fax: 0061-7-4940-1567
(Siehe Seite 326)

Die Top Ten
der Abenteuer-Lodges

1

SINGITA LOGDE, SÜDAFRIKA
P.O. Box 650881, Benmore 2010, Südafrika
Tel.: 0027-11-234 09 90
Fax: 0027-11-234 05 35
www.singita.co.za

2

**LONDOLOZI PRIVATE GAME
RESERVE, SÜDAFRIKA**
Reservierungen über CCAfrica
Private Bag X27, Benmore 2010,
Johannesburg, Südafrika
Tel.: 0027-11-809 4300
Fax: 0027-11-809 4400
www.ccafrika.com

3

**PHINDA PRIVATE GAME RESERVE,
SÜDAFRIKA**
Richards Bay, Zululand/Natal, Südafrika
Reservierungen über CCAfrica
Private Bag X27, Benmore 2010,
Johannesburg, Südafrika
Tel.: 0027-11-809 4300
Fax: 0027-11-809 4400
www.phinda.com

4

GAMETRACKERS, BOTSWANA
P.O. Box 786 432, Sandton 2146, Botswana
Tel.: 0027-11-481 6052
Fax: 0027-11-481 6065
www.gametrackers.orient-express.com

5

NGALA GAME LODGE, SÜDAFRIKA
P.O. Box 4068, Rivonia, 2128,
Krüger Nationalpark, Südafrika
Tel.: 0027-11-803 7400
Fax: 0027-11-803 7411
www.ccafrica.com

6

**MATETSI SAFARI LODGES,
SIMBABWE**
P.O. Box 171, Victoria Falls, Simbabwe
Reservierung über Airtours
Tel: 069-7928 0
www.ccafrica.com

7

SABI SABI, SÜDAFRIKA
P.O. Box 52665, Saxonwold,
2132 Südafrika
Tel.: 0027-11-483 3939
Fax: 0027-11-483 3799
www.sabisabi.com

8

**ULUSABA PRIVATE GAME RESERVE,
SÜDAFRIKA**
P.O. Box 239, Lonehill, 2062,
Krüger Nationalpark, Südafrika
Tel.: 0027-11-465 4240
Fax: 0027-11-465 6649
www.ulusaba. com

9

**SHAMWARI GAME RESERVE,
SÜDAFRIKA**
P.O. Box 32017, Summerstrand,
Port Elizabeth, 6019 Südafrika
Tel.: 0027-42-203 11 11
Fax: 0027-42-235 12 34
www.shamwari.com

10

**MOUNT KENYA SAFARI CLUB,
KENIA**
P.O. Box 84383 Diani Beach,
Mombasa, Kenia
Tel.: 00254-12-72 620
www.lonrhohotels.com

Die Top Ten
der US-Abenteuer-Lodges

1

THE AHWAHNEE
Yosemite National Park, Kalifornien
Tel.: 001-559-252-4848
www.yosemitepark.com

2

TIMBERLINE LODGE
Mount Hood National Forest, Oregon
Tel.: 001-503-622 7979
www.timberlinelodge.com

3

OREGON CAVES CHATEAU
Oregon Caves National Monument,
Oregon
Tel.: 001-541-592-3400
www.visitoregoncaves.com

4

CRATER LAKE LODGE
Crater Lake National Park, Oregon
Tel.: 001-541-830-8700
www.craterlakelodge.com

5

BRYCE CANYON LODGE
Bryce Canyon National Park, Utah
Tel.: 001-435-834 5361
www.brycecanyonlodge.com

6

GRAND CANYON LODGE
Grand Canyon National Park, Arizona
Tel.: 001-303-297-2757
www.grandcanyonnorthrim.com

7

EL TOVAR
Grand Canyon National Park, Arizona
Tel.: 001-303-297-2757
www.grandcanyonlodges.com

8

OLD FAITHFUL INN
Yellowstone National Park, Wyoming
Tel.: 001-307-344-7311
www.travelyellowstone.com

9

LAKE MCDONALD LODGE
Glacier National Park, Montana
Tel.: 001-406-756-2444
www.glacierparkinc.com

10

MANY GLACIER HOTEL
Glacier National Park, Montana
Tel.: 001-406-755-6303
www.glacierparkinc.com

Die mit dem Five Star Diamond Award der American Academy of Hospitality Sciences ausgezeichneten Hotels

Bodega Bay Lodge & Spa, Bodega Bay, CA
Brazillan Court, Palm Beach, FL
The Beverly Hills Hotel, Los Angeles, CA
The Bryant Park, New York, NY
The Chesterfield, Palm Beach, FL
The Colony Beach & Tennis Resort,
    Longboat Key, FL
The Diplomat Country Club & Spa,
    Hollandale, FL
Four Seasons Hotel, Chicago, IL
Four Seasons Hotel, New York, NY
Harbor Court, Baltimore, Maryland
Hotel Plaza Athènèe, New York, NY
Lafayette Park Hotel, Lafayette, CA
Monterey Plaza Hotel & Spa,
    Monterey, CA
The Mar-a-Lago Club, Palm Beach, FL
Molly Pitcher Inn, Red Bank, NJ
Napa Valley Lodge, Yountville, CA
The New York Palace Hotel, New York, NY
The Peninsula, New York, NY
PGA National Resort & Spa,
    Palm Beach, FL
Ponte Vedra Inn & Club,
    Ponte Vedra Beach, FL
The Regent Wall Street, New York, NY
The Ritz-Carlton Buckhead, Atlanta, CA
The Ritz-Carlton Half Moon Bay, CA
The Ritz-Carlton Kapalua, Maui, Hawaii
The Ritz-Carlton New York
    Central Park, NY
The Ritz-Carlton Philadelphia, PA
The Ritz-Carlton Washington, DC
Stanford Park Hotel, Menlo, CA
Swissôtel New York - The Drake,
    New York, NY
The Shore Club, Miami, FL
The St. Regis Hotel, New York, NY
The St. Regis Hotel, Washington D.C.
Turnberry Isle Resort & Club, Aventura, FL

The Venetian Resort Hotel Casino,
    Las Vegas, NV
Waldorf Towers, New York, NY
Aldrovandi Palace Hotel, Rom, Italien
Arabella Sheraton Golf Hotel Son Vida,
    Mallorca, Spanien
Arabella Sheraton Grand Hotel,
    Frankfurt/M.
Arabella Sheraton Grand Hotel, München
Bauer, Venedig, Italien
Baur au Lac, Zürich, Schweiz
Brenner's Park-Hotel & Spa, Baden-Baden
Burj Al Arab, Dubai,
    Vereinigte Arabische Emirate
Caesar Park Penha Longa, Portugal
China World Hotel, Beijing, China
Conrad Brussels, Belgien
Conrad Istanbul, Türkei
The Dorchester, London, England
Elounda Beach Hotel & Villas, Kreta,
    Griechenland
Excelsior Hotel Ernst, Köln
Far Eastern Plaza Hotel, Taipeh, Taiwan
Forte Village, Sardinien, Italien
Grand Hotel du Cap Ferrat, Côte d'Azur,
Frankreich
Grand Hotel Russischer Hof, Weimar
Grand Hotel Excelsior Vittoria,
    Sorrento, Italien
Grand Hotel Vesuvio, Neapel, Italien
Grand Hyatt, Shanghai, China
Hilton Cancun Beach & Golf Resort,
    Cancun, Mexiko
Hotel Adlon, Berlin
Hotel Arts Barcelona / Ritz-Carlton,
    Spanien
Hotel Baltschug Kempinski, Moskau,
    Russland
Hotel de Crillon, Paris, Frankreich
Hotel des Bergues, Genf, Schweiz

Hotel de Paris, Monte Carlo, Monaco
Hotel Eden, Rom, Italien
Hotel Elephant, Weimar
Hotel Guanahani, Saint Barthélemy,
    Karibik
Hotel Hassler, Rom, Italien
Hotel La Bobadilla, Granada, Spanien
Hotel Meurice, Paris, Frankreich
Hotel Nassauer Hof, Wiesbaden
Hotel Plaza Athénée, Bangkok, Thailand
Hotel President Wilson, Genf, Schweiz
Hotel Ritz, Paris, Frankreich
Hotel Ritz, Madrid, Spanien
Hotel Sacher Salzburg, Österreich
Hotel Sacher Wien, Österreich
Island Shangri-La, Hongkong, China
The Jumeirah Beach Hotel, Dubai,
    Vereinigte Arabische Emirate
Karmina Palace, Manzanillo, Mexiko
King David Hotel, Jerusalem, Israel
La Jolla de Mismaloya, Puerto Vallarta,
    Mexiko
Lapa Palace, Lissabon, Portugal
Las Dunas Beach Hotel & Spa, Estepona,
    Malaga, Spanien
Las Ventanas al Paraiso, Los Cabos,
    Mexiko
Le Meridien Barcelona, Spanien
Le Royal Meridien National, Moskau,
    Russland
Le Montreux Palace, Montreux, Schweiz
Le Tre Vaselle, Perugia, Italien
Makati Shangri-La, Manila, Philippinen
Mandarin Oriental, Kuala Lumpur,
    Malaysia
Mandarin Oriental München
Marbella Club Hotel, Malaga, Spanien
The Millestone Hotel and Apartments,
    London, England
The Merrion, Dublin, Irland

The Oriental, Bangkok, Thailand
Palazzo Sasso, Ravello, Italien
The Park Hyatt Hamburg
The Park Hyatt Tokyo, Japan
The Portman Ritz-Carlton,
    Shanghai, China
Pudong Shangri-La, Shanghai, China
Reid's Palace, Madeira, Portugal
Residenz Heinz Winkler, Aschau
The Ritz-Carlton Cancun, Mexiko
The Ritz-Carlton Dubai, Vereinigte
    Arabische Emirate
The Ritz-Carlton Hongkong, China
The Ritz-Carlton Kuala Lumpur, Malaysia
The Ritz-Carlton Millenia, Singapur
The Ritz-Carlton Wolfsburg
Rome Cavalleri Hilton, Rom, Italien
Royal Hideaway, Playa del Carmen,
    Mexiko
Santa Caterina, Amalfi, Italien
Shangri-La Hotel, Dalian, China
Shangri-La Hotel, Jakarta, Indonesien
Shangri-La Mactan Island, Cebu,
    Philippinen
Shangri-La Hotel, Kuala Lumpur, Malaysia
Shangri-La Hotel, Singapur
Splendide Royal, Lugano, Schweiz
Swissôtel Istanbul The Bosphorus,
    Istanbul, Türkei
Tanjong Jara Resort, Terranganu,
    Malaysia
Thurnhers Alpenhof Sporthotel, Arlberg,
    Österreich
Victoria Jungfrau, Interlaken, Schweiz
Vila Vita Parc, Algarve, Portugal
Villa Rio Chico, Ocho Rios, Jamaika
The Western Cape Hotel & Spa, Western
Cape, Südafrika

Academy President Joseph Cinque,
Erfinder des Five Star Diamond Award

BILDNACHWEIS

Bernd Ahrens, Düsseldorf
18, 92/93 (2), 95

ena-press/Michael Wolf, Paris
80 oben, 82, 90 (2), 91

Klocke Verlag, Bielefeld
182 (2), 199, 200 (2), 201, 212 links, 214, 231,
232 (2), 233, 235 (2), 236, 237 oben und links

Harro Schweizer, Berlin
103 links

Paul Spierenburg, Hamburg
156/57, 184/85 (2), 206, 208/09 (3), 210/11 (3),
216 (2), 217, 218 (2), 219, 237 unten, 238 (2),
239 (2), 240 (3), 241 (2), 266, 267 (2), 268,
269, 270 (2), 289 rechts unten, 316 oben,
329, 330/31 (3)